교양으로서의

철학

교양으로서의 철학

이정일 지음

비판과 대화로서의 철학

철학은 말 그대로 지혜에 대한 사랑(philosophy)을 뜻한다. 오늘날 우리는 학문과 철학이 어느 정도 분리된 시대에 살고 있다. 하지만 그리스인들에게 있어서 학문과 철학은 같은 것이었다. 철학은 존재하는 것 모두(being in general, ens commune)를 궁극적인 근거(ultimate ground)에서 정당화하는 것(logon didonai=giving a justification)을 말한다. 우리는 이것을 아리스토텔레스 이후로 제일철학 내지는 형이상학으로 파악했다. 그런데 서양 형이상학은 이 궁극적인 근거를 신에게서 정당화하기 때문에 존재-신론(onto-theology)으로 불리기도 한다. 물론 이런 파악에 대해 하이데거가 존재론적 차이(ontological difference, ontologische Differenz)를 근거로 비판적으로 대결하고 있다.

개별 학문들은 자신들의 제한된 영역에 한정해서 그 영역에 적합한 고유한 방법론을 전개한다. 수학은 수를 다루고, 물리는 운동을 다루고, 화학은 변화를 다루고, 역사는 역사적 사건을 다루고, 예술은 인간이 산출한 작품을 다룬다. 하지만 철학은 이런 저런 특수한 영역을 다루는 것이 아니라 존재하는 것을 그것이 존재하는 한에서 그것의 궁극적 근거에서 다룬다. 존재는 모든 것을 포괄한다. 존재자가 존재하는 한에서 존재자의 존재를 그것의 궁극적 근거에서 탐구하는 것이 철학의 본래 의미다. 이것은 여전히 우리 시대에도 타당하다. 철학은 제한된 지평을 넘어서 모든 영역을 포괄하는 것을 다루면서 이것을 이런 저런 특정한 관점들이 아니라 포괄적인 근거에서 다룬다. 전문가가 전문가를 이해하지 못할 정도로 학문이 분화된 오늘날에는 철학의 이런 위상은 이제 강한 비판에 노출되고 있다.

학문뿐만 아니라 철학도 이제는 너무도 세분화 되어서 자신의 전공 분야 밖의 주제들에 대해서는 문외한으로 남아 있는 경우가 자주 발생한다. 소통의 위기는 우리 시대의 절박한 화두가 되었다. 모든 것들은 철학에서 분리되어 왔지만 철학은 이런 분절화된 개별 학문들을 통합하는 데 있어서 적지 않은 어려움에 처하고 있다. 헤쿠바의 운명이 되어 버린 철학은 이제 향수에 젖어서 통합을 그리워하고 있지만 정작 철학 자체는 이런 통일을 완성하지 못하고 있다. 대립하는 것들이 난무하고 대립하는 것들 사이에 아무런 연관이나 통일이 없을 때 바로 대립을 통일하는 것이 철학의 과제라고 헤겔은 주장한다. 헤겔의 이런 요구에도 불구하고 우리 시대는 아직 통합을 이룩하고 있지 못하다. 철학뿐만 아니라 학문 자체가 위기로 경험되고 있다.

철학은 통합의 요구를 포기할 수도 없고 그렇다고 전문화된 개별 영역에 안주할 수도 없다. 철학이 처한 이런 근본 딜레마가 철학이 풀지 않으면 안 되는 과제가 되었다. 예나 지금이나 그리고 앞으로도 그러하겠지만 철학은 항상 근본적인 물음을 던지고 이에 대해 대답하고자 한다. 우리 시대만큼 이렇게 치열하게 물어진 적도 없지만 또한 우리 시대만큼 이렇게 분열에 노출된 시대도 일찍이 없었다. 철학은 궁극적인 것을 물으면서 이것에 대한 근거를 제시해야 한다는 고유 과제로 인해 항상 학문의 정점에 있는 것이다.

고대 철학, 중세철학, 근대 철학, 독일 관념론, 실증주의, 생철학, 현상학, 언어 분석 철학, 과학 철학, 심리 철학, 비판 사회 이론, 포스트 모더니즘에 이르기까지 철학은 계속해서 그 명맥을 이어 왔다. 플라톤이 잘 표현한 것과 같이 우리는 살아 있는 동안 어떤 형태로든지 간에 가장 근본적인 문제를 제기하지 않을 수 없다. 그런 한에서 철학은 불가피하다. 철학은 가장 근본적인 문제를 제시하고 이것들에 대답하는 과정에서 스스로가 학문적 검증을 통과하는 것이다.

철학은 과학과 달라서 철학사에 대한 이해가 요구된다. 철학의 근본 물음들이 철학사를 통해서 계속해서 제기되어 왔기에 철학사는 연속과 비판적 단절에 의해 규정된다. 소크라테스, 플라톤, 아리스토텔레스, 아우구스티누스, 토마스 아퀴나스, 데카르트, 스피노자. 칸트, 헤겔, 니체, 하이데거 등등은 우리가 결코 간과해서는 안 되는 근원적인 사상가들이다. 철저하다(radical)는 것은 뿌리에서부터 문제를 제기하고 해결다는 것을 의미한다. 이 철학자들은 아직도 우리 시대에 속하는 근본 문제들을 그 당대에 제기했으며 그런 한에서 철학적 현재와 대화를 이어가고 있다.

경이로움(thaumazein)은 철학의 출발이다. 왜 무가 아니고 존재인가? (Warum ist überhaupt etwas und nicht Nichts?) 우리는 호기심으로 인해 계속해서 묻지 않을 수 없다. 우주는 어떻게 시작했을까? 우주의 끝은 어떻게 끝날까? 묻는다는 것은 사고하는 자의 경건함이다. 우리는 물으면서 대답하고 대답하면서 계속 묻는다. 인간은 질문을 제기한다. 물음은 계속해서 의문으로 이어지고 이 의문에 답하는 과정에서 우리는 우리가 찾아내고 밝힌 것을 알아듣게 된다. 호기심은 철학의 근본 동력이다.

철학도 과학도 탐구다. 탐구란 존재를 그 자체로서 그리고 전체로서 알아듣는 과정을 말한다. 우리는 존재를 알고자 하고, 존재가 알려진다는 전제 아래 존재에 대한 이해에 다가갈 수 있다. 우리는 알지만 다 아는 것은 아니다. 알면서도 모르기에 우리는 앎을 통해서 더 알고자 한다. 이것이 탐구의 근본 의미다. 플라톤은 이것을 에로스에 비유한다. 앎은 한계를 통해서 한계를 부단히 초월하는 활동으로 전개된다. 우리는 경계를 넘고 나서야 경계를 넘었다는 것을 비로소 알게 된다. 앎은 한계를 설정하고 한계를 부단히 초월한다. 한계에 대한 각성은 우리를 독단으로부터 벗어나게 한다. 칸트는 이런 문맥에서 "단지 비판의 길만이 열려 있다"고 말할 수 있었다. 니체는 "진리는 비판받기를 원하지 결코 우상화되어서는 안 된다"고 호소한다.

우리는 철학함에 있어서 알면서도 모르는 자이기에 긴장을 경험하게 된다. 전체는 탐구의 대상이지만 항상 미결로 남아 있다. 전체를 물으면서 전체에 대답하는 데 한계가 있다는 데서 철학은 자신의 활동을 비판적으로 지속시키는 것이다. 철학사는 이런 비판의 연속이다. 유한자인 인간이 자신의 유한성을 망각하거나 포기함이 없이 무한을 알아들으려는 이 초월이 바로 인간이 마무르는 장소다. 인간은 이런 긴장과 역설을 의식함으로써 자신의 한계를 부단히 초월한다.

목차

서문: 비판과 대화로서의 철학 04

1부

01 개념에 있어서 내포와 외연 12
02 동일화와 술어화의 차이 17
03 분석판단과 종합판단의 차이 20
04 연역, 귀납, 가추 추론(deduction, induction, abduction) ··· 25
05 규정하는 판단력과 반성하는 판단력 33
06 자연주의적 오류 추리 36
07 변증법 39
08 필연, 법칙, 법, 경향성의 차이 46

2부

01 서양 윤리학의 두 물줄기 52
02 양심을 통한 행위 검증 75
03 행복의 윤리 101
04 칸트의 실천철학 124

3부

01 계몽과 해방 ·· 142

02 논증(論證, Argumentation) ····················· 148

03 미의 기준 ·· 163

04 숭고 ·· 172

05 역사에 있어서 인과 ······························· 178

4부

01 사회 계약론과 정의 ······························· 194

02 에토스(ethos) ······································· 209

03 탐구의 역동성과 대화 ···························· 212

04 성좌, 지평, 전망 ·································· 219

05 위기와 위험 사회의 차이 ······················· 226

06 합리적인 것(The rational)과

　　이성적인 것(The reasonable) ·················· 231

07 유비적 차이 ··· 235

08 범주의 연역 ··· 240

참고문헌 ·· 266

"A Psalm of Life(삶의 찬미)" ····················· 268

1부

01 개념에 있어서 내포와 외연

02 동일화와 술어화의 차이

03 분석판단과 종합판단의 차이

04 연역, 귀납, 가추 추론(deduction, induction, abduction)

05 규정하는 판단력과 반성하는 판단력

06 자연주의적 오류 추리

07 변증법

08 필연, 법칙, 법, 경향성의 차이

01
개념에 있어서 내포와 외연

1. 내포와 외연

우리 인간은 추상 능력이 있다. 추상(抽象)한다는 것은 말 그대로 상을 뽑아내는 것을 말한다. 존재하는 것들은 개별적인 것들뿐이다. 우리는 개별적으로 존재하는 것들로부터 모든 개별적인 것들에 공통인 것을 끄집어낸다. 개별적인 것들로부터 공통인 것을 끄집어내는 능력을 추상 능력이라고 말한다.

추상을 통해 획득된 개념들은 대상들에 다시 적용함으로써 그 연관의 타당성을 확인해야 한다. 구체적이란 개념을 대상들에 다시 적용함으로써 적합성과 일치를 확보하는 것을 말한다. 고립되어 있다는 것은 개념이 대상에 대한 연관을 충족할 수 없는 것을 말한다.

백두산은 존재한다. 그것도 하나만 존재한다. 존재하는 것은 개별적인 이 대상뿐이다. 하지만 산이라는 개념은 존재하는 것이 아니다. 산이라는 개념은 단지 공통을 대표(represent)할 뿐이다. 백두산, 금강산, 칠보산, 묘향산, 북한산, 한라산, 지리산, 설악산, 마추픽츄, 킬리만자로, 히말라야, K2, 몽블랑, 맥킨리, 황산 등이 존재한다. 우리는 모든 산들에 가장 공통인 것만을 추려낸다. 바로 이것이 개념의 내포(intension, connotation)다. 여기서 내포란 공간적인 의미의 포함(inclusion, contain)과 확연히 구별된다. 내포란 개념이 지니고 있는 가장 공통적인 규정이다. 산의 내포는 높다/흙으로 되어있다/골짜기 등등이다. 내포란 개념이 지니고 있는 공통 규정을 말한다.

외연(extension, denotation)은 개념이 가리키는(refer to) 지시대상들의 집합 전체를 가리킨다. 대학의 내포는 가르친다/배운다/강의실 등등이다. 대학의 외연은 대학이라는 개념이 실제로 가리킬 수 있는 대상들의 집합 전체를 지칭한다. 명지대, 건국대, 가톨릭대, 한경대, 서울대, 베를린, 하버드, 옥스퍼드, 케임브리지, 베이징, 바그다드 등등이 대학의 외연에 해당한다.

개념이 있는데 그것이 가리키는 대상이 없을 때 우리는 외연이 없다(no extension), 허구적(fictional)인 것이라고 말한다. 페가수스나 용이라는 개념은 그것이 가리키는 지시대상이 없다. 따라서 허구적인 개념이다. 개념이 있다고 해서 개념이 가리키는 지시대상이 반드시 있는 것은 아니다.

내포와 외연의 관계는 반비례한다. 내포의 증가는 외연의 감소로 이어진다. 내포의 감소는 외연의 증가로 이어진다. 내포적 규정들이 많다는 것은 그런 규정 모두를 충족하는 대상들이 적다는 것을 의미한다. 내포적 규정이 적다는 것은 그 규정을 충족하는 대상들의 범위가 증가한다는 것을 의미한다. 강의실, 교수, 학생이 있는 대학들의 외연은 거의 모든 대학들에 해당한다. 하지만 논문 발표 수, 학생들의 질, 높은 취업률, 노벨상 수상자를 배출한 대학의 외연은 매우 한정되어 있다.

내포적 규정이란 대상의 외연을 구별하고 한정한다. 하지만 그 반대는 아니다. 180도인 도형의 외연은 반원, 직각 삼각형, 둔각삼각형, 예각삼각형, 이등변 삼각형, 정삼각형 등등 매우 많다. 하지만 세 변과 세각으로 된 180도인 도형의 외연에서는 반원은 이제 제외된다. 내포적 규정이 증가함에 따라 외연의 범위가 그만큼 줄어들었다. 직각 삼각형은 예각 삼각형이나 둔각 삼각형으로부터 구별된다. 이 구별은 오로지 내포적 규정의 차이를 통해서만 가능하다. $a^2+b^2=c^2$ 이라는 내포적 규정을 충족하는 것은 오직 직각삼각형 뿐이다. 내포적 규정들이 증가함에 따라 이제 이 모든 규정들을 충족하는 대상은 오로지 직각 삼각형이라는 것으로 제한된다. 내포는 대상들을 구별하고 차별화하고 있다.

내포적 규정만이 이 대상들과 저 대상들을 구별하는 근거다. 하지만 그 반대는 아니다. 외연이 같다고 해서 내포적 규정이 같은 것은 아니다. 하지만 내포적 규정들이 같으면서 외연이 다를 수는 없다. 외연의 범위를 확정하고 제한하는 것은 오로지 내포만이 할 수 있다.

2. 범주의 적합한 적용과 그릇된 적용

모든 개념들은 그 개념들이 적용되는 대상들의 외연을 지니고 있다. 따라서 개념은 그것이 적용되는 대상들에 한정해서만 올바르게 사용해야 한다. 적용될 수 없는 대상들에 적용해서 그릇되게 사용하는 것이 바로 범주의 오류적용(category mistake)이다.

성(sex)은 자연적 차이를 말한다. 생명체들은 암컷이거나 수컷 이 둘 중의 어느 하나의 성을 자연적으로 지닌다. 하지만 젠더(gender)는 문화적, 사회적, 역사적, 정치적 문맥 안에서의 차별을 뜻한다. 성차별과 성차이는 다르다. 성차이는 자연적인 차이이지만 성차별은 인위적인 차별이다. 자연에 적용하는 것과 인위적인 문맥에 적용하는 것은 서로 다르다. 따라서 우리는 대상을 적용할 때 대상에 적합하게 적용해서 개념을 사용해야 한다. 개념의 의미는 개념의 적합한 사용에 있다.

다르다(difference)와 틀리다(wrong)는 확연히 구별된다. 우리는 이 차이를 분명하게 숙지함으로써 범주를 그릇되게 사용하는 것을 피해야 한다. 틀린 답에 대해서는 어떤 경우에도 관용이 불필요하다. 하지만 다른 생각, 의견, 종교, 세계관, 취미, 역사관 등등에 대해서는 차이의 인정이 필요하다. 누구인가를 죽도록 사랑했는데 그 대상이 같은 성이었다면 우리는 이런 동성애를 다른 성적 취향의 소유자로 인정해야 한다. 동성애자는 틀린 것이 아니다. 오답을 정답으로 우길 수는 없다. 차이와 차별이 구별되어야 하듯이 관용과 흥정도 구별이 되어야 한다.

진리 판단은 판단의 진위를 구별하는 능력이다. 도덕 판단은 행위가 구속력이 있는가 없는가를 따진다. 다른 행동은 있어도 틀린 행동은 없다. 미적 판단은 아름다움과 추함을 구별한다. 따라서 우리는 진리 판단, 도덕 판단, 미적 판단을 구별해야 한다.

3. 개념과 판단의 차이

개념은 적용의 적합성(adequate use)과 부적합성(inadequate use)에

따라 그 쓰임새가 결정된다. 개념의 부적합한 사용이 바로 범주적 오류 적용에 해당한다. 개념은 그것이 가리키는 지시대상의 외연이 있는가 없는가에 따라 구별된다. 황금산은 그 개념이 가리키는 지시대상이 없다. 따라서 황금산은 고립되어 있다(isolated), 연관이 없다(no reference), 허구적이다(fictional).

"저 산이 황금이다." 이 명제는 거짓이다. 왜냐하면 우리가 산을 가리키면서 그것이 황금으로 되어 있다고 주장하면 이 주장을 충족할 대상이 없기 때문이다. 황금산은 외연이 없는 공허한 개념이지만 "저 산이 황금이다"는 것은 틀린 판단에 속한다.

판단(judgement, Urteil)은 참(true=really so)과 거짓(false=not so)을 분리하는 능력이다. 우리는 판단을 통해서 우리의 판단이 그 판단에 상응하는 객관적 규정을 충족하고 있는지 아니면 결여하고 있는 지를 구별해야 한다. 개념은 대상에 대한 적합한 사용과 부적합한 사용에 따라서 그 쓰임새가 결정된다. 판단은 진위를 구별하는 능력이다. 진리는 판단과 대상과의 일치 충족 검증이다.

02

동일화와 술어화의 차이

있는 것들은 그것이 어떠하든지 간에 여하튼 하나만 있다. 개별자만 존재한다. 개별자는 단 하나만 지칭한다. "존재하지 않으면 동일화가 불가능하다."(There is no identity without entity) 존재하는 것은 개별자이기 때문에 개별자가 지칭하는 대상은 오직 하나뿐이다.

보편자는 존재하는 것이 아니다. 하지만 보편적인 것은 개별자 안에서 개별자를 규정하는 것으로 작용한다. 유명론은 보편자가 그저 이름에 불과하다고 주장한다. 실재론자들은 보편자가 존재한다고 주장한다. 하지만 온전한 입장에 있는 자들은 보편자가 있다/없다의 실존의 문제가 아니라 개별자 안에서 개별자를 규정하는 것으로 작용(in operation)하고 있다고 본다. 칸트는 "있다는 술어가 아니다"(Sein heißt kein reales Prädikates)라고 분명하게 말한다.

개별적인 것은 고유명사로서 그것이 지칭하는 대상이 단지 하나만 있다. 백두산은 존재하지만 산은 단지 공통을 대표할 뿐이다. 개념은 존재하는 것이 아니라 존재하는 것들을 공통으로 대표(represent)할 뿐이다. 개념의 보편 규정은 개별 대상들에 적용해서 그 적용의 적합성을 입증해야 한다.

술어는 존재하는 것이 아니다. 플라톤은 아름답다는 형용사를 명사화시켜서 마치 "미 자체"가 존재하는 것처럼 주장한다. 하지만 아름답다는 것은 술어이지 존재가 아니다. 술어는 대상에 대해 어떠어떠하다고 규정을 한다. 로크는 실체를 속성들의 담지자들로 파악한다. 술어들은 대상들에 적합하게 귀속될 수도 있고 그렇지 않을 수도 있다. 술어는 대상들에 적용해서 대상들을 어떻다라고 규정할 뿐이다. 술어는 대상들을 규정함으로써 대상에 대한 지식들이나 정보를 우리에게 알려준다.

신은 있거나 없거나 둘 중의 어느 하나다. 신은 존재하든가 아니면 존재하지 않든가 둘 중의 어느 하나다. 신이 존재하면서 존재하지 않는다고 말하면 이것은 모순이다. 백두산은 존재하거나 존재하지 않는다. 존재는 실존 확인으로서 그 대상의 유무를 확인하는 검증을 거쳐야 한다. 있다/없다는 실존적 확인의 대상으로 남아 있다.

신에 대한 술어적 규정들은 매우 다양하다: 신은 영원하다. 신은 정신이다. 신은 사랑이다. 신은 완전하다. 신은 선하다. 신은 자족이다. 신은 자기 원인이다. 신은 사고의 사고다. 신은 무한하다. 신은 창조주다. 신은 모든 운동의 근거다. 신은 희망의 궁극적 근거다. 신은 절대자다. 신은 실존과 본질의 통일이다.

칸트는 신이 완전하다고 해서 신이 존재한다고 추론할 수 없다고 한다. 신이 완전하다는 것은 신에 대한 술어적 규정이지 신이 있다는 것을 보증하는 것이 아니다. 그래서 칸트는 개념으로부터 존재를 이끌어내는 모든 추론을 그릇된 것으로 비판한다. 칸트는 안셀무스의 신존재 증명이 개념으로부터 존재를 이끌어내기 때문에 이 추론이 부당하다고 비판한다. 술어들은 대상들에 적용되어서 대상들이 어떻다는 것만 드러낼 뿐이다. 술어를 실체화하는 모든 시도는 실패할 수밖에 없다.

있다/없다(is/is not)는 어떻다(so/so/so)와 구별(is≠so)된다. 백두산은 있다. 백두산은 높다. 여기서 높다는 규정은 백두산에 대해 알려 준다. 백두산은 휴화산이다. 휴화산은 백두산에 대해 구체적인 정보를 제시한다. 술어는 대상에 적용되어서 대상들이 어떻다는 것을 알려 준다. 블랙홀은 있다. 우리는 블랙홀을 특정 은하계의 중심에서 확인하고 발견할 수 있다. 하지만 블랙홀이 있다는 것은 블랙홀이 무엇인지에 대해 아무 것도 알려주는 바가 없다. 술어는 바로 대상들을 우리에게 어떠하다고 알려준다. 블랙홀은 물질과 에너지를 다 사용해서 더 이상 에너지를 산출하지 못한다. 블랙홀은 별들이 죽음으로써 생겨난다. 블랙홀은 중력이 매우 강하다. 블랙홀이 있는지 없는지는 실존 확인의 문제에 속한다. 그러나 블랙홀이 무엇인가에 대한 이해는 술어라는 규정을 통해서 우리에게 알려진다.

연습 문제

1. "프랑스의 현재 왕은 대머리다." 이 문장에서 언급되고 있는 대상은 있는가? 있다고 한다면 그 대상을 가리켜 보아라. 없다고 한다면 이 문장은 사이비 문장인가?

2. 아래 두 문장의 차이는 무엇인가?
   · 측천무후는 중국 최초의 여황제다.
   · 중국 최초의 여황제는 매우 교활하고 잔인한 권력광이다.

03

분석판단과 종합판단의 차이

분석판단은 항상 참이다. 분석판단은 항상 참이기 때문에 일가적 (one value)이다. 칸트는 주어 안에 이미 있었던 것들을 술어들을 통해 다시 한 번 풀어내는 것을 분석 판단으로 규정한다. 그렇기 때문에 분석 판단은 진리를 확장하는 것이 아니다. 분석 판단은 이미 성립하고 있는 것들을 다시 한 번 풀어내는 것에 기초한다.

분석 판단이 항상 참이 되는 것은 직관의 자명성과 정의의 엄격성에 기초한다. 칸트는 술어가 주어의 의미를 확장하는 것이 아니라 단지 재확인만 하는 판단을 분석 판단으로 정의 내린다.

칸트는 분석판단이 경험 독립적이라는 것으로 규정한다. "모든 황금은 노란 금속 물체다." 여기서 황금, 노랗다, 금속, 물체다 등은 모두 경험 대상을 지칭하거나 경험과 관련되어 있다. 그럼에도 불구하고 이 명제는 분석적으로 참이다. 분석적이라는 것의 기준은 명제의 진리값이 항상 참을 의미한다. 그렇기 때문에 분석 명제를 구성하는 것들이 경험적이라는 것은 중요한 것이 아니다. 분석적인 진리는 경험에 의존해서가 아니라 경험에 의존하지 않은 것을 말한다. 분석 판단은 필연적으로 참이다.

칸트에 따르면 분석판단에서 술어들은 이미 주어로부터 도출된다. 황금이면서 검은 색일 수는 없다. 노랗다는 것은 황금이라는 것 안에 이미 함의(entailment)되어 있다. 따라서 황금이 노랗기에 노랗다라는 술어를 풀어내면 된다. 분석판단은 술어들이 이미 주어 안에다 간직되어 있었기에 주어로부터 이런 것들을 다 풀어내면 된다.

분석판단은 필연적이다. 왜냐하면 이 판단의 부정은 필연적으로 모순으로 귀결되기 때문이다. 분석판단은 어떤 경우에도 인식을 확장시키지 못한다. 술어는 이미 주어 안에 있는 것들을 단지 풀어내는 것에 불과하다. 그렇기 때문에 분석판단은 인식을 확장시킬 수 없고 이미 알고 있었던 것을 다시 한 번 풀어내는 것에 지나지 않게 된다. 이미 함의되어 있지 않은 것을 풀어내는 것은 모순이다.

전체가 부분보다 항상 크다는 것은 항상 참이다. 이것이 참이 되는 근거는 직관의 자명성에 기초한다. 전체가 부분보다 크다는 주장은 부정하게 되면 모순에 빠지게 된다. 전체가 부분보다 크다는 주장은 경험에 의해서 그리고 경험에 의존해서 참이 되는 것이 아니다. 이것이 참이 되는 것은 경험과 무관하게 오로지 직관의 자명성에 기초해서만 가능하다.

분석 판단은 정의의 엄격함에 근거해서 참이 된다. 삼각형의 정의가 삼각형의 진리를 결정한다. 두 변의 합이 항상 한 변의 합보다 크다. 이것은 항상 참이다. 삼각형의 세 각의 합은 항상 180도. 이것역시 항상 참이다. 삼각형들은 모두가 다 최소한 이 두 조건들을 충족하지 않으면 안 된다. 삼각형을 삼각형으로 성립시키는 것은 바로이 두 규정들을 충족해야 하기 때문에 그렇다. 이 두 조건들 중 어느하나를 충족시키지 못하면 삼각형은 어떤 경우에도 삼각형이 되지 못한다. 삼각형의 정의가 삼각형이 성립하는 근거다. 정의의 엄격성이 분석 판단의 진리를 결정한다.

분석판단은 이미 성립하고 있는 것을 다시 한 번 술어를 통해서 재확인하는 것에 불과하다. 분석판단은 인식을 확장시키는 것이 아니라 인식을 다시 한 번 확인시키고 있을 뿐이다. 삼각형은 삼각형이라는 것은 동어반복에 불과하다. 분석판단은 동어반복과 같은 것이 아니다. 삼각형을 정의할 때 우리는 삼각형이란 세변과 세 각으로 되어 있으며 이 각의 합은 180도라고 규정한다. 여기에 삼각형을 정의할 때 삼각형을 다시 한 번 사용하지 않으면서도 엄격하게 정의 내릴 수 있다. 따라서 분석 판단은 동어반복과 같은 것이 아니다.

종합판단은 참이 될 수도 있고 거짓이 될 수도 있다. 종합판단의 진리 기준은 경험이다. 판단의 진위는 오로지 경험과의 비교를 통해서만 그 진리값을 결정할 수 있다. 종합판단은 참이 될 수도 있고 거짓이 될 수도 있다. 그래서 종합판단은 이가적(two values)이다. 분석판단은 부정하면 모순에 빠진다. 종합판단은 부정하면 사태를 완전히 반대로 알게 된다. 칸트는 선험적 분석 판단, 후험적 종합판단 이외에도 선험적 종합판단이 있다고 주장한다. 이 문제는 철학사에서 가장 많이 피를 흘리고 싸우는 문제에 속한다.

영국 경험론은 경험을 통해서 얻어지지 않는 개념들에 대해서는 그것을 인정하지 않거나 부정한다. 이에 반해 칸트는 경험을 통해서가 아니라 우리 오성 안에서 그 근원을 지니는 개념을 인정한다. 경험론과 흄은 칸트에 대해서 범주(a priori concept=category)의 사용에 대해서 그 사용의 타당성을 해명하라고 요구한다. 칸트는 이 요구를 받아들이고 왜 범주(a priori concept)가 판단과 경험을 형성할 때 객관적으로 사용되고 있는지를 해명한다. 이것이 그 유명한 칸트의 선험철학적 정당화 해명이다. 철학사에서 있어서 칸트가 『순수이성비판』에서 제기한 문제는 계속해서 논의의 대상이 되고 있다.

칸트는 범주를 통해서 선험적 종합판단이 가능하다고 주장한다. 그리고 그것이 왜 가능한가에 대한 정당한 근거를 제시한다. 칸트는 경험이 어떻게 가능한가?를 통해서 순수 수학과 순수 자연 과학의 학문적 근거를 제시하려고 했다. 칸트는 『프롤레고메나Prolegomena』에서 선험철학의 성립 근거에 대한 가능성을 학문의 사실성과 연관해서 설명한다.

범주는 근원이 경험에서 유래하는 것이 아니다. 경험에서 유래한 개념은 칸트에 따르면 모두 다 a posteriori 하다. 이에 반해 범주는 그 근원이 우리 오성 안에 있다. 범주의 적용 대상은 시간과 공간을 통해 한정되어 있다. 범주의 적용 범위는 시간과 공간을 통해 제약된 현상 세계다. 물자체는 범주 적용의 한계다.

칸트는 자신의 선험철학을 "진리의 논리학"으로 규정한다. 시간과 공간은 순수 감성 형식이다. 시간과 공간은 모든 주어짐의 수용 조건으로 작용한다. 범주는 결합의 자발성을 뜻한다. 범주는 주어진 것들을 규정된 것으로 통일한다. 그래서 범주는 대상의 대상성을 성립시키는 궁극적인 규정 근거다. 이것이 바로 인식 즉 앎의 객관적 구조다.

경험 독립적이고 경험 선행적인 범주를 가지고서 경험을 가능하게 하는 데 사용하기 때문에 칸트는 경험론자들이나 회의론자들로부터 범주 사용의 객관 타당성을 입증(burden of proof, burden of justification)해야 할 책임을 지고 있는 것이다. 칸트는 두 저서들에서 이것이 어떻게 성립하는가를 증명하고 있다.

칸트의 선험철학은 인식 성립의 가능 근거를 정당화하는 작업이다. 경험에서 유래하지 않은 범주를 갖고서 경험 성립을 정당화하기 때문에 칸트는 입증 책임을 지고 있다. 바로 그렇기 때문에 칸트가 제시한 선험철학은 오늘날 그 타당성을 놓고서 설전이 벌어지고 있는 것이다. 현대의 물리학은 칸트의 주장에 어느 정도 따라가고 있다. 물론 섬세한 차이는 있지만 말이다. 칸트의 조국 독일에서 경험론자의 출현이 불가피 하듯이 경험론의 땅 영국과 미국에서 칸트 추종자가 많이 발생하는 것은 하등 우연이 아니다.

04

연역, 귀납, 가추 추론
(deduction, induction, abduction)

연역적 추론은 전제로부터 결론을 타당하게 이끌어내는 추론을 말한다. 두 개의 전제로부터 하나의 결론을 필연적으로 이끌어낼 때 우리는 연역적으로 추론하는 것이다. 모든 생명체는 죽는다(대전제). x는 생명체다. 이것으로부터 우리는 x는 죽는다라는 결론을 이끌어 내지 않으면 안 된다. 연역적 추론은 논리적 강제에 속한다.

결론은 전제로부터 필연적으로 도출된다. 전제는 결론이 성립하는 것을 100% 확실하게 보증한다. 전제로부터 결론이 필연적으로 도출될 수밖에 없을 때 우리는 연역적으로 추론하고 있는 것이다.

연역적 추론은 전제에 없는 것들이 결론에 절대로 나타날 수가 없다. 연역적 추론은 규칙을 통한 강제다. 연역적 추론에서 결론은 전제에 있었던 것들을 다시 한 번 확인하는 것에 지나지 않는다. 따라서 연역적 추론은 절대로 지식을 확장시키지 못한다. 결론에서 밝혀진 것은 이미 전제 안에 다 있었던 것을 다시 한 번 확인하는 것에 불과하다.

연역적 추론에서는 누가 추론하더라도 그 누구에 관계없이 전제가 결론을 100% 확실하게 보증하는 방식으로 결론을 이끌어내지 않으면 안 된다. 우리 모두는 연역적 추론에서 전제로부터 결론을 필연적으로 이끌어내도록 그렇게 강제된다.

연역적 추론이 논리적 강제에 속한다면 귀납적 추론은 경험적 일반화에 관한 추론이다. 연역적 추론이 지식을 확장하지 못한다면 귀납적 추론은 지식을 확장시킨다. 연역적 추론에서는 전제에 없는 것들이 결론에 나타날 수가 없다. 결론은 전제에 있었던 것을 다시 한번 확인한 것에 지나지 않는다. 귀납적 추론에서는 전제에 없는 것들이 결론에 얼마든지 나타날 수가 있다. 연역적 추론이 논리적 강제에 대한 추론이기 때문에 어떤 경우에도 예외나 새로움을 허용하지 않는다. 이에 반해 귀납적 추론에서는 전제가 결론을 경험적으로 지지하는 정도 충족이기 때문에 필연이 배제된다. 귀납은 이 점에서 실패한 연역으로 이해되기도 한다.

우리가 1000마리의 백조를 관찰했을 때 모두 흰 색이었다면 1001번째 관찰하게 될 백조 역시 하얀 백조일 가능성이 매우 높다. 왜 그렇게 생각하는가? 이제까지 경험적으로 관찰된 백조들이 모두 흰 색이었기 때문에 1001번째 관찰될 백조 역시 흰 백조일 가능성이 매우 높기 때문이다. 하지만 1001번째 경험적으로 관찰된 백조는 검은 백조였다. 귀납 추론에서는 전제에 없는 것이 결론에 얼마든지 나타날 수가 있다. 연역적 추론에서는 이것이 불가능했다.

귀납추론은 전제가 결론을 경험적으로 지지하는 정도 충족에 관한 것이다. 귀납에서는 전제가 결론을 지지하는 정도가 매우 높음, 높음, 중간, 낮음, 매우 낮음 등으로 추론할 수 있을 뿐이다. 1930년부터 2014년 월드컵이 개최되었을 때 유럽은 9번, 남미는 8번 우승

했다. 하지만 나머지 4대륙에서는 지금까지 단 한 번도 우승한 사례가 없다. 우리는 이번 2018년 러시아 월드컵에서도 유럽 아니면 남미가 우승할 가능성이 매우 높지만 나머지 4대륙이 우승할 가능성은 거의 없다고 추론하지 않을 수 없다. 하지만 여기서 조심해야 한다. 4대륙이 우승할 가능성이 거의 낮다는 것은 이 4대륙이 절대로 우승할 수 없다는 것을 말하지 않는다. 유럽과 남미가 이번에도 필연적으로 우승한다는 것은 아니다.

연역 추론에서는 반드시 내지 필연적으로(certainly, necessarily)라는 부사가 사용된다. 귀납추론에서는 전제가 결론을 지지하는 정도 충족에 관한 것이기 때문에 전제가 결론을 지지할 가능성이 "아마도~일 것이다"(probably, likely)라고 추론하는 것이다. 귀납에서는 필연이 배제된다. 연역에서는 예외나 새로움이 배제된다.

태양이 수억 번 떠오르는 것을 우리가 경험적으로 확인했다고 하더라도 내일 태양이 필연적으로 떠오르는 것은 아니다. 내일 태양이 떠오를 가능성이 매우 높을 뿐이지 태양이 내일 필연적으로 뜨는 것은 아니다.

연역적 추론에서 전제로부터 결론을 이끌어내는 추론은 100% 확실하던지(100/100=1) 아니면 100% 부당하든지(100/0=0) 이 둘 중의 어느 하나다. 연역 추론에서는 전제가 참이면 결론은 필연적으로 참이다. 전제가 거짓이면 결론 역시 필연적으로 거짓이다. 연역적 추론은 정도에 관한 것이 절대 아니다. 이에 반해 귀납적 추론에서는 전제가 결론을 지지하는 정도 충족이 항상 0<p<1 사이에 있다. 0으로 다가갈수록 일어날 가능성이 거의 없는 것을 뜻한다. 1에 다가갈수록 일어날 가능성이 매우 높은 것을 말한다.

아시아 국가들 중에는 북한이 1966년 8강, 남한이 2002년에 4강에 오른 것이 가장 좋은 성적이다. 2018년에도 아시아 국가들이 월드컵에서 4강 이상 오를 가능성은 매우 낮은 것으로 추정된다. 하지만 이 추론은 가능성이 낮을 뿐 아시아 국가들이 절대로 4강이나 8강에 오르지 못한다는 것은 아니다. 전제에 없는 것이 결론에 나타날 수 있기 때문에 귀납에서는 새로운 것이 얼마든지 가능하다. 귀납은 우리의 지식을 확장한다.

퍼스(Charles Sanders Peirce)는 연역, 귀납 이외에도 abduction을 새로운 추론으로 제시한다. 연역은 논리적 강제에 관한 것이다. 귀납은 경험적 일반화의 정도 충족에 관한 것이다.

귀납 추론에서는 전제의 사례들이 모여서 결론이라는 일반화를 지지하는 정도를 말했다. 귀납에서는 개별적 사례들이 결론이 성립하는 것을 실제로 도와준다. 연역은 지지 정도가 아니기 때문에 사례들은 별로 중요한 것으로 작용하지 않는다. 하지만 귀납에서는 사례들이 모여서 결론의 일반화가 가능하기 때문에 사례들은 적극적인 역할을 한다. 마치 전자들이 많이 모이면 힘이 발생해서 레이저라는 광선을 만들 수 있는 것처럼 말이다.

가추 추론(abductive reasoning, abductive inference)은 양적인 지지에 관한 것도 아니고 100% 확실한 보증에 관한 것도 아니다. 귀납에서는 사례들이 모여서 이것들이 결론이 성립하는 것에 일정하게 기여한다. 사례들은 결론을 성립시키는 데 특정한 기여를 한다. 내가 찍은 한 표가 A후보자가 대통령에 당선되는 것을 가능하게 한 것이기 때문에 나의 한 표는 비록 작은 것이지만 A후보자의 당선에 기여한 것이다. 귀납에서 사례들은 양적인 지지로서 결론이 형성되는 것에 일정하게 기여한다.

가추 추론은 실제로 어떤 사건이나 사례가 있을 때 왜 이런 것이 발생하게 되었는가를 해명하는 추론이다. 개별 사건의 설명 근거를 찾는 추론이 바로 가추추론의 근본 의미다. 허블에 따르면 우주는 적색 편이(red-shift)에 의해서 서로 멀어지고 있다고 한다. 우주가 서로 멀어지고 있다는 것은 경험적으로 관찰된 사실이다. 하지만 우리는 아직 이 팽창의 원인을 모르고 있다. 우주 팽창의 근거에 대한 설명을 제시해야 하는데 아직 그에 합당한 이유나 근거를 확보하지 못했다. 우리는 우주 팽창을 설명할 수 있는 근거를 제시해야 한다. 그래야지만 이것을 토대로 우주가 실제로 멀어지는 개별 현상을 설명할 수 있다. 우주 팽창을 설명할 수 있는 적합한 근거를 우리는 하나의 가설로서 요구한다. 물론 이 요구가 우주 팽창을 설명할 수 있는 실질적인 설명 근거인지에 대해서 우리는 아직 확증할 수 없다.

가추 추론은 개별적인 현상들이 주어질 때 왜 이런 현상이 발생하게 되었는가에 대한 설명 근거를 찾아내는 추론이다. 중력은 시·공간의 결합 자체를 휘어지게 하는 힘이다. 중력이 지배하는 곳에서는 서로 당길 수는 있어도 서로 멀어지게 할 수는 없다. 우주 팽창은 서로 멀어지는 힘이다. 그렇기 때문에 우리는 우주 팽창을 설명하는 근거로서 아인슈타인의 중력 이론을 논의의 가능성에서 가장 먼저 배제하지 않으면 안 된다. 우주가 팽창한다는 개별적 관찰로부터 우리는 이 팽창을 가능하게 하는 힘을 반중력의 힘으로 추정하지 않을 수 없다. 우주 전체에서 74% 정도 차지하고 있는 이 반중력의 힘으로 작용하는 에너지를 우리는 암흑 에너지라고 부른다.

현재로서는 이 암흑 에너지가 우주가 팽창하고 있다는 현상에 대한 가장 유력한 설명 근거다. 하지만 이것은 유력한 설명 근거인 것이지 아직 경험적으로 확증된 것은 아니다. 다만 우리는 우주 팽창을 설명할 수 있는 가장 유력한 근거로서 암흑 에너지를 설명 가설로서 추론할 수 있을 뿐이다.

연역에서 전제는 결론이 성립하는 것을 100% 확실하게 보증했다. 가추에서는 결론은 있는데 이것을 설명할 수 있는 전제가 다만 설명 근거로서 요구되고 있을 뿐이다. 가추는 보증이나 보장을 장담할 수가 없다. 왜냐하면 이 설명 근거가 부적합하게 판명날 수도 있기 때문이다.

귀납에서는 사례들이 양적으로 모이면 결론의 일반화를 높여 준다. 개별 사례들은 결론에서 양적 일반화에 특정하게 기여한다. 하지만 가추에서는 개별 사례는 설명이 필요한 것이다. 왜 이런 개별 현상이 발생하게 되었는가에 대한 원인을 추구할 때 우리는 이 원인을 설명 가설로서 제시하지 않으면 안 된다. 귀납이 양적인 일반화라면 가추는 질적인 발견에 속한다. 우주 팽창은 실제로 경험적으로 확인된 개별 사례다. 하지만 왜 이런 현상이 발생할까? 우리는 아직 이 현상의 진정한 원인에 대해 모른다. 모르기 때문에 이 현상을 보다 적합하게 설명할 수 있는 것으로서 암흑 에너지를 설명 근거로서 끌어들이지 않을 수 없는 것이다.

과학에서 가설 연역적 방법은 가설을 미리 설정하고 이것을 통해 사건을 예측하는 것이다. 가설을 통해 사건이 예측되면 가설은 타당하다. 가설을 통해 사건이 예측되지 않으면 가설은 폐지된다. 해링턴은 태양 주위에서 빛이 일정하게 휘어지는 것을 관측함으로써 아인슈타인의 일반상대성 이론이 타당하다고 입증해 주었다. 과학에서 이론의 힘은 예측하는 데 있다. 우리는 가설을 통해 어떤 현상을 미리 예측할 수 있을 뿐이다. 아인슈타인의 일반 상대성 이론은 블랙홀의 존재를 예측하는 데 기여했다. 우리는 실제로 블랙홀이 존재하고 있다는 것을 경험적으로 확인하게 되었다. 가설 연역적 방법은 가설을 미리 설정함으로써 이것을 통해 예측을 이끌어가는 추론이다.

가추 추론은 개별 사례들이 실제로 주어진 것이다. 하지만 우리는 아직 이것의 진정한 원인 내지 설명 근거를 모르고 있다. 그래서 우리는 개별 사건을 설명하기 위한 설명 근거를 추론을 통해 제시하고자 한다. 우리는 일반 상대성 이론을 통해 블랙홀을 예측하는 데 성공할 수 있었다. 하지만 우리는 우주가 팽창하고 있는 설명 근거에 대해서는 아직도 그 진정한 원인을 모르고 있다. 우리는 우주 팽창을 설명하기 위한 만족할만한 근거로서 암흑에너지를 설명 근거로서 요청하고 있을 따름이다.

가설 연역적 방법이 법칙을 통해 개별 사례를 예측하고자 하는 추론이다. 이에 반해 가추추론은 주어진 개별 사례를 설명할 수 있는 근거를 찾아내고자 하는 추론이다. 이것은 진정한 의미에서 발견에 속한다. 가설 연역적 추론이 법칙을 개별 사례들에 적용하는 것이라면 가추추론은 근거나 원인 내지 이유를 새롭게 발견하는 추론에 속한다.

인간은 아직까지도 우주가 팽창하고 있는 진정한 원인을 제시하지 못하고 있다. 우주 팽창을 설명할 수 있는 이론적 대안은 가장 유력한 것으로서 암흑 에너지로 추정되고 있을 뿐이다. 하지만 여전히 암흑 에너지의 진정한 모습이 무엇인지 우리는 아직 모르고 있다.

우리는 다만 우주 팽창을 설명할 수 있는 가장 적합한 후보자로서 암흑 에너지를 설명 가설로서 요청하고 있을 뿐이다. 가추 추론이 성공한다면 우리는 새로운 질적 발견을 하게 되는 것이다. 칸트는 규정하는 판단력과 반성하는 판단력을 구별한다. 가추 추론은 반성하는 판단력의 대상이다.

가설 연역적 방법이 법칙을 통해 개별 사례를 예측하는 전진적 (progressive) 방향으로 진행된다. 이에 반해 환원(reduction)은 회귀적 (regressive) 방향으로 무한 소급된다. 가추 추론은 설명 근거를 찾아야 한다는 점에서는 회귀적이다. 하지만 가추 추론은 환원과 같이 무한 소급으로 진행되지 않는다.

05

규정하는 판단력과 반성하는 판단력

칸트는 규정하는 판단력과 반성하는 판단력을 구별한다. 오성(Verstand)이란 판단할 수 있는 능력(ability to judge, Vermögen zu urteilen)을 말한다. 이에 반해 이성이란 추론할 수 있는 능력을 말한다. 이 때 추론은 논리적인 의미가 아니다. 칸트적인 맥락에서 이성의 추론 능력은 제약된 것들로부터 무제약적인 것들에 이르기까지 사고 영역을 확장시키는 것을 말한다. 오성이 범주와 근본 원칙들에 대한 능력이라면 이성은 원리들의 능력이다. 오성은 현상 일반에 적용되는 규칙의 능력이다. 이에 반해 이성은 원리(Prinzip)의 능력이다. 왜냐하면 이성은 오성의 원칙들을 체계라는 보다 포괄적인 틀 안에서 전체로서 규정해야만 하기 때문이다.

개별적이거나 특수한 것들은 보편적인 규정 밑에 포섭(subsume)된다. 칸트에 따르면 시간과 공간을 통해 주어지는 것들은 모두 범주라는 일반 규정 밑에 포섭된다. 우리는 범주를 모든 개별 표상들에 적용해서 이것들을 규정한다. 특수한 것을 보편적인 규정 밑에 포섭시키는 판단력이 바로 규정하는 판단력이다.

칸트에 따르면 범주는 보편 표상이다. 이에 반해 직관은 개별 표상이다. 개별적인 것들이 시공간을 통해 우리에게 주어지면 우리는 이것을 범주들 밑에 포섭해서 규정한다. 우리는 범주를 시간과 공간을 통해 주어지는 개별적인 표상들과 관계하면서 이것들에 적용해서 사용한다. 범주의 직관에 대한 적용이 범주의 직관에 대한 규정을 뜻한다. 직관의 개별 표상들이 주어지면 우리는 이것들을 범주 밑에 포섭해서 규정한다. 적용과 포섭은 방향만 다를 뿐 한 사태의 상이한 측면이다.

반성하는 판단력은 특수한 것들이 주어지고 있음에도 불구하고 이것을 규정할 일반 규정이 없는 것을 말한다. 우리는 이것을 규정하기 위해 규정의 일반 원칙 내지 법칙을 찾아내지 않으면 안 된다. 반성하는 판단력은 규정하는 근거 자체를 찾아내서 완성하지 않으면 안 된다. 규정도 없고, 선례도 없고, 지시도 없을 때 우리는 이것을 찾아내서 완성하지 않으면 안 된다. 반성하는 판단력은 창조적 발견의 문제에 속한다.

칸트는 인식 판단을 규정하는 판단력으로 다룬다. 인식 판단은 범주라는 보편 규정을 개별 현상들에 적용해서 이것들을 규정한다. 이에 반해 미적 판단은 반성하는 판단력에 해당한다. 왜냐하면 개별적인 것들이 주어지지만 이것을 규정할 일반 원칙을 찾아내서 완성해야 하기 때문이다. 미적 판단은 개별적인 것들을 계기로 해서 불붙기 시작하지만 이 개별적인 것을 규정할 그런 미의 보편 규정을 찾아내서 완성하지 않으면 안 된다.

규정하는 판단력은 규칙을 개별 사례들에 적용할 수 있다. 그리고 규칙을 적용함으로써 개별 사례들을 규정할 수 있다. 규정하는 판단력은 개별자나 특수자를 규칙 밑에 포섭시켜서 규정한다. 반성하는 판단력에서는 개별자나 특수자가 주어지고 있지만 이것을 규정할 일반 원리는 없다. 그렇기 때문에 이것들을 규정할 수 있는 원리 자체를 새롭게 만들어내지 않으면 안 된다.

칸트는 인식을 개념을 통한 규정의 능력으로 보았다. 범주들은 직관들에 관계하면서 이것들을 규정한다. 인식이란 범주를 통한 현상들의 잡다함을 통일시키는 규정이다. 이에 반해 아름다움은 개념을 동반하지 않는다. 따라서 미에서는 모든 미적 주체들을 만족시킬 수 있는 그런 보편성을 찾아내서 완성하지 않으면 안 된다. 반성하는 판단력은 개념이나 규정의 창조와 연결된다.

중력이 지배하는 영역은 서로 당길 수 있다. 뉴턴은 이것을 만유인력의 법칙으로 설명한다. 만유인력은 중력이 지배하는 영역에서 서로 당기는 것을 설명하는 데 있어서 최상의 설명 근거다. 아인슈타인의 일반 상대성 이론은 중력이 시공간의 결합을 휘게 하는 힘으로서 작용한다고 말한다. 중력과 가속의 방향은 서로 반대로 작용한다. 하지만 이 힘의 크기는 같다.

허블의 관측 결과에 의하면 우리 은하계는 서로 멀어지고 있다. 적색 편이는 이 멀어짐을 설명하는 경험적 증거다. 중력이 지배하는 곳에서는 수축은 가능해도(모든 것들은 서로 당기기에) 팽창할 수는 없다. 하지만 우주는 팽창하고 있다. 이 팽창의 원인은 무엇인가? 현대 물리학은 이 팽창하는 힘을 반중력 다시 말해서 암흑 에너지로 규정한다. 하지만 이 암흑 에너지의 진정한 원인에 대해서는 아직 이렇다 할 설명 근거를 제시하지 못하고 있다. 따라서 이것은 발견되고 새롭게 해명되지 않으면 안 되는 것으로 남아 있다. 즉 이 원리에 대한 철저한 규명은 반성하는 판단력의 대상으로 남아 있다.

06

자연주의적 오류 추리

도덕은 인간 행위가 지니는 당위를 문제 삼는다. 모든 도덕적 규정은 사태에 대한 기술(description)이 아니라 당위적 처방(prescription)을 지닌다. 칸트는 도덕이 명령과 연관되어 있다고 분명히 말한다. 당위는 사실 분석이 아니라 근거 요구 충족에 속한다. 도덕 심리학과 도덕 철학은 이 점에서 구별된다.

당위는 행위의 구속력의 근거를 말한다. 그렇기 때문에 윤리적 행위의 근거는 사실에 입각해서 수행될 수 없다. 사실은 사태의 객관적 현존을 말한다. 사실은 어떠하다는 것만 알려주지 어떠해야만 하는 근거를 제시하는 것이 결코 아니다. 히틀러의 유대인 말살은 부인할 수 없는 역사적 사실이다. 하지만 그 행위 자체는 도덕적으로 정당화될 수 있는 것이 결코 아니다. 사실을 기술하는 것과 사실의 당위적 근거를 묻는 것은 구별되지 않으면 안 된다.

G.E.무어는 사실로부터 당위를 이끌어내는 모든 추론을 자연주의적 오류추리라고 비판한다. 사실은 사태가 어떻다는 것만 말해주지 행위를 구속할 근거를 제시하지 못하고 있다. 당위와 사실은 구별된다. 당위는 사실로부터 도출되지 않는다. 사실로부터 당위를 이끌어

내려는 모든 시도는 성립할 수 없다. 절도범들이 있다고 해서 절도가 정당화될 수는 없다. 성폭행 범죄자들이 있다고 해서 성 폭행이 정당화될 수는 없다. 사실은 당위의 근거가 될 수 없지만 당위는 사실의 구속 근거로서 작용한다.

도덕은 행위의 구속력의 내적인 근거를 다룬다. 법은 권리 주체들을 공적으로 묶을 수 있는 규범적 토대를 다룬다. 칸트는 도덕을 내적 자유로 그리고 법을 외적 자유로 구별하고 있다. 법과 도덕 모두 행위의 당위적 근거를 다룬다는 점에서 일치한다. 법과 도덕의 구별은 법철학의 희망봉이다. 법은 공적 자유의 구속력 근거를 정당화해야 하고 도덕은 행위의 보편적 구속 근거를 정당화한다.

틀렸다(false)와 오류(fallacy)는 구별된다. 인식 판단은 진위의 대상이 된다. 오류란 연결이 잘못된 것을 말한다. 사실로부터 당위를 이끌어 내거나 연결하는 것은 오류(fallacy)인 것이다. 어떻다(fact, so)에서 어떠해야만 하는 것(should)을 이끌어내는 것은 오류다. 오류란 틀린 것이 아니라 연결이 그릇된 것이다. 사실로부터 당위를 이끌어내는 것은 부당하다. 그렇기 때문에 이런 추론은 어떤 경우에도 허용될 수 없다.

증거가 많다는 것은 그것을 통해 우리가 결론이 그만큼 신빙성이 있다는 것을 알려 준다. 증거는 아무리 많아도 필연성이 확보되는 것은 아니다. 사실은 증거로서 신빙성을 지지할 수는 있어도 필연성을 보장하지는 못한다. 윤리적 행위의 근거에 대한 요구는 행위를 구속할 수 있는 정당화 충족을 말한다. 사실들로부터 당위의 충족 근거를 도출할 수는 없다. 진리가 사태의 참을 따라가듯이 행위도 행위의 구속 근거를 정당화하는데서 그 타당성이 충족된다. 사실들이 아무리 많이 축적되어도 이것들로부터 당위가 도출되는 것은 아니다. 사실들을 통한 증거 수집이 행위의 당위 요구를 충족시키고 있는 것은 아니다.

관습은 사실이 관행처럼 굳어진 것을 말한다. 이것은 전통적 지배를 말한다. 하지만 전통으로부터 지배해 왔다고 해서 이것이 지배 자체를 정당화하는 것은 아니다. 지배를 정당화하는 것은 지배 자체의 근거 충족을 말한다. 그렇기 때문에 사실과 당위가 충돌할 때 우리는 당위의 구속 근거를 윤리적 행위의 근거 충족 요구로 보아야 한다. 사실이 우세하고 당위가 실현되지 않았다고 해서 사실이 정당화되는 것은 아니다. 도덕은 행위의 구속 근거에 대한 정당화 충족이다. 성추행과 성폭행이 관행이라고 해서 그 행위 자체가 정당화되는 것은 결코 아니다. 내 행위의 타당성이 나를 넘어서 모두에게 타당할 수 있도록 그렇게 행위 자체를 보편화하지 않으면 안 된다. 칸트는 이것을 정언명령의 보편화 요구로 규정한다. 정언명령은 가언적 명령이 아니라 무제약적으로 타당한 보편적 구속력 요구다.

07
변증법

1. 역사적 고찰

분석론이 필연을 다루는 것이라면 변증론은 대화를 통한 설득을 다룬다. 플라톤과 아리스토텔레스에서 이 규정들은 서로 다른 가치를 지닌다. 그리고 이것은 칸트와 헤겔에게서 서로 상이한 위상을 지닌다. 마르크스 역시 변증론을 역사적 유물론의 분석을 위한 유용한 도구로 사용한다. 변증론이 필연에 관한 것이 아니라면 역사발전의 필연적 법칙을 주장하는 것 자체가 어불성설이다.

변증론은 한 사태에 대해 대립들이 첨예하게 드러낼 때 시작한다. 변증론은 만병 통치가 아니다. 우리의 사고는 알 수 있는 것의 한계를 통해서 알 수 없는 것에 대해 열려 있다. 그런 한에서 변증론은 앎과 무지와의 대화다. 앎이란 한계를 아는 것이다. 우리는 알 수 있는 것은 분명하게 앎으로써 알 수 없는 것에 대해서는 계속해서 긴장감을 갖고서 열려 있어야 한다. 소크라테스는 무지를 앎으로써 무지에 집착하지 않는 해방을 우리에게 깨우치고 있다. 쿠자누스는 한계에 대한 자각을 통해 한계를 초월하는 긴장을 우리에게 각성시킨다. 사고의 본성이 대화로 규정되는 것은 결국 한계를 뛰어넘음으로 써 우리가 사고를 더 넓게 개방하도록 자극한다.

공리로부터 정리를 이끌어내는 것은 필연적이어야 한다. 바로 이런 필연적 도출을 밝히는 것이 수학적 증명이 하는 일이다. 연역추론은 전제로부터 결론이 도출되는 것이 필연적이라고 이끌어내는 데 있다. 분석론이 필연과 관계한다면 이 필연은 수학적 증명과 연역적 추론에 만 적용된다. 변증론은 이런 엄격한 필연성 확보를 지니고 있지 못하 다. 하지만 그렇다고 변증론이 비학문이라는 것은 아니다. 변증론이 분석론과 구별되는 것은 변증론은 강제하는 필연성이 아니라는 것이 다. 변증론은 필연성을 증명하는 분석론에 비하면 엄밀성이 결여되었 다. 하지만 변증론은 무지를 자각하게 함으로써 무지를 벗어나게 추 동한다는 점에서는 역동적이다. 이 역동성은 무지와 한계를 극복하는 역동성으로 전개된다. 변증론은 탐구의 역동성으로 전개된다.

수학의 역설은 비효용적임에도 불구하고 그것의 효용성이 가장 많다는 데 있다. 이에 반해 형식논리학에서의 추론의 타당한 규칙은 누구나 다 배우지 않으면 안 되는 최소한의 강제 규정을 행사한다. 논리적 규칙에 대한 훈련은 그것이 무제약적인 타당성을 지니고 있 기 때문에 우리 모두가 그 추론규칙을 배우지 않으면 안 된다. 무모 순적으로 사고하는 것은 진리의 최소한의 기준만을 충족하고 있을 뿐이다. 우리는 논리 규칙을 잘 준수했다고 해서 세계나 대상에 대 한 앎을 지니고 있는 것은 아니다.

칸트는 형식논리학(일반논리학), 선험논리학(진리의 논리학), 가상 의 논리학(선험적 가상의 논리학)을 구별한다. 형식논리학은 사고법 칙의 무제약적 타당성을 다룰 뿐이다. 이것은 진리의 최소 기준에 해당한다. 선험논리학은 범주의 대상 관련과 규정 가능성을 다룬다. 이것은 대상에 대한 규정적 인식이라는 점에서 진리 조건을 충족한다. 선험적 가상은 범주를 적용할 수 없는 대상들에 적용할 때 발생하는 오류를 말한다. 선험적 가상은 착각이나 실수가 아니다. 이것은 우리의 앎이 앎을 초월하는 영역들에 적용할 때 앎이 필연적으로 빠지게 되는 그런 오류를 말한다. 칸트는 오성의 근본 원칙과 이성의 원리를 구별한다. 이런 구별을 통해서 칸트는 이 둘이 혼합되어서 사용되는 것을 막는다. 왜냐하면 이 둘의 그릇된 혼합이 바로 선험적 가상의 원천이기 때문에 이 원천적 오류를 막기 위해서는 이 둘을 철저하게 분리해야 하기 때문이다.

헤겔은 칸트가 대립을 종합하거나 지양하지 못하고 있다고 비판한다. 바로 그렇기 때문에 헤겔은 대립을 사변적으로 지양하는 것을 변증법으로 전개시킨다. 해소(Auflösung)인가? 지양(Aufhebung)인가? 에 대한 싸움은 헤겔과 칸트만의 문제가 아니라 바로 오늘의 우리에게도 계속해서 제기되는 문제로 남아 있다. 분석론과 변증론의 고대적 구별은 근대에서도 대립의 해소인가, 대립의 지양인가라는 문제로 재변형 되어서 전개되고 있다. 마르크스는 헤겔을 유물론화하면서 변증법을 역사 발전의 동력으로 전개한다.

2. 진리에 이르는 불가피한 과정으로서의 오류의 역할

우리는 무전제로부터 출발할 수 없다. 왜냐하면 무전제는 아무 것도 설명할 수가 없기 때문이다. 학문은 항상 무엇에 대한 정당한 진리 해명을 목적으로 한다. 무전제는 제약당하거나 파생적인 것이 아니라는 것만 알려준다. 이에 반해 학문은 전제의 진리 근거에 대한 타당한 해명 충족으로 전개되지 않으면 안 된다.

학문은 출발을 갖는다. 하지만 이 출발은 항상 반성적인 검증의 대상이 되어야 한다. 우리는 선술어적 명증성, 선이해, 선판단, 신화적 믿음, 생활 세계적 자명성 등등 항상 어떤 한정된 이해 연관 안에서 움직이고 있다. 그 명칭들이 무엇이라 불리어지건 간에 우리는 항상 그리고 대개는 어떤 의미나 이해 연관 안에서 살고 있다. 해석학은 이것을 방법적 순환의 의미로서 선이해의 구조라고 명명한다. 이 순환은 해로운 것이거나 그릇된 것이 아니라 우리 이해의 불가결한 조건을 말할 뿐이다.

우리는 무전제가 아니라 특정한 제한된 전제 아래서 움직인다. 하지만 우리는 전제와 함께 그러나 전제에 거역해서 사고하는 것을 지속시키지 않으면 안 된다. 우리는 대개 그리고 아무 의심 없이 우리가 자명하다고 믿고 있는 것에서부터 출발한다. 하지만 우리의 선이해는 이해의 가능조건을 형성하고 있기는 하지만 이것이 진리라는 보장은 없다. 그래서 플라톤도 정당화된 참 믿음(justified true belief)을 진리로 논의하면서 믿음을 진리로 여기는 것을 비판할 수 있었다. 믿음은 선이해의 주관적 확실성을 드러낸다. 하지만 우리의 믿음이 진리라는 보장이 없기 때문에 믿음에 대한 검증은 불가피하다. 그래서 소크라테스도 검증되지 않은 삶은 아무 가치가 없다고 말할 수 있었다. 검증된 믿음과 믿음의 진리 조건은 구별되지 않으면 안 된다.

우리는 우리가 믿고 있는 믿음의 거미줄 안에서 어떤 것을 진리로 파악하고 있다. 이 믿음의 거미줄 연관 안에서 우리가 파악하려는 대상들이 진리로 규정되어진다. 하지만 우리는 우리가 파악하고 주제화한 것이 진리라는 것을 자체적으로 그리고 스스로 보장할 수가 없다. 그래서 이런 믿음의 거미줄은 그것이 참인지 아니면 그렇지 않은 지에 대한 검증을 통과해야 한다.

믿음의 거미줄이나 선이해가 진리의 예비적 조건을 형성하는 것은 불가피하다. 하지만 이 불가피성은 진리 검증을 완결한 것이 아니다. 바로 우리의 선이해 자체가 진리의 검증 과정에서 비판적으로 검증되어야만 한다. 우리가 참이라고 믿고 있는 것들과 실체로 참인 것 사이에는 차이가 나타날 수가 있다. 바로 이 차이의 드러남으로 인해 우리는 우리의 믿음의 거미줄을 진리로 고정하는 것을 극복할 수 있다. 변증론은 이 점에서 대화를 불가피하게 형성하고 있다. 참이라고 믿고 있었던 것과 실제로 참 사이의 대화가 계속해서 벌어져야만 하기 때문에 우리는 이 대화를 지속시키지 않으면 안 된다. 헤겔은 매우 탁월하게도 이것을 "사고의 본성은 변증법적이다"라고 잘 정리한다. 전제 자체를 지양함으로써 전제를 진리로 고양시켜가는 과정 전체가 바로 사고의 자기 해방이다.

믿음과 참 사이의 대립과 긴장으로 인해 우리는 믿음과 함께 그러나 믿음에 거역해서 사고하는 것을 역동화 시켜야 한다. 믿음을 통해서 참이 설정된다. 하지만 이것은 우리가 참이라고 믿고 있었던 것이지 실제로 참이라는 것은 아니다. 우리가 참이라고 믿고 있었던 것은 반성적 검증의 대상이 된다. 대화란 우리의 믿음이 진리로부터 고립되는 것을 막기 위해서 우리의 믿음을 진리로 입증해야 하는 데서 시작된다. 우리가 진리라고 믿고 있는 것과 실제로 참 사이의 대화를 통해서 우리는 우리가 지니고 있었던 믿음을 검증하게 된다. 실제로 참을 통해서 우리의 믿음을 검증하고 우리가 참이라고 믿고 있었던 것을 실제로 참을 통해 검증하는 이 연결이 바로 대화다. 그렇기 때문에 대화는 진리를 주관화하는 위험으로부터 우리를 해방시켜 준다.

믿음의 주관적 확실성이 아니라 진리로 입증된 믿음이 중요하기 때문에 우리는 우리의 주관적 확실성은 진리로 입증된 확실성으로 높이지 않으면 안 된다. 전제를 통해서 전제 자체의 비진리를 극복하는 이 과정이 바로 변증법적 상승과정으로 역동화된다. 여기서 중요한 것은 우리의 주관적 학실성 믿음은 진리의 가능조건과 비진리의 가능조건 모두를 지닐 수 있기 때문에 우리가 이것을 절대화할 수 없다는 것이다. 우리는 이것을 운동의 가능조건으로서 진리계기 (Moment)들로 파악하지 않으면 안 된다.

진리에 대한 우리의 주관적 확신이 문제가 아니라 실제로 참인 것이 문제다. 진리에 대한 우리의 주관적 믿음은 진리에 대한 우리의 믿음이지 이것이 진리라는 보장은 없다. 따라서 이 둘 사이에는 계속해서 검증이 불가피하다. 변증법은 진리에 대한 탐구의 역동적 과정을 활성화시킨다. 진리에 대한 우리의 주관적 파악은 진리 계기들 안에서 역동화된다. 문제는 실제로 참이 무엇인가를 밝히는 데 있다. 우리의 주관적 믿음은 참의 가능성과 거짓의 가능성 모두를 포함하고 있기 때문에 우리의 믿음 자체를 진리로 여겨서는 안 된다. 반성적 검증은 실제로 참의 지평에서 우리가 참이라고 믿고 있는 것을 검증하는 데서 그 타당성이 드러나게 된다. 자연과학은 공적 검증을 통해서 참으로 밝혀지기 전까지는 이론을 잠정적인 진리 파악으로 제한시킨다. 마찬가지로 우리는 진리 발견의 주관적 맥락 조건들과 진리의 공적 정당화를 구별해야 한다. 이론이나 가설은 진리에 대한 주관적 파악을 반영한다. 이에 반해 실제로 참의 지평에서 이론이나 가설은 그 타당성이 궁극적으로 입증되지 않으면 안 된다.

진리 발견의 과정에서 우리의 주관적 믿음이 진리로 파악하고 있다는 것이 검증의 대상이 되고 있다. 확실성이 진리가 아니라 검증된 확실성이 진리다. 우리의 주관적 가설이 진리가 아니라 공적인 검증 과정을 통해서 입증된 가설만이 진리의 자격을 얻는다. 그래서 확실성과 진리가 등가인 것이 아니라 진리로 검증된 확실성만이 진리의 자격을 비로소 얻게 되는 것이다. 이렇게 본다면 우리는 우리의 주관적 선이해를 참의 지평에서 계속해서 입증하는 검증을 지속시키지 않으면 안 된다. 바로 이런 과정에서 오류도 진리 발견의 불가피한 과정을 형성하게 된다. 오류란 그냥 틀린 것이 아니라 우리가 진리를 파악하는 과정에서 우리가 잘못 파악하고 있었다는 것을 드러내준다. 바로 이런 오류를 바로잡음으로써 참을 향해 가는 진리의 사태 개방성이 추진력을 얻게 된다. 헤겔은 이것을 일반화해서 모순과 대립은 진리 발견의 역동적 조건이라고 말할 수 있었다.

비판이란 한계를 설정하고 부단히 한계를 초월하는 것을 말한다. 한계란 진리 파악에 있어서 우리의 주관적 믿음들이 비진리나 가상으로 드러나는 계기를 말한다. 참의 지평에서 참이라고 믿고 있었던 우리의 주관적 이해 조건을 부단히 초월하는 것이 가능하게 된다. 변증법은 이 역동적인 과정 자체를 생동감 있게 전개할 것을 요구한다. 이런 과정 자체를 계속해서 그리고 끝까지 지탱하는 힘이 바로 사고의 힘이다. 사고란 진리 발견의 과정에서 참을 궁극적으로 확보하려는 욕구에 의해서만 추동된다. 사고는 진리에의 의지를 통해서 그 역동성이 전개된다.

08

필연, 법칙, 법, 경향성의 차이

필연(necessity)이란 항상 그렇고 어떤 경우에도 예외를 인정하거나 허용하지 않는다. 필연은 대안을 허용하지 않는다. 필연은 어떤 것이 그 규정에 있어서 항상 그렇고 그렇지 않은 것은 불가능한 것을 뜻한다. 필연은 예외나 대안을 부정한다. 수학적 증명은 필연적이다. 공리로부터 정리는 필연적으로 도출된다. 연역추론에서 전제는 결론이 성립하는 것을 100% 확실하게 보증한다. 하버드 대학을 나왔다고 해서 100% 취업이 보장되지는 않는다. 하지만 필연은 100% 확실하다. 수학적 증명과 연역 추론은 필연적이다.

필연은 어떤 경우에도 예외나 대안을 허용하지 않는다. 필연의 반대는 우연이다. 필연은 어떤 것이 항상 그렇고 그렇지 않은 것은 불가능하다는 것을 뜻한다. 필연의 부정은 자기 모순이다. 모순에 빠지지 않으려면 부정하면 안 된다. 귀류법적 증명은 필연의 부정이 필연적으로 자기 모순으로 귀결된다는 것을 드러내주는 간접 증명이다.

법칙(natural law)은 해당 현상들을 지배하는 힘이다. 법칙은 물적 강제로서 개별 현상들을 지배하고 강제한다. 하지만 법칙은 지배할 때 예외 없이(without exception) 지배할 때와 예외를 두고(with exception) 지배하는 것으로 분류된다. 모든 물질들은 중력의 지배를 받는다. 물질과 에너지는 중력의 일반적인 지배를 받는다. 이것에는 예외가 없다. 예외가 없는 법칙은 필연적이다. 물질이면서 중력의 지배를 받지 않는 것들은 하나도 없다. 중력의 법칙은 물질들을 지배하고 통제한다.

온도와 영양에 민감한 파충류는 알을 통해 새끼를 부화한다. 하지만 아나콘다와 살무사는 그렇지 않다. 아나콘다와 살무사를 제외하고 거의 모든 파충류는 알을 통해 새끼를 낳는다. 예외는 그 해당 현상들에 대해 법칙의 지배력이 더 이상 통용되지 않는다. 한 국가 안에서도 법의 적용이 미치지 못하는 곳을 치외법권이라고 하듯이 예외는 법칙의 강제성이 영향력을 상실하는 경우를 말한다. 예외가 있는 법칙은 필연이 되지 못한다.

자연과학은 법칙을 발견(the discovery of law)한다. 자연법칙이란 물적 강제다. 법칙의 강제력은 예외를 허용하지 않는 것과 예외를 허용하는 것으로 분류된다. 이 점에서 자연법칙과 필연은 동의어가 아니다. 법칙이 있다고 해서 예외가 있을 필요는 없다. 하지만 예외가 있다는 것은 법칙의 지배로부터 벗어난 것을 뜻한다. 자연 법칙은 예외를 인정하지 않는 엄격한 필연성과 예외를 허용하는 법칙으로 구별될 수 있다.

법(Law)은 물적 강제가 아니라 공동체의 구성원들 모두를 구속할 수 있는 인위적 강제다. 자연법칙이 물적 강제라면 법은 인간이 인간을 구속하고 통제하는 구속력의 근거를 말한다. 법은 이상적으로 말할 때 모두가 모두를 구속하기 위해 모두가 모두를 강제하는 것에 기초한다. 법은 공적 구속력을 지닌다. 법은 모두를 강제하기 때문에 어떤 경우에도 예외나 특권을 허용해서는 안 된다. 하지만 어떤 사안들에 대해서는 예외가 인정된다. 신체 장애로 인해 전투를 하는 것이 불가능할 경우 이런 자들은 병역의 의무와 강제로부터 면제된다. 법칙의 물적 강제와 비교되는 의미에서 법의 인위적 강제는 모두를 구속할 수 있는 타당성의 근거를 확보해야 한다.

법은 공적 질서다. 법은 타당하기 때문에 그리고 구속력을 집행하기 위해 힘을 지닌다. 정의에 기초하지 않을 때 국가는 폭력이다(아우구스티누스). 정의를 집행하지 않는 법은 그 자체가 폭력이다. 우리는 부당한 법에 대해서는 반드시 저항하지 않으면 안 된다. 저항권의 정당성(존 로크)은 법이 부당할 때만 가능하다. 그리고 악법은 힘은 있지만 정당한 집행은 아니다. 따라서 악법은 법의 자격을 지니지 못하기 때문에 어떤 경우에도 집행되어서는 안 된다. 인간이 인간을 구속하고 통제함으로써 지배의 정당화를 충족해야 한다. 우리는 어떤 경우에 한해서는 예외를 설정할 수밖에 없다.

경향성(tendence)은 전체 중에서 해당하는 경우를 말한다. 어떤 경우에 해당하는 것이 또 다른 경우에 해당하지 않을 수도 있다. 이것은 사안별로 분류되어야 하고 사안들에 따라 그 정도 충족이 다 다르다. 물건이 비싸면 사지 않고 물건이 싸면 사람들은 사려고 한다. 하지만 이것은 어디까지나 경향성이다. 왜냐하면 물건이 비쌀수록 사려는 자들이 있기 때문이다. 법칙에서 예외는 아주 적은 사례들만 허용한다. 하지만 경향성에서는 그렇지가 않다. 물건이 비쌀수록 사려는 자들이 예외적으로 있는 것은 아니다. 예외의 범위나 기준을 정하는 것은 모호하기는 하다. 인간의 심리, 정치 의견들, 유행, 소비 트렌드, 지방색, 당파성 등등은 분명히 경향성 분석에 해당한다. 독일의 지식인들 중에서는 상당수가 히틀러를 지지했다. 하지만 어느 정도인지는 구체적인 조사를 통해 결정할 수밖에 없다. 우리는 전체 중에서 항상 해당 정도를 정확하게 측정하면서 사용해야 한다. 전체 중에서 해당하는 것과 해당하지 않는 것을 구별해야 한다. 그렇지 않을 경우 우리는 성급한 일반화의 오류(fallacy of hasty generalization)에 빠진다.

2부

01 서양 윤리학의 두 물줄기
02 양심을 통한 행위 검증
03 행복의 윤리
04 칸트의 실천철학

서양 윤리학의 두 물줄기

"가장 완전한 자산은 행복이다.
왜냐하면 우리는 행복을 항상 그 자체를 위해 선택하지,
결코 다른 것 때문에 선택하지 않기 때문이다."

1. 개요

칸트의 의무론적 윤리학과 아리스토텔레스의 행복 윤리학은 서양의 도덕철학을 이해하는 데 있어서 결정적인 영향력을 행사해 왔고 아직도 계속해서 영향력을 행사하고 있다. 자유주의자들은 정의가 선에 앞서간다는 입장을 전개함으로써 칸트를 현대적으로 변형시키고 있다. 특히 롤즈나 하버마스가 이런 입장을 전개하고 있다. 공동체주의자들은 선이 정의에 앞서간다는 입장을 통해 아리스토텔레스를 현대적으로 변형시키고 있다. 매킨타이어, 테일러, 왈쩌 등등이 이런 입장을 대표하고 있다.

칸트의 윤리학은 법칙의 윤리학 내지 의무의 윤리학으로 이해된다. 칸트는 행위의 의무개념을 강조함에 의해서 공리주의와 구별되

고 있으며 아리스토텔레스의 행복 윤리학과 구별된다. 칸트의 의무는 그 행위가 오로지 도덕적 의무로부터만 행해질 때 한에서만 정당화된다. 이 점에서 그의 의무는 행위의 동기를 묻는 동기주의도 아니고 행위의 결과로부터 행위를 평가하는 결과주의와도 구별된다. 선의지로부터 비롯되는 행위는 그 행위가 보편타당한 법칙에 자발적으로 복종하는 것에만 따른다. 이것이 도덕의 기초를 형성한다고 칸트는 주장한다.

아리스토텔레스는 실천학에 비해 이론학이 신에 대한 삶의 추구때문에 더 탁월하다는 입장을 취한다. 이에 반해 칸트는 이론이성에 비해 실천이성이 우위에 있다고 주장한다. 아리스토텔레스가 서구윤리학에 있어서 목적론적 윤리학을 대표하고 완성하고 있다면 칸트는 의무의 윤리학을 대변하고 있다. 두 입장 모두 최고선의 실현을 강조하지만 정작 최고선의 의미에 대해서는 서로 상이한 의미규정을 내리고 있다. 이 섬세한 차이가 여기서 자세히 언급될 수는 없지만 이 차이가 망각될 수 없다는 것이 분명히 주목되어야만 한다. 아리스토텔레스에게 있어서 최고선은 의지가 추구하고 따르고 완성하고자 하는 궁극 지평이다. 하지만 칸트에게서 선의지는 오로지 법칙에 대한 자발적 복종을 가능하게 하는 보편화요구로서만 이해된다.

공리주의는 칸트 윤리학에 대한 현실적 대안이기를 스스로 자처했다. 하지만 현대의 롤즈는 다시금 칸트와의 친화성으로부터 정의의 윤리학을 변형된 관점에서 새롭게 제시하고 있다. 정의를 유용성과 흥정으로부터 구제하려는 점에서 롤즈는 칸트를 구해내고 있다. 행위는 행위결과가 산출한 유용한 결과로부터 평가되는 것이 아니라 오직 의무로부터 비롯될 때 도덕적인 행위의 자격을 갖추게 된다고 칸트는 주장한다. 의무에 따른 행위는 행위 결과가 산출한 결과 여부와 관계없이 오직 그 자체로서 수행되지 않으면 안 된다는 이유 때문에 칸트는 공리주의의 윤리학을 비판한다.

헤겔이 아리스토텔레스와의 친화성 속에서 에토스의 윤리학을 다시 부활시키는 것은 주지의 사실이다. 하지만 헤겔은 에토스를 개별과 보편의 매개된 일치로 끌고 가는 점에서 서구 실천철학을 객관정신의 외화과정으로 전개하고 있다. 니체가 쇼펜하우어의 의지를 다시 수용하고 변형함으로써 칸트의 법칙윤리학을 철저하게 비판하고 있는 것은 주지의 사실이다. 마르크스는 칸트의 자율성 이론이 공허한 형식주의에 지나지 않는다는 헤겔의 기본 통찰을 전개함으로써 법칙에 대한 인간의 자발적 복종을 인간의 자기예속화로 비판하고 있다. 현대에 와서 칸트의 공허한 형식주의에 맞서서 막스 셸러는 실질윤리학을 칸트 윤리학에 대한 대안으로 제시하고 있다. 그리고 아펠과 하버마스에 의해 칸트의 의무윤리학은 담론윤리학으로 변형되면서 재구성되고 있다. 보편화 요구가 개별적 삶으로부터 고립되는 것을 경계하는 점에서 대화는 삶들 간의 매개로 변형된다.

인간의 행위를 근거짓고 규정하는 방식에 있어서 의무론과 행복론은 차이가 있지만 그렇다고 이 두 입장들이 서로를 배척하고 있지는 않다. 그렇기에 우리는 이런 입장 차이를 양자택일적으로 강요해서는 안 되고 보완적인 관계로서 파악해야 한다. 빛이 때로는 입자로서 파악되기도 하고 파동으로서 파악되기도 하는 것처럼 인간의 행위를 전체로서 균형감 있게 이해하기 위해서는 이 둘의 입장이 상보적인 관계로 파악되어져야만 한다. 선이 우리가 추구하는 궁극성이라면 선은 분명 정의를 포함하고 있지 않으면 안 된다. 정의가 궁극적인 것이라면 정의는 선을 포함하고 있지 않으면 안 된다. 궁극성을 어떻게 설정하는가의 차이는 있지만 이 양자가 서로 서로를 전제하고 있어야만 한다. 정의가 공적 질서라면 이것은 사적인 선을 포함해야 한다. 선이 궁극적이라면 선은 사적인 것을 넘어서서 정의라는 공적 질서와 공공선을 포함하고 있어야 한다.

우리는 우리 행위의 주인이 될 필요가 있다. 스토아주의자들과 현대의 실존신학에 이르기까지 자기 삶의 주인이 되는 요구는 인간 행위를 근거 짓는 데 있어서 없어서는 안 될 요인이 되었다. 진정성(authenticity)과 본래적 실존에 대한 실존철학자들의 요구는 자기 삶의 주인이 되는 윤리를 현대적으로 변형하고 재구성한 것에 지나지 않는다. 양심은 우리가 우리의 개별 행위를 검증하는 것을 불가피하게 만들고 있다. 양심은 우리 행위를 검증하면 사는 것을 불가피하게 만들고 있기 때문에 우리 모두를 구속하게 된다. 칸트의 보편 윤리는 우리의 개별 행위를 항상 어디에서나 타당하게 만들라고 명령한다. 보편성이 행위의 궁극성이 되기 때문에 칸트는 우리의 의지 사용을 보편화할 것을 도덕성의 기초로 설정한다. 아리스토텔레스의 목적론적 윤리는 인간이 궁극목적을 추구하고 완성할 때 우리는 행복하고 이 행복이 바로 행위의 정당화 근거라고 한다.

2. 의무와 행복

칸트에게서 의무는 법적인 의미로서가 아니라 보편성에 비롯된 행위만을 뜻한다. 의무론적 윤리는 우리 행위가 보편성에 자발적으로 따르고 복종할 때만 가능하다는 것이다. 의무로부터 비롯되는 행위는 자율적 행위이지만 이 행위는 모든 도덕주체들에게 보편타당한 구속력이 있는 행위를 말한다. 그렇기 때문에 칸트는 외적으로 강요됨이 없이 각자가 자기의 의지를 사용할 때 이 의지를 보편타당한 구속력이 있도록 그렇게 보편화할 것을 요구하게 된다. 이와 같이 행위의 보편화요구에 따르는 의지의 자발적 구속을 칸트는 의무로부터 비롯되는 행위(Handlung aus Pflicht, action from duty)로 규정한다. 칸트는 이런 행위만이 무제약적 타당성을 지닌다고 한다. 무제약적 보편성으로부터 비롯되는 행위만이 도덕적 가치를 지니게 된다.

칸트는 왜 의무에 따르는 행위가 우리 행위의 근거가 되는가라는 물음에 대해 일종의 순환 논증을 제시한다. 준칙의 보편화 가능성이 행위가 성립하는 근거이기 때문에 우리의 행위는 그것이 도덕성을 충족하기 위해 보편타당해야만 한다. 보편타당한 행위만이 윤리적 요구를 충족하기 때문에 모든 윤리적 행위는 보편성을 충족하는 한에서만 성립하게 된다는 것이다. 칸트에게서 인간 행위의 궁극성은 보편성에 따라야만 하기 때문에 보편성과 궁극성은 서로 서로를 전제로 한다. 의무론적[1] 윤리는 인간의 행위가 모두에게 보편타당한 구속력을 지녀야 하기 때문에 우리 행위를 보편타당하게 일반화시키는 것을 의무로 규정한다. 칸트는 의무로부터 비롯된 행위만이 도덕적일 수 있는데 이 행위는 결국 모두에게 보편구속력을 지니는 것과 의미론적으로 같다.

---

1) 그리스어 to déon은 요구되는 것, 의무, 반드시 해야만 한다는 의미를 지닌다.

도덕적 명령의 적용 대상은 인간 모두의 행위다. 인간의 개별 행위가 모두를 구속한다는 보장은 없다. 그렇기 때문에 우리의 개별 행위가 보편 구속을 얻으려면 우리의 개별 행위가 보편타당성을 충족하지 않으면 안 된다. 그런 한에서만 모두가 모두를 강제하는 도덕의 보편규정을 충족할 수 있게 된다. 그렇기 때문에 칸트는 외적으로 강요됨이 없이 그리고 외적인 것을 따를 필요도 없이 오직 자기의 의지를 보편타당한 것으로 만들지 않으면 안 된다고 요구한다. 각자의 사적인 행위 원칙을 보편화하는 요구는 형식적 의무에서 모두에게 구속력을 지니게 된다.

칸트에게서 의무는 자기 강제(Selbstzwang)의 성격을 지닌다. 즉 외적 강제라는 의미에서의 의무하고 구별[2]하기 위해 칸트는 자기의 규정에 자발적으로 복종하면서 이 규정이 모두에게 보편타당한 구속력이 있어야 한다고 요구한다. 자기 강제는 자발적이지만 이 자발적 자기 규정은 동시에 모두에게 타당한 구속력을 지닐 수 있어야만 한다는 것이다. 내가 개별적으로 추구하는 행위가 그 실행으로 인해 모두에게 해당하는 보편성을 충족한다면 칸트는 그런 행동만이 오직 도덕적 가치를 지닐 수 있다고 보았다. 그런 한에서 도적적인 행위만이 행위의 정당화 근거가 될 수 있다는 것이다. 세계 안에서나 세계 밖에서도 오직 이런 선의지로부터 비롯되는 행위만이 무제약

---

2) 칸트의 독일어 의무(Pflicht)는 영어로는 duty로 번역되는데 이것은 규정에 따라야만 하는 그런 의무(obligation)과 구별된다. 예를 들어 조세의 의무, 국방의 의무, 근로의 의무 등 등은 규정에 따르는 행위이지만 칸트가 말하는 의무는 이런 것이 아니다. 칸트는 이런 규정에 따르는 행위를 합법성이라고 규정하고 합법성을 도덕성과 구별한다. 합법성에서는 규정을 따르지 않을 때 처벌이 주어진다. 하지만 도덕성은 처벌을 하는 것은 아니다. 다만 그런 행위들이 도덕적 가치를 지니지 못한다고 한다. 칸트는 경향성(Neigung)에 따른 행위는 모두 이런 보편성을 결여하고 있다고 주장한다. 칸트는 무제약적 보편성을 충족하는 행위만이 도덕성의 자격을 지닌다고 규정한다.

적 가치를 지니게 된다는 칸트의 주장은 이런 맥락에서만 이해될 수 있다.

칸트가 요구하는 도덕법칙의 보편화는 내용적인 실질 규정을 제시하고 있지 않다. 그의 윤리학이 형식윤리학으로 평가받는 것은 이 때문이다. 보편화 요구는 내용적으로 무엇을 실질적으로 하라는 그런 보편규정을 포함하고 있지 않고 단지 형식적으로만 모두에게 타당한 행위가 될 수 있도록 그렇게 일반화를 요구만 하고 있을 따름이다. 윤리적 행위는 처방(preception)과 당위와 명령을 포함하고 있는데 칸트의 도덕적 명령은 내용적 실질 구속이 없는 형식적 명령만 포함하고 있다. 바로 이 형식성(Formalität)이 적용의 실질 구속력을 충족하고 있지 못하기 때문에 공허(Leerheit)하다는 비판을 받게 된다.

아리스토텔레스의 행복은 목적론적 윤리(teleological ethic)로 대표된다. 목적이란 행위가 궁극적으로 추구 대상으로 삼으면서 완성하고자 하는 것을 말한다. 어떤 행위가 정당화되는 것은 그 행위가 궁극 목적을 추구하고 완성했기 때문에 정당화된다. 행위의 목적은 행위 밖에 있는 것이 아니라 행위 자체를 궁극적으로 완성하는 데 있다. 도구들은 목적이 자기 안에서가 아니라 자기 밖에서 주어진다. 도구와는 달리 인간의 행위는 그 자체가 충족되기를 원하는 점에서 목적이 행위 자체 안에 있게 된다. 그리고 이 행위는 결국 완성을 통해서만 최종적으로 의미를 지니게 된다. 이 점에서 궁극 목적은 행위를 가능하게 하는 원인으로 작용한다. 이런 궁극 목적은 추구의 대상이 되기 때문에 행위를 움직이게 하는 원인으로 작용한다. 궁극 목적을 능가하는 것은 없기 때문에 이것은 행위를 가능하게 하는 궁극 지평(hou heneka)으로서 작용하게 된다. 현대적으로 변형된 의미에서 궁극성의 실현은 결국 자기 충족(self-fulfillment) 내지는 자기 실현(self-realization)을 의미한다.

아리스토텔레스의 형이상학과 자연학은 하나의 공통점이 있다. 궁극적인 것이 모든 운동의 가능 근거라는 것이다. 결과가 원인을 따라가는 것은 원인이 진정한 의미에서 현실적인 완성이기 때문에 가능하다. 결과는 가능적인 것이지만 원인은 완성이기 때문에 원인이 결과를 가능하게 한다. 하지만 그 반대는 아니다. 달걀이 닭을 닮으려는 것은 닭이 달걀이 되고 싶은 완성을 의미하기 때문에 가능하다. 현실성이 가능성에 앞서가기 때문에 가능성은 현실성을 운동의 목적으로서 궁극적으로 추구하게 된다. 아리스토텔레스는 신을 다른 것에 의해서는 움직여지지 않지만 모든 것을 움직이게 하는 순수 현실성으로 규정한다. 신은 "사고의 사고"(noesis noeseos)이다.

인간 행위는 그 기능들과 활동들이 목적을 추구하고 목적은 완성을 따르는 데서 정점에 달한다. 따라서 인간들이 추구하고 수행하는 모든 활동들은 언제나 행위의 완성을 향해서 움직이게 된다. 완성이 운동의 제일 근거로서 적용한다. 인간 행위에 있어서 행위가 완성하고자 하는 궁극 완성은 행복이 된다. 행복은 그렇기 때문에 행위를 가능하게 하는 진정한 목적이자 원인이 된다. 행위가 정당한 것은 그 행위가 궁극성을 완성하고자 하기 때문에 가능하다. 칸트에게 도덕성 규정은 일종의 순환 논증에 의해 파악되는 것에 반해 아리스토텔레스에게서 행위의 도덕성은 행복을 실현하는 데서 정당화된다.

결과가 원인을 따라는 것은 결국 불완전한 것이 완전한 것을 따르는 것과 같다. 행복은 행위가 이루어야만 하는 것이다. 행복 추구의 정당성은 존재론적으로 보면 자기 완성에 대한 실현에 기초한다. 그렇기 때문에 아리스토텔레스는 칸트와는 달리 행위의 보편화요구 대신에 행복 추구의 정당성을 인간의 본성 안에 내재된 목적론적 운동으로 일반화할 수 있었다. 행복한 삶을 위해서는 도덕성이 요구되고 포함된다. 따라서 도덕성의 완성이 행복을 형성하는 중요한 요인이 되는 것은 사실이지만 이것이 행복을 대체할 수가 없다. 행복은 도덕을 포함하고 능가한다. 도덕 하나만이 인간을 행복하게 하는 것은 아니다. 행복은 추구하는 목적을 실현하는 데서 오는 기쁨이기 때문에 인간은 행복한 삶을 위해 도덕적 삶을 충족하는 것이다. 하지만 그 반대는 아니다.

칸트는 우리가 선한 행동을 하기 위해 태어났다고 말한다. 아리스토텔레스는 우리는 행복하기 위해 태어났다고 말한다. 도덕적이지 않은 사람들은 행복할 수가 없다. 도덕성을 결핍하고 외적 조건에만 만족하는 삶이 있지만 이것은 궁극적으로 행복하다고 보아서는 안 된다. 도덕적인 사람이 반드시 행복한 것도 아니다. 조건들의 결핍으로 인해 고통스럽게 산다면 도덕성이 행복의 보장은 되지 못한다. 행복한 사람은 만족에만 머무르는 것이 아니라 도덕성의 충족과 아울러 조건들의 충족도 아울러 갖추고 있다. 이 점에서 행복은 도덕을 자기 안에 포함하고 능가하게 된다. 전체로서의 인간의 균형 잡힌 자기 완성에 대한 욕구는 도덕적 삶을 포함하고 능가한다.

선은 그 자체가 궁극적인 것이기 때문에 다른 것에 의해 능가되거나 정의되지 않는다. 선의 추구를 부정하면 자기 파멸에 이른다. 수행적 모순(performative contradiction)을 피해야 한다면 우리는 선을 무조건 추구하고 악은 무조건 피한다는 일반원칙에 따르고 있다. 예외가 있다고 해서 법칙의 일반성이 손상을 입는 것은 아니다. 자살을 하는 사람들이 있다고 해서 인간 일반의 보편적 행복 추구가 손상되는 것은 절대 아니다.

절대선은 누구에게나 추구의 대상이 된다. 신은 자기 안에 모든 것을 다 갖추고 있기에 자족(自足=all in I)으로 규정된다. 신이 부동의 동자로서 모든 운동의 원인으로 작용하고 행위가 추구하는 궁극목적의 추구 대상이 되는 것은 이 때문이다. 하지만 상대선은 어느 누구에게 특정한 제한된 지평에서만 추구 대상이 된다. 악어 가죽으로 만든 가방이나 장식품은 여인들의 쇼핑 대상이 되지만 동물 보호주의자들에게 이런 행위는 동물학대에 지나지 않는다. 상대적인 의미에서의 선은 누구에게는 추구 대상이 될 수 있겠지만 또 다른 누구에게 추구대상이 되는 것은 아니다. 인간조건들의 많은 부분들은 이런 상대선에 의해 특징지워진다.

중세 철학은 선(bonum), 존재(esse), 진리(verum), 완전성(perfectus), 아름다움(pulchrum), 지고의 행복(beatitudo)을 의미론적으로 호환 가능하게 사용했다. 선은 충족이고 완성이기 때문에 누구에게나 추구의 대상이 된다. 악은 결핍이기 때문에 누구나 피하고자 한다. 이미 말했지만 예외가 있다고 해서 이런 일반성이 부정되는 것은 아니다. 덕은 행위의 가능적인 능력으로서 우리 모두에게 주어졌지만 우리 모두는 오직 선을 추구하고 완성해 가는 행위를 실제로 수행하고 완성함으로써 비로소 덕스러운 인간이 된다. 우리에게 덕은 가능적인 능력이지만 행위를 실제로 수행하고 완성함으로써 우리는 비로소 덕을 갖게 된다. 덕을 갖추기 위해 우리는 행위를 단련하고 훈련한다. 가능적인 것을 현실적인 것으로 완성하는 것이 우리 모두가 덕을 추구하는 과정을 형성하게 한다. 우리는 자신이 될 것인지(To be myself) 아니면 자기 상실(Not to be myself)에 빠지게 되는지를 늘 선택하지 않으면 안 된다. 우리는 이것을 근원적으로 선택하고 결정해야만 한다. 이것보다 더 근본적인 선택과 결단은 없다.

3. 선과 정의

현대의 자유주의자인 롤즈는 선에 대한 정의의 우선성을 강조한다. 이에 반해 공동체주의자들은 정의에 비해 선의 우선성을 강조한다. 선은 개인들에게 자신들이 추구하는 궁극 목적이 된다. 사회 역시 공공선을 추구하고 실현해야하기 때문에 이런 공공선의 추구는 개인들의 행복 추구와 일치하게 된다는 것이다. 개인의 행복 추구와 공동체의 공공선 추구는 일치한다.

선은 더 이상 그것을 능가할 수 없다는 점에서 행위가 궁극적으로 추구하는 근원 지평을 말한다. 모든 개인들이 추구하는 선의 완성은 결국 다른 인간들과의 연대성과 유대를 가능하게 한다. 그런 한에서 개인들의 자기 이익 추구는 결국 공동체 전체의 공공선 추구와 일치하게 된다. 공공선의 추구는 모든 개인들을 공통으로 묶어주게 된다. 모든 개인들은 자발적으로 자기 행위의 궁극성을 추구하는 과정에서 타인들의 추구와 일치하게 된다.

플라톤은 지혜, 용기, 절제, 정의를 인간이 갖추어야 할 기본 덕들로 규정한다. 타자를 전제로 하지 않을 때에 정의는 의미가 없다. 인간이 혼자 살 때에는 정의라는 덕은 필요 없다. 하지만 인간이 모여서 공동체라는 질서를 형성하게 될 때 사람들과 사람들을 묶어줄 수 있는 구속력 있는 질서 즉 정의는 반드시 필요하다. 그렇기 때문에 개인들은 자신들이 그 안에서 삶을 영위하는 공동체의 질서를 자신들의 삶의 조건들로 내재화하지 않으면 안 된다. 질서는 밖에서 외부적으로 주어진 것이 아니라 각자가 행복한 삶을 영위하기 위해 공적으로 완성하지 않으면 안 되는 내적 질서가 된다. 그렇기에 정의는 선한 삶의 추구 과정에서 덕 있는 개인들이 충족하지 않으면 안 된다.

칸트는 의무를 행위의 자기 규정을 통해 자발적으로 보편타당성에 복종하는 것으로 정의한다. 칸트에게서 자유는 법칙에 대한 자발적 복종과 일치한다. 칸트를 앞질러서 이미 루소는 자신이 제공한 규칙에 자발적으로 복종하고 일치하는 것을 자유로 규정한다. 칸트는 루소의 이런 자유개념을 더 세분화시켜서 도덕적 자유와 법적 자유로 전개시킨다. 정의는 모두가 모두를 공적으로 구속하는 질서다. 이 질서는 자신의 의지를 보편적으로 만들 때만 가능하다. 정의가 공적 질서라는 것은 정의가 나와 타인의 자유를 모두 보편타당하게 묶어줄 수 있을 때만 가능하다.

칸트에 따르면 개인들이 항상 선하다는 보장은 없다. 우리의 의지는 선을 추구한다는 보장이 없다. 그렇기에 선은 보편법칙에 따르는 규정을 충족하기 위해 모든 자의성으로부터 벗어나야 한다. 선의지는 보편법칙에 종속하는 것 이외에 다른 것에 복종하는 것 자체를 거부한다. 정의는 공적 질서이기 때문에 선의 주관적 내용들로부터 정화되어야만 한다. 칸트의 선의지는 궁극적인 것의 추구가 아니라 법칙에 자발적으로 복종하기 위해 의지의 모든 사적인 내용들로부터 정화되는 것을 말한다.

도덕적 법이 의지의 보편 타당한 구속에 기초한다면 법은 칸트에 따르면 나의 자유와 너의 자유를 보편타당하게 공적으로 보장하는 데 있다. 정의는 그렇기에 외적 자유의 내용을 이룬다. 정의는 법의 근거다. 법은 정의를 공적으로 집행한다. 법은 모두가 모두를 강제함으로써 모두가 모두를 자유롭게 하는 데 있다. 따라서 정의가 가능하려면 선이 모두에게 타당한 공적 구속력을 충족하지 않으면 안 된다. 이런 점에서 정의가 선의 객관화 요구로서 작용하게 된다.

목적론적 지평에서는 인간은 행복을 추구하고 즐기기 위해 많은 것들을 충족하지 않으면 안 된다. 정의가 궁극적인 것이 될 수 없는 이유는 정의는 행복한 삶을 구성하는 공적 삶의 조건에 해당하기 때문이다. 의무론적 지평에서 정의가 강조되는 것은 너와 나의 자의를 벗어나야만 공적 질서가 가능하기 때문에 정의를 통해 선의 자의성이 극복되어야 하기 때문이다. 정의는 너와 나의 공적인 자유를 충족하는 한에서 자의성의 지향이 불가피하다. 이런 맥락에서만 정의가 선의 행위 근거가 될 수 있다고 칸트는 주장한다.

칸트에 따르면 자연 상태는 법이 부재하기 때문에 어떤 경우에도 공적인 안정성은 없다. 우리는 무질서가 지배하는 자연 상태에서 어떤 공적인 안정성도 누릴 수가 없다. 그렇기에 자연 상태를 떠나서 법이 지배하는 상태로 이행하지 않으면 안 된다. 칸트는 사적 계약이 가능하려면 먼저 근원적으로 계약이 성립해야 한다고 주장한다. 이런 근원 계약이 모든 공법의 가능근거라는 것이다. 공적인 근원 계약이 가능하기 때문에 모두가 그것을 통해 법의 안정적인 지배를 누리게 된다고 칸트는 주장한다. 법의 객관적이며 공적인 질서에서 자의가 제거되기 때문에 칸트에 따르면 인간은 법을 통해서만 공적인 자유를 누릴 수 있다고 한다. 정의에 기초하지 않을 때 국가는 도적폐에 지나지 않는다고 아우구스티누스는 주장한다. 이런 주장은 칸트를 통해 정의의 철학적 근거로서 작용하도록 했다.

정의 하나만이 인간의 행복을 충족하는 것은 아니다. 선한 삶의 실현에 공적인 정의가 포함되는 것은 사실이다. 선을 이렇게 넓게 확장할 때 선의 충족에는 정의가 포함되게 된다. 선의 정의에 대한 우선성은 이런 맥락에서만 이해된다. 칸트에게서 선은 정의를 보장하는 근거는 아니다. 선의 내용에 자의성이 제거되고 나야지만 정의는 모두를 구속하는 공적 근거가 될 수 있다. 정의가 공적인 질서로서 작용한다면 정의를 통해 우리는 공적인 행복과 질서를 누리게 된다. 칸트에게서 자유는 법을 통해서만 공적으로 실현된다. 하지만 정의가 충족의 제일 근거는 아니다. 다만 정의를 통해서만 인간의 공적 자유가 실현될 뿐이라고 주장한다.

칸트는 아리스토텔레스의 행복 윤리학을 심리적 경향성으로 잘못 이해하고 있다. 아리스토텔레스의 윤리학에서는 정의의 철학적 근거가 충분하게 언급되고 있지 않다. 개인 이익과 공공선의 추구가 자동으로 실현된다는 보장이 없기에 정의의 실현은 덕 있는 개인들의 의무 감정을 통해 유지된다. 이런 점에서 칸트는 덕을 요구할 뿐만 아니라 덕을 보편타당한 제도의 중심으로 설정한다.

4. 매개의 불가피

어느 공동체나 규범이나 법이 없을 수는 절대로 없다. 인간들이 모여 사는 곳에서는 반드시 윤리와 법이 존재한다. 정치는 다양한 이해관심을 지닌 인간들의 갈등을 조절하기 위해서라도 규범체계를 필요로 한다. 근대의 사회 계약론은 사회 성립의 근거를 제시하기 위한 이론적 가설에 지나지 않는다. 모든 사람들을 묶어줄 수 있는 사회 성립의 근거 해명이 사회 계약론이 다루는 내용을 이룬다. 홉스, 로크, 루소, 칸트 등등이 인간에 대한 이해를 달리하고 이것에 기초해서 이론적 편차를 보이고는 있지만 사회 성립의 객관적 정당화를 마련하고 있다는 점에서는 공통점이 있다. 사회 계약론은 결국 지배를 정당화하는 문제로 귀착된다.

인간의 규정에 있어서는 인간이 인간 본성의 영향을 받는다는 측면 못지않게 인간이 역사적으로 형성된 삶의 영향을 받는다는 것을 고려하지 않으면 안 된다. 오늘의 윤리학은 인간의 인간성 규정을 확인하는 과정에서 반드시 일치된 견해를 보이고 있지 않다. 하지만 인간을 역사적 삶으로부터 고립된 채 순수 추상적 공간에서 인간을 고립시켜 다루는 것에 대해서는 비판적이다. 역사성과 사회성이 제거된 순수 추상적인 개별 존재는 허구적 산물에 불과하다. 자연법을 역사화 시키는 것 못지않게 중요한 것은 역사적 삶 자체를 검증하고 정당화하는 것이다.

구체적이고 개별적인 삶 안에 뿌리내리지 못하는 보편성은 공허하다. 개별적 특수성만 강조하고 개별적 삶에 대한 정당화를 제공하지 못한다면 그 개별적 삶은 고립될 위험이 있다. 삶 속에 뿌리내리지 못하는 보편성의 공허함도 피하고 개별성에만 과도하게 사로잡혀서 의사소통 가능성을 차단하는 위험에 대해 우리 모두는 경계하지 않으면 안 된다. 역사적 삶 안에서 뿌리내리지 못하는 자유는 공허하다. 자유 없는 역사적 삶은 맹목이거나 정당성이 결여되었다는 비판을 피할 수 없다. 사실 이 둘을 매개해야만 하는 이유는 이 둘의 연결만이 인간을 참다운 현실성에서 규정하기 때문에 그렇다. 자연법이 역사화되는 것과 역사적 삶이 정당화되는 것은 그렇기 때문에 우리 모두가 추구하고 완성하지 않으면 안 되는 과제로 남아 있다.

칸트의 보편 윤리는 윤리적 행위의 정당화 가능성을 묻는다. 하지만 보편성이 역사적인 삶 안에서 어떻게 구체화되고 실천되는지에 대해서는 여전히 의문이 든다. 공동체의 역사적 삶은 이미 형성된 가치들과 규범들에 의해서 개인들에게 방향을 주고 영향력을 행사한다. 하지만 개인들에게 영향을 행사하고 방향을 실제로 준다고 해서 이런 규정들이 반드시 타당하다는 보장은 어디에도 없다. 그렇기 때문에 공동체의 규범을 묻고 그것에 대해 판단정지(epoche)를 하는 자들에게 공동체의 규범 역시 정당한 해명을 해줄 의무가 있다. 행위의 규범적 요구와 행위의 역사적 실현 문제는 이렇게 상호작용의 그물망 안에서 서로 결합되지 않으면 안 된다. 물론 모든 공동체가 이런 결합을 다 충족하고 있다는 것은 아니다.

윤리적 행위는 당위와 명령과 구속 그리고 강제로 되어 있다. 하지만 이런 요구들이 아무 저항 없이 무제약적으로 받아들여질 수는 없다. 행위의 저항을 잠재우기 위해서는 행위를 정당화하는 규범적 요구를 충족하지 않으면 안 된다. 보편윤리는 그렇기 때문에 미리 형성된 삶에 대해 근거 요구를 불가피하게 요구하지 않을 수 없다. 공동체적 규범은 보편 윤리가 어떻게 삶 안에서 실제적인 집행을 할 수 있는지를 묻지 않을 수 없다. 구속력 없는 강제는 저항에 부딪힌다. 영향력을 상실한 보편화 근거 요구는 공허함에 부딪혀 좌초할 수 있다. 삶 속에 뿌리 내린 규범의 생활화가 역사적 삶 안에서 확인되어야 하는데 사실 이 확인에 대한 보장은 어디에도 없다. 윤리는 이런 자동 보장이 없는 세계에서 근거요구와 삶 안에 실현되는 실행 요구 모두를 만족시켜야만 하는 과제를 떠맡고 있다. 자연법과 실정법 요구가 계속해서 오늘날까지 싸움을 계속하듯이 인간이 존재하는 한 이런 싸움은 불가피하게 진행될 것이다. 윤리에 있어서 가장 위험한 것은 최종해결을 제시하려는 데 있을 것이다. 최종 해결이 불가능하거나 없다고 단정하는 것도 문제이지만 그것을 과도하게 요구함으로써 삶을 파괴하고 고문하는 그런 이론의 횡포 또한 우리는 경계하지 않으면 안 된다. 모두가 모두를 구속하는 규범의 강제성이 모두에게 폭력으로 작용하게 내버려 둘 수는 없다. 규범이 현실적인 적용을 통해 그 현실성이 검증받아야 하듯이 현실적 영향력 역시 규범적 정당화 요구를 통해 검증되어야 한다. 현재로서는 이 매개가 불가피하다는 점에서 우리는 자유와 공동체를 대립이 아니라 화해로서 일치시켜야만 한다. 이런 일치에의 요구는 자유 개념에도 그대로 반영되지 않으면 안 된다.

5. 자유

현대 철학은 자유의지와 결정론을 모순 내지는 대립 관계로 설정한다. 자유의지와 결정론이 모순 관계라면 둘 중의 어느 하나는 필연적으로 거짓이 된다. 자유의지와 모순이 반대라면 이 사이에는 다양한 등급과 정도의 차이가 있게 된다. 하지만 우리는 자유의지와 결정론을 양자택일을 강요하는 거짓 선택의 딜레마를 경계해야 한다. 그리스도교도 자유의지를 악의 가능성과 연관해서 다루어 왔지만 자유의 철학적 근거는 독일 고전철학을 통해 이론적으로 완성되었고 정점에 도달했다.

우리는 흔히 말해서 자유를 무엇인가를 마음대로 하는 것으로 이해한다. 내가 타인들에게 피해를 주지 않는 한 내가 원하는 것을 마음대로 할 수 있는 능력을 우리는 자유로 이해한다. 이렇게 될 경우 마약은 내가 그것을 먹고 타인들에게 해를 끼치지 않으면 무제한 허용되어야 한다. 방해받지 않고 내가 원하는 것을 마음대로 했다고 해서 내가 되고자 하는 것이 궁극적으로 완성된 것인가? 반드시 그런 것은 아니다. 그렇기 때문에 자유를 방해받지 않고 마음대로 무엇인가를 할 수 있는 능력은 충분한 것이 되지 못한다. 억압과 지배로부터 벗어나서 자신이 원하는 것을 마음대로 선택하고 결정할 수 있는 것은 자유의 필요 조건은 된다. 하지만 자유의 진정한 충분조건은 자유를 통해 궁극적으로 되고자 하는 것을 성취하고 완성할 때 충족된다.

자유는 마음대로 하는 것이 아니라 마음대로 하되 자유가 추구하는 것을 완성할 수 있을 때만 최종 의미를 지니게 된다. 우리가 자유의지를 지녔다고 해서 우리의 자유가 완성된 것은 아니다. 자유의지는 럭비공 같아서 때로는 자유를 파괴적인 악으로 사용할 때도 있다. 이성은 가끔 나쁜 목적에 기여할 수도 있기 때문에 루터는 이성을 창녀 같다고 비판한다. 자유의지가 사악한 마음에서 추동될 때 그것은 가공할 파괴를 낳기도 한다. 자유가 자의로 왜곡되는 것을 우리가 경계하지 않으면 안 되는 이유가 여기에 있다. 참된 의미에서 자유는 마음대로 하는 것이 아니라 자율적으로 행위하면서 행위를 궁극적으로 완성하는 데 있다. 아리스토텔레스의 행복론은 분명 현대적인 의미에서의 자유는 아니다. 하지만 행복이 궁극성의 실현에서 오는 기쁨이라면 행복은 자유의 자기 실현과 의미론적 서로 호환 관계에 있다. 자유란 결국 될 것이 다 이루어진 것을 의미할 때 진정한 자기 해방이고 충족이 된다. 자유의지는 이 점에서 자유에 대해 가능적인 것에 지나지 않게 된다. 그러니까 우리 인간들은 자유의지를 전제하고 이것을 자유의 완성으로 옳게 사용할 때 비로소 자유롭게 된다고 말해야 한다. 자유는 자기 창조에 대해서는 여전히 책임을 지고 있는 것이다. 우리 모두는 우리 모두가 되고자 하는 궁극적인 삶 앞에서 절대적인 의미에서 책임을 지지 않으면 안 된다. 이 책임은 외적인 강제가 아니라 자기 구속인 것이다. 우리는 자발적인 자기 구속을 자유의 속박이 아니라 자유의 진정한 완성으로 보지 않으면 안 된다.

방해 받지 않고 원하는 것을 마음대로 선택할 수 있다는 것은 자유 실현에 비하면 여전히 가능적인 것에 지나지 않는다. 자유란 자기가 되어야 할 것에 대해 절대적인 의미에서 책임을 지지 않으면 안 된다. 왜냐하면 자유는 절대적인 의미에서 충족된 삶을 완성하는 것에 의해 평가되고 측정되기 때문이다. 자유는 결국 각자가 자기 창조의 과제를 자발적으로 걸머지고 완성하는 것을 따른다. 자유에는 내용이 있고 목적성이 있다. 내용은 자기 창조이고 자기 창조가 바로 자기 충족을 의미한다. 우리가 자유인이라는 것은 우리가 되어야 할 바를 자유롭게 창조하는 자라는 것을 뜻한다. 자유가 자의로부터 정화되어야 하는 것은 이 때문이다. 칸트는 자유를 자발적으로 법칙의 보편성에 복종하는 능력으로 규정한다. 하지만 여전히 문제가 되는 것은 보편성이 더 궁극적인 것인가? 아니면 자기 창조가 더 궁극적인 것인가?를 우리가 묻지 않으면 안 된다는 데 있다. 자유롭게 자신이 준 법칙에 자발적으로 복종하는 것이 자기규정으로서의 자유라면 이것이 우리 행위의 궁극성을 충족하는 것인가? 아니면 자기 창조가 이런 것을 포함하면서 진정한 의미에서 인간의 행복을 보장하는 것인가? 사실 이 문제를 결정하는 것은 자유를 목적론적 충족과 일치시키는 요구 앞에 칸트의 도덕철학 전체를 검증하는 것 자체를 불가피하게 하고 있다.

인간은 시간과 공간이라는 제한된 공간 안에서 살고 있다. 하지만 인간이 시간과 공간이라는 제한된 공간 안에서 제약당한 채 살아가고 있다고 해서 인간이 이런 것들에 의해 결정되거나 종속된 것은 아니다. 인간은 조건들의 제약으로 인해 공동체 안에서 제약당한 채 살아가지만 공동체의 조건들로부터 결정되어 있는 것은 아니다. 공동체는 인간이 그 안에서 살아가는 삶을 그때 그때 역사적으로 제한한다. 하지만 제한이 결정을 뜻하는 것은 아니다. 우리는 제약당하고 있음에도 불구하고 공동체의 규범적 근거를 묻고 그 타당성을 계속 검증하며 살아간다. 관습과 형성된 규범이 영향력을 행사하는 것은 분명한 사실이지만 그렇다고 이것이 행위의 정당화를 충족한 것은 아니다. 자유는 행위의 정당화 충족을 계속 묻지 않을 수 없다는 점에서 행위의 규범적 근거에 대한 자유로운 검증이 된다. 소크라테스는 그리스의 젊은이들로 하여금 기존의 규범을 무조건 거부하라고 선동한 것이 아니라 기존의 규범의 타당성을 계속 검증하며 살 것을 요구한다. 자유인의 삶은 자기 계몽(self-enlightenment)을 평생에 걸쳐서 지속적으로 수행한다. 자유는 결단을 불가피하게 하고 있지만 그 결단은 자기 창조와 책임을 포함하기 때문에 자의적인 것하고 구별된다. 책임을 결여한 결단은 위험과 파괴의 가능성에 노출되어 있다. 결단은 결단이 초래하는 행위의 파국적인 결과를 피해야 하는 한에서 언제나 신중함과 분별력을 요구한다. 하이데거의 결단(Entscheidung)에는 불행하게도 결단에 따르는 자기 책임과 도덕성이 결핍되어 있다. 나는 나 자신을 선택함으로써 전 인류를 위해 선택한다는 샤르트르의 결단 역시 공허하기는 마찬가지다. 결단은 무엇을 결단하는 것이다. 결단에는 내용적인 자기 구속이 있어야만 하는데 샤르트르의 결단에는 칸트의 형식주의 윤리와 마찬가지로 내용적인 자기 규정이 없다. 자유의 본질은 결단에 있는 것이 아니라 결단을 책임과 연결시켜서 완성하는 데 있다. 더 이상 의심할 수 없을 때까지 우리는 계속 의심해 보아야 한다. 우리는 결단이 초래할 궁극적인 결과가 혹시 파괴나 악에의 가능성을 수반하고 있는 것은 아닌지 계속해서 묻지 않으면 안 된다. 자유는 절대에 대한 그릇된 맹목적 확신이 절대 아니다. 모든 비판으로부터 면제된 그런 그릇된 절대에의 요구를 자유는 거부한다.

진정한 자유인이라면 그들은 언제나 자신들이 인정하는 자유인을 통해서만 상호인정을 획득한다. 우리는 인간을 노예화하는 모든 시도 자체를 그렇기 때문에 거부해야 한다. 인간을 예속화하는 그런 태도를 자유인은 허용할 수가 없다. 왜냐하면 자유인은 목적의 왕국의 주체로서 자신이 인정하는 자에 의해서만 자신이 자유인으로서 인정받기를 원하기 때문이다. 자유는 이런 점에서 상호인정의 철학적 근거가 된다. 인간의 공동 존재는 인간이 자유인을 통해 자유인으로서 인정받으려는 데 기초한다. 내가 인정하지 않은 사람에 의해 내가 인정받을 때 그런 인정은 불구가 된 일방적인 인정에 불과하다. 자유는 공동체의 구성원들 모두가 자유롭다는 전제 아래서만 서로 인정하고 인정받는다는 상호성에 기초할 때만 꽃을 피우게 된다. 자유는 공동 존재에 대한 무제약적 책임을 수행해야 한다.

6. 열린 정체성

동물들은 무리지어서 살지만 정체성 요구 때문에 압박을 받지는 않는다. 집단이나 역사의 정체성 요구가 너무 과도해서 개인들을 핍박하고 탄압하는 경우가 많은 곳에서 발견된다. 서양의 합리적인 사회에서는 자신의 행위에 대해 그 행위를 행위 당사자가 책임질 것을 요구한다. 그렇기 때문에 자립한 개인은 자신의 행위에 대해 책임을 진다는 점에서 열린 그리고 공존하는 개인주의를 만들어 냈다. 하지만 자신의 행위를 자유롭게 결정하고 자신이 한 행동에 대해 절대적인 의미에서 책임을 지는 이런 자율적인 개별 주체는 서양 이외의 문화권에서는 지금 서서히 생활화하는 중에 있다. 민주주의가 서양의 산물임에는 틀림없다. 서양에서 뿐만 아니라 비서양에서도 민주주의가 정착되는 데에는 수많은 시행착오를 겪어 왔으며 지금도 겪고 있는 중이다.

우리는 콩고인이고 중국인이고 칠레인이고 이란인이기 이전에 이미 인간이다. 우리들은 인간으로서 공유하는 공통성이 있다. 우리는 우리 각자의 정체성 규정에 있어서 먼저 인간성에 일치시키고 난 다음에 자신들이 속한 특정한 공동체의 요구에 스스로를 일치시킨다.

정체성이 인간성에 기초할 때는 공통성이 인간을 지배한다. 정체성은 이 점에서 일치를 통해 규정된다. 하지만 정체성이 특수성에 일치할 때 이런 요구는 문화권과 역사적 삶에 따라 서로 상이한 대립과 갈등을 겪게 된다. 이슬람의 유럽 정착 과정은 바로 이런 혼란스러움을 극도로 보여준다. 오늘날 진행되는 다문화 요구 역시 이런 갈등과 혼란을 어느 정도 반영하고 있다.

개인의 자아 형성 과정에 집단의 정체성 요구가 강하게 개입하게 되면 자율적 주체의 정체성 요구는 심각한 위협에 처한다. 프랑스인과 사귀고 교제했다는 이유 하나만으로도 오빠가 여동생을 죽이는 사건들이 가끔 무슬림의 삶에서 발생한다. 이것은 집단 정체성이 개인의 정체성 형성에 폭력을 가하는 아주 극단적인 사례에 속한다. 정체성은 강요할 수가 없다. 정체성은 개인들이 자신들을 일치시킬 때 개인들이 선택하고 책임지는 것을 요구한다. 그것은 개인들 각자가 자신이 되어야 할 바를 자유롭게 결정하고 선택하고 책임지는 것에 기초하지 않으면 안 된다. 강요된 정체성은 폭력으로 작용하고 집단은 이런 강요를 통해 자신들의 이데올로기를 강요하려 든다. 산 자가 죽은 자들보다 불행할 수 있다는 것을 우리는 이미 강요된 집단정체성의 문화에서 경험한 바 있다. 같은 공간 안에서 산다고 해서 우리 모두가 다 같은 것을 따라야 할 강제는 없다.

02

양심을 통한 행위 검증

> "의무! 오, 나는 이 고약하고 끔직한 용어가 주는
> 고통을 피할 수가 없다!
> 이 말은 얼마나 날카롭고 차가운가?
> 의무, 의무, 의무!
> 바늘에 찔리는 듯한 고통!"
> 입센의 『건축가 솔네스』

1. 양심을 통한 행위 검증의 불가피성

왜 우리들은 해서는 안 되는 행위를 했을 때 죄의식을 느끼게 되는가? 우리는 나쁜 행위를 하게 되면 죄의식을 피하지 못하고 도덕적 비난으로부터 자유롭지 못하다. 왜냐하면 선은 장려의 대상이 되고 악은 기피의 대상이 되기 때문이다. 우리가 느끼게 되는 죄의식의 근원은 양심의 구조로부터 해명된다. 어떤 근거에서 양심의 가책과 죄의식이 서로 긴밀하게 연관되어 있는지가 더 깊이 파헤쳐져야만 한다.

우리 행위를 지배하고 평가하고 심판하는 제일 기준은 Synderesis

(양심을 작동시키게 하는 행위 원리)다. 우리 행위를 지배하는 도덕의 제일 기준은 선은 무조건 행하고 악은 무조건 피하라는 명령이다. 선은 행하고 악은 피하라는 명령은 우리 행위를 지배하는 지침이면서 동시에 우리 행위를 측정하는 절대 기준이 된다. 우리는 많은 노력과 투자를 통해 아인슈타인의 상대성 이론과 미적분을 배우게 된다. 하지만 선은 행하고 악은 피하라는 자연법의 제일 원리는 우리가 그렇게 큰 노력을 기울이지 않아도 능히 알 수 있다. 우리 행위를 지배하고 명령하는 행위의 제일근거는 우리에게 이미 알려져 있고 우리는 이것을 어렵지 않게 알고 있다.

행위가 벌어지는 구체적인 맥락은 조건들의 복잡성 때문에 가변적이고 불투명할 수 있다. 하지만 행위를 궁극적으로 검증하는 척도인 Synderesis는 변하지 않는다. 우리는 배우지 않아도 양지양능의 능력이 있기 때문에 Synderesis를 알고 있는 것이다. 문제는 우리가 알고 있고 우리가 따라야만 하는 이 행위 기준을 우리가 구체적으로 실천하고 완성하는 것이다.

양심은 양심이 따르고 존중해야 할 근원 질서가 있다는 것을 알고 있다. 가장 앞서가는 행위의 측정 기준이 바로 Synderesis다. 그렇기에 양심은 양심이 따라야 할 질서로서 작용하고 있는 Synderesis를 존중하고 그것을 개별 행위에 적용할 수 있다. 우리들 각자는 우리가 실제로 한 행동을 알고 있다. 지갑을 주어서 주인에게 돌려주었는지 아니면 자신이 사적으로 착복했는지를 우리는 알고 있다. 양심은 각자의 개별 행위를 양심이 따르고 존중하는 Synderesis에 입각해서 검증하는 능력을 말한다. 우리에게 양심이 있다는 것은 우리 각자의 개별 행위를 Synderesis에 입각해서 검증하는 능력이 있다는 것을 뜻한다.

양심은 어원적으로 보아도 두 개의 것을 알고 있다(conscientia, conscience, Gewissen)는 것을 뜻한다. 양심은 양심이 따라야 할 근본 척도(Synderesis)가 있다는 것을 알고 있고 각자가 자신이 어떤 행동을 하고 있는지를 알고 있다. 그래서 양심은 각자가 한 행동을 행위를 측정하고 평가하는 궁극 기준인 Synderesis에 입각해서 검증하고 심판하게 된다. 양심은 이 점에서 척도와 개별 행위를 연결하는 매개 중심이 된다. 행위를 지배하고 평가하는 자연법의 제일원리를 우리는 개별행위들에 적용한다. 그리고 우리 각자가 행한 구체적인 개별 행위들을 Synderesis에 포섭시켜서 최종적으로 검증하지 않을 수 없다. 양심은 Synderesis와 개별 행위를 연결하고 검증하는 것을 의미하기 때문에 각자의 개별 행위를 Synderesis에 입각해서 궁극적으로 심판하지 않으면 안 된다. 행위를 궁극적으로 지배하는 기준은 Synderesis이고 양심은 각자의 개별 행위를 이것에 입각해서 최종적으로 심판하고 측정하게 된다. 양심은 양심을 앞서가는 행위의 제일원리를 우리 각자의 개별 행위에 적용하고 심판하는 것을 말한다.

양심은 각자의 개별 행위를 Synderesis 앞에 고발한다. 각자의 개별 행위는 Synderesis에 의해서 피고가 된다. 양심은 행위를 고발함으로써 최종적으로 행위를 Synderesis에 입각해서 심판하지 않을 수 없다. 양심은 판결을 최종적으로 집행하고 확정하지만 자의적으로 하는 것은 아니다. 현실의 법정에서는 판사들이 판결을 할 때 때로 권력, 재력, 이데올로기의 노예가 되어 공정한 판결에 위배되는 짓을 하기도 한다. 하지만 양심은 각자의 개별 행위를 평가하고 심판할 때 양심이 최종적으로 의존하고 있는 Synderesis에 입각해서 판결을 내리기 때문에 자의적일 수가 없다. 양심은 이 점에서 법 중의 법이다.

행위를 측정하고 평가하는 절대 기준이 Synderesis라고 한다면 양심은 조건부적 기준(measured measure, mensura mensurata)이 된다. 우리는 양심을 통해 행위를 검증하는 것이 불가피하다는 것(양심을 통한 행위 검증의 불가피성)을 양심이 절대적이라고 혼동해서는 안 된다. 양심은 자기 검증의 철저화를 의미하지 자기 절대화를 의미해서는 절대 안 된다. 양심은 자기 절대화를 계속해서 경계하고 거부한다. 양심이 작동한다는 것은 Synderesis에 입각해서 각자의 행위를 검증하는 것이 우리 안에서 불가피하게 계속되고 있다는 것을 알려줄 뿐이다. 양심의 작동은 우리가 검증을 멈출 수 없다는 것을 알려주고 있다. 우리는 이 점에서 양심의 검증을 집행하고 따라야 한다. 각자의 개별 행위를 Synderesis에 입각해서 검증을 계속 수행해 나가는 것이 바로 양심이 하는 일이다.

2. 심판의 구체적 작용

(1) 우리 각자는 우리들이 실제로 어떤 행동을 하고 있는지를 알고 있다. 나는 네가 지난 여름에 무엇을 했는지를 알고 있는 것이 중요한 것이 아니다. 우리 각자는 우리가 실제로 어떤 행동을 했었는지를 알고 있다.

(2) 양심은 우리 각자가 한 행동이 Synderesis에 일치하는지(in accordance with Synderesis) 아니면 어긋나고(against Synderesis) 있는

지를 검증한다. 양심은 우리 각자가 실제로 행한 행동이 Synderesis 에 일치하고 있는지 아니면 위배되고 있는지를 판정한다. 양심은 개별 행위를 검증하고 판정한다.

(3) 각자의 행위가 Synderesis에 일치할 때 우리는 계속해서 그런 행위를 하면서 살라고 하는 요구를 따르게 된다. 그렇게 함으로써 우리는 우리 자신을 덕스럽게 단련시켜 나간다. 양심의 강화는 우리가 선을 계속해서 추구하도록 동기부여를 한다. 반대로 우리의 개별 행위가 Synderesis에 어긋났을 경우 우리는 양심의 가책(compunction of conscience), 양심의 고문(torture of conscience), 양심의 쓰라림 (torment of conscience), 양심의 갈등(conflict of conscience)을 겪게 된다. 이럴 경우 양심은 우리의 행위에 대해 죄의식을 느끼는 것이 불가피하다는 것을 확인시켜준다. 양심은 이렇게 우리의 개별 행위를 심판함으로써 잘못된 행위를 바로잡으려고 한다. 죄의식을 벗어난다는 것은 잘못된 행위를 인정하고 바로잡으려는 것으로 전개된다.

(4) 양심의 유효기간은 없다. 양심은 우리의 개별 행위를 평생에 걸쳐서 그리고 죽은 다음에도 계속해서 따라다닌다. 양심의 추적을 피할 수 있는 것은 아무 것도 없다. 이 점에서 양심은 무시간적으로 우리의 행위를 검증한다. 검증의 유효기간이 없다는 점에서 양심은 우리의 개별 행위를 끝까지 추적하게 된다.

3. 자발적 행위와 강요된 행위의 차이

우리는 양심에 따라야 하는가? 그렇다. 그렇다면 양심에 따른 행위는 어떤 경우에도 오류로부터 벗어나 있는 것인가? 반드시 그런 것은 아니다. 우리는 양심에 따른 행위에 대해서만 책임을 물을 수가 있다. 하지만 자발적 행위가 아니라 타율이나 상황으로부터 강요된 행위에 대해서는 엄격한 의미에서 양심의 가책을 강요할 수 없다.

어느 장교가 적군의 여자를 강간하고 있었을 때 사병이 그 장면을 목격하게 되었다. 장교는 자신의 행위를 은폐하기 위해 사병에게 다음과 같이 명령했다. 저 여자를 네가 총으로 쏘아서 죽이던지 아니면 내가 너를 죽여 버릴 것이다. 사병은 강요된 명령으로부터 어느 하나를 선택하지 않으면 안 되는 딜레마에 빠졌다. 자신이 살기 위해서는 강간당한 죄 없는 여자를 죽여야 하고 그 여자를 살리기 위해서는 자신이 죽어야만 한다. 이럴 경우 사병은 어느 것을 선택해도 죄의식을 느낄 필요는 없다. 왜냐하면 양심은 자발적으로 저지른 행위에 대해서만 책임과 죄의식을 요구할 수 있기 때문이다. 강요된 상황에서 이루어진 타율적 행위에 대해서는 양심이 책임과 죄의식을 느낄 필요는 없다. 이런 경우 비난받아 마땅한 것은 악질적인 장교의 부당한 명령에 있는 것이지 둘 중에서 어느 하나의 행동을 할 수밖에 없었던 사병의 행동은 아니다. 양심은 강요된 행위에 대해서는 양심의 가책이나 책임을 지지 않아도 된다. 양심은 자발적으로 행한 것에만 절대적인 의미에서 책임을 지게 된다.

우리 스스로가 자발적으로 한 행동에 대해서는 우리가 무제약적으로 책임을 져야만 한다. 하지만 강요된 행위에 대해서는 양심은 면책 사유를 인정받는다. 왜냐하면 강요된 행위는 양심의 자기 검증을 요구하지 않기 때문이다. 우리 각자는 자발적으로 수행한 행위에 대해서만 절대적인 의미에서 책임을 진다. 강요된 행위까지 자기 책임의 범위로 삼으려는 자들은 때로 양심의 강박증에 사로잡히게 된다. 양심은 강박증 때문에 괴로워할 필요가 없다. 양심은 행위에 대한 절대적인 자기 검증을 의미하지만 이 행위가 자발적으로 수행되었을 때 한해서만 행위의 책임을 물을 수 있다.

4. 극복 불가능한 오류와 극복 가능한 오류의 차이

우리는 양심을 통한 검증이 불가피하다는 것을 마치 양심에 따른 행위가 어떤 경우에도 오류를 저지르지 않는다는 무오류성 요구와 혼동해서는 절대 안 된다. 왜냐하면 양심에 따른 행위라 할지라도 때로 오류에 빠질 가능성은 얼마든지 있을 수 있기 때문이다. 양심은 무오류를 주장하는 것이 아니라 잘못된 행위를 바로잡는 데에 본래의 목적이 있다. 양심이 무오류를 주장하면 양심은 자기도 모르는 사이에 자기를 파괴하거나 자기를 변명하는 악순환에 빠지게 된다. 양심은 검증이 불가피하다는 것을 알려주지 어떤 경우에도 무오류를 위한 변명이 되어서는 절대 안 된다. 양심을 통한 검증이 불가피하다는 것은 양심에 따른 자발적 행위가 어떤 경우에도 오류를 저지르지 않는다는 것과 결코 같은 뜻이 아니다. 우리는 그렇기 때문에 이러한 혼동을 피해야만 한다.

이 사건은 실제로 미국에서 얼마 전에 발생한 것이다. 네 살 된 어린애가 아버지가 놓아 둔 총을 갖고 놀다가 아버지를 향해 방아쇠를 당겼다. 아마도 그것이 진짜 총인지 아니면 장난감 총인지에 대해 명백한 인지능력을 결여하고 있었기에 이 어린애는 아버지를 향해 호기심 어린 표정으로 방아쇠를 당겼을 것이다. 하지만 아버지는 총에 맞아서 죽게 되었다. 우리는 이 네 살 된 어린애가 진짜 총과 가짜 총을 분별할 수 있는지 인지능력의 정도를 우선 검증해 보아야 한다. 호기심 많은 어린애는 장난이라고 생각했지 그것이 실제로 사람을 죽일 수 있다는 것을 알지는 못했을 것이다. 자신이 무엇인가 한 것은 사실이지만 인지 능력의 미발달 내지는 결핍으로 인해 이 어린애는 자신이 무슨 행동을 했는지에 대해 정확하게 알 수가 없었을 것이다. 그렇기에 그 어린애는 자신이 실제로 무슨 행위를 했는지를 안다고 볼 수가 없다. 이럴 경우 그 어린애의 행동은 잘못을 바로잡을 수도 없을 것이다. 우리가 그것을 기대하는 것은 무리라는 것이다. 인지 능력의 미발달이나 무지로 인해 발생하는 오류는 어떻게 보면 극복 불가능하다. 훗날 이 어린애가 커서 자신이 한 행동을 알게 되면 그때 그 어린애는 자신의 행위에 대해 쓰라린 반성을 하게 될 것이다. 모든 기억을 상실한 치매 환자가 사람을 죽였을 경우도 마찬가지다. 이런 행위들은 아주 특별한 경우에 발생하는 것으로서 우리는 그 행위에 대해 양심의 가책을 요구하는 것이 어렵다는 것을 확인하게 된다. 이런 오류들은 극복 불가능하다. 자발적으로 수행한 행위들 중에서도 극복 불가능한 오류의 경우는 잘못된 행위를 바로잡는 양심을 강요할 수가 없다.

자식이 부모에게 효도하기 위해 버섯을 따다 드렸다. 이 버섯을 먹고 부모가 돌아가셨다면 우리는 이 버섯이 원인이 되어 부모가 죽게 되었다고 행위를 인과적으로 설명한다. 자식은 사람이 먹어서는 안 되는 독버섯인지 모르고 드렸다. 그는 이제 알게 되었다. 내가 사람이 먹을 수 없는 버섯이라는 것을 그때 알았더라면 나는 절대로 그 버섯을 부모님들에게 드리지 않았을 것이다. 하지만 몰랐기 때문에 드린 것이다. 이럴 경우 자식은 자신이 무슨 행동을 했는지를 알고 있을 뿐만 아니라 그 행위가 왜 잘못 되었는지에 대한 원인도 충분히 알게 되었다. 알았더라면 절대로 그런 행위를 하지 않았을 텐데 몰랐기 때문에 그런 행동을 했던 것이다. 이런 무지는 극복이 가능하다.

모든 도덕적 후회의 감정은 우리가 어떤 행동을 했어야만 했었는데 하지 않았거나 절대로 하지 말았어야만 했는데도 불구하고 우리가 그것을 했을 때 발생한다. 법에서는 규정을 어기면 외적으로 처벌을 받지만 도덕적 행위는 양심에 어긋나는 일을 할 경우 내적으로 도덕적 후회를 감당하지 않으면 안 된다. 법은 동기의 순수성을 묻는 것이 아니라 행위의 인과적 책임연관을 물을 뿐이다. 버섯을 먹었다는 것이 원인이 되어서 부모가 죽은 결과가 발생했기 때문에 이 행위들 간에는 분명히 인과관계가 지배한다. 법은 행위가 산출한 결과를 토대로 해서 행위를 처벌하기 때문에 자식의 행위는 분명히 살인죄를 피할 수는 없다.

하지만 도덕적 양심은 행위의 내적 동기를 묻는다. 극복 불가능한 오류에 비해 극복 가능한 오류는 잘못된 행위를 바로잡는 것이 요구된다. 죄책감으로부터 벗어나는 길은 우리가 도덕적 후회나 통한의 감정을 거치면서 우리가 저지른 잘못을 수정하고 고쳐나갈 때만 가능하다. 사람들이 먹어서는 안 되거나 먹을 수 없었다는 것을 자식이 알았더라면 자식은 절대로 버섯을 드리지 않았을 것이다. 자식은 몰랐기 때문에 버섯을 드린 것이다. 이런 무지를 그는 후회하고 있는 것이다. 알았더라면 절대로 드리지 않았을 텐데 몰랐기 때문에 자신이 원하지 않는 행위 결과가 발생한 것이다. 양심을 통한 후회는 우리가 우리의 행위가 잘못되었고 우리가 그것을 고쳐나갈 수 있다는 전제 아래서만 발생한다. 잘못된 행위를 인정하고 그것을 바로잡는 행위가 바로 우리가 우리의 행위에 대해 죄책감을 느끼게 되는 원인이다. 모든 죄의식의 바탕에는 양심의 고통이 자리 잡고 있다. 양심은 자기 기만을 철저하게 분쇄한다. 양심은 자신의 개별 행위를 지배하고 명령하는 도덕의 일반법칙에 따라 엄격하게 심판하는 것을 말하지 사이비 화해나 변명을 옹호하는 것이 절대 아니다.

5. 양심의 고통에 대한 사례들

우리 각자는 우리가 저지른 행위에 대해 궁극적으로 양심의 심판을 가한다. 하지만 양심은 분명 자신이 자신을 고발해서 판결하고 처벌하는 것이지만 이것이 자의적으로 진행되는 것은 절대 아니다. 양심의 철저한 자기 반성과 변화는 자의적인 변명이나 면죄부하고는 아무 연관이 없다. 양심은 내가 나의 행위를 고발하고 이 고발된 행위에 대해 판결을 내리고 행위가 잘못되었을 경우에는 어김없이 이 잘못된 행위를 바로잡으라는 변화를 촉구한다.

5.1 자기 기만을 거부하는 양심의 목소리

이미 말한 바와 같이 양심은 강요된 행위에 대해 죄책감을 느낄 필요는 없다. 갈릴레이는 로마 교황청의 강요에 의해 지동설의 타당성을 스스로 철회하도록 요구받았다. "그래도 지구는 돈다"라는 것은 사실 갈릴레이가 한 말이 아니다. 지구가 태양 주위를 공전하는 것은 로마 교황청의 허락을 맡아서 가능한 것이 절대 아니다. 진리의 근원이 더 이상 로마 교황청이 아닌데 강요된 권위를 통해서 진리를 말할 권리를 박탈할 수는 없다. 갈릴레이는 죽음이 두려워서 진리를 말하는 것 대신에 로마 교황청의 강요된 권위를 받아들였다. 물론 그의 내면에서는 진리를 포기하는 것이 양심상 더 괴로웠을 것이다. 갈릴레이가 인간적 연약함과 약점으로 인해 끝까지 로마 교황청과 싸우지 않았다고 해서 우리는 그를 양심을 판 변절자라고 비난할 수는 없다. 연약한 인간들은 권위와 힘 앞에 때로 무기력하게 굴복할 수는 있어도 양심은 항상 굴복하지 않는다는 것을 알고 있다. 동양에서도 선비들은 욕보이는 것을 견디느니 차라리 죽음을 선택했다. 죽을지언정 뜻을 굽히지 않겠다는 그들의 결연한 태도는 양심의 올바른 명령에 의해서만 가능했다. 죽음을 선택할지언정 양심을 굽히지 않겠다는 이런 당당함은 인간이 동물적 자기 보존에만 연연하지 않는다는 것을 확실히 보여준다. 양심이 아니라고 말하면 우리는 그것을 따라야 한다. 양심을 강요하는 행위와 양심에 따르지 않는 행위는 모두 도덕성의 자격을 얻을 수가 없다.

"경악스러운 실험이었다. 하지만 사회적 파장이나 역사적 지속력을 생각해 본다면 성공은 한계를 지닐 수밖에 없었다. 1944년 7월 20일의 서약은 양심의 봉기로 불리워지기에 매우 적절했다. 극도로 단결한 이 집단 속에서 추방되었던 양심이 역사적으로 재등장했다. 쉬타우팬베르크와 비츠레벤 같은 장교들, 본 회퍼 목사와 델프 신부 같은 성직자들, 괴텔러 같은 정치가들, 레버와 로이쉬너 같은 노동자들, 그밖에 수많은 사람들이 말 그대로 양심의 순교자가 되었다. 인류를 괴물에게서 해방시키고자 했던 사람의 치욕적인 파멸과 함께 양심과 수치의 능력 역시 인간의 정신과 마음 속으로 다시 돌아왔다." (Dolf Strenberger 『양심에 관해서』)

우리 모두는 각자 자신의 양심의 목소리에 귀 기울이면서 양심이 명령하는 대로 살아야 한다. 더 이상 아무 것도 두려워하지 않고 언제나 각자의 행동이 부끄럽지 않게 하기 위해서는 양심의 목소리에 귀 기울이고 그것에 따라 살면 된다. 소크라테스는 마음 깊은 곳에서 울려 퍼지는 daimonia를 들었다고 한다. 적어도 양심에 따른 행위는 자신이 부끄럽지 않다는 것을 알려준다. 갈릴레이가 순교자가 되지 않았다고 해서 그를 비난할 수 없는 이유는 그의 양심은 결코 교황청의 권위에 굴복하지 않았기 때문이다. 양심이 아니라고 말하면 권위는 일시적으로 지배하고 강요할 수 있어도 결국 무너지게 된다. 한 무제가 사마천의 성기를 절단할 수는 있어도 그의 양심을 포기하게 만들 수는 없었다. 사마천은 "도대체 하늘의 도가 있기는 있는 것인가?"라고 한탄하면서 운명에 대해 하소연해 보기도 했다. 하지만 사마천의 내면은 당당했고 그의 양심은 확신에 차 있었기에 궁형을 당하면서 까지도 그는 진실에의 용기를 끝까지 지킬 수 있었던 것이다. 로마 교황청과 한무제는 일시적인 승자였지만 지금 그들은 영원한 패자로 남게 되었다. 인간을 일시적으로 굴복시키고 강제할 수는 있어도 영원히 양심을 거부하게 할 수는 없다.

우리 모두는 타인을 심판할 수 없지만 또한 우리 모두는 양심을 통한 심판으로부터 면제되는 것도 아니다. 본성이 명령하는 것은 사실상 양심의 조용한 호소다. 양심은 우리가 어디에 있든지 간에 항상 우리를 감시하고 있다. 그래서 아무리 어두운 곳에 숨어도 소용이 없다. 결국 손바닥 하나로 하늘을 가릴 수 없듯이 양심의 검증으로부터 자유로운 곳은 어디에도 없게 된다.

5.2 제어 능력

어두운 밤에 배를 안전하게 인도하기 위해서는 등대가 필요하다. 뱃사람들은 어두운 밤하늘에 좌표를 정할 때 북극성을 기준으로 삼았다. 의지의 맹목성과 변덕스러움을 제어하기 위해서는 이성의 올바른 명령이 필요하다. 영혼은 육체의 욕정과 폭력성을 다스리지 않으면 안 된다. 양심은 우리 안에서 우리 행위를 안내하는 나침반이다. 이성과 의지가 서로 갈등할 때 양심은 항상 이성의 올바른 명령에 서 있을 것을 지시한다. 어떤 경우에도 양심은 자기 기만을 거부한다. 그렇기에 양심은 우리의 의지가 때로 빠지기 쉬운 맹목성과 폭군적 자의를 경계하도록 한다. 양심은 의지의 폭군들이 이성을 나쁜 길로 유혹할 때 내면에서 그래서는 안 된다라고 제동을 건다. 양심은 자기 검증의 철저화를 수행하기 때문에 우리로 하여금 행위를 올바른 길로 안내한다.

우리 인간들은 의지의 연약함으로 인해 선을 추구해야 함에도 불구하고 때로 악을 행하는 유혹에 굴복하기도 한다. 양심은 우리가 잘못될 방향으로 들어설 경우 언제든지 그래서는 안 된다고 제동을 건다. 양심의 브레이크로 인해서 우리는 양심에 어긋나는 행동을 저지당하게 된다. 양심은 우리로 하여금 어떤 경우에도 선에 위배되는 행동은 해서는 안 된다고 경고한다. 신이 존재한다면 그리고 신이 정의롭다면 우리는 신 앞에서 우리의 행위를 공적으로 심판받게 된다. 하지만 우리가 신 앞에서 심판받기 이전에 우리는 양심을 통해 우리 자신의 행동을 먼저 심판하지 않으면 안 된다. 과거에 우리가 한 행동에 대해서 양심은 그 행위를 심판하고 우리가 앞으로 할 행동에 대해 양심은 미리 제어하고 통제한다. 악한 마음을 먹고 나쁜 일을 하려들 때 양심은 우리에게 그런 짓을 해서는 안 된다고 경고한다. 브레이크가 고장 났을 때 대형사고로 이어질 수도 있듯이 양심이 작동하지 않으면 우리는 결국 파멸하게 된다.

5.3 죄의식

이미 말했지만 양심은 죄의식과 깊은 연관이 있다. 수치란 항상 타인을 전제로 해서만 성립한다. 나는 타자의 출현과 현전을 통해 수치를 느끼게 된다. 하지만 죄의식은 타자를 전제로 해서가 아니라 자기 행위에 대해 후회와 통한의 감정을 수반할 때 발생한다. 우리 각자가 자신의 양심에 귀 기울이지 않으며 또한 양심에 복종하지 않을 때 우리 각자는 우리의 인간 본성을 거역하고 있는 것이다. 이럴 경우 어김없이 후회의 감정이 발생하게 된다. 후회는 우리가 양심의 영향력을 스스로 인정하고 있다는 것을 스스로 입증하는 것이다. 우리의 내면 깊숙한 곳에는 자신의 행위를 심판하고 단죄하는 양심의 목소리가 울려 퍼지고 있다.

우리 안에서 작동하고 있는 도덕적 명령을 즉각적으로 인식하게 하는 것이 바로 양심이 하는 일이다. 도덕적 명령을 어겼을 때 발생하게 되는 죄책감의 발동은 우리가 저지른 잘못된 행동을 바로잡을 것을 요구하는 점에서 매우 유익하다. 죄책감은 병적인 의지가 아니라 잘못된 행동을 바로잡는 점에서 유익한 감정이 된다. 후회나 죄책감은 자유의지가 감각적 성향에 복종하는 것이 아니라는 것을 명백하게 보여준다. 원한, 잔인한 폭력, 남에게 고통을 가하고자 하는 파괴적인 공격 욕구 등등이 발생하게 될 때 죄책감은 이런 욕구들을 단념하고 제어하게 함으로써 우리를 올바른 방향으로 전환시키고자 한다. 양심은 죄를 인정함으로써 우리를 죄책감의 무거운 짐으로부터 해방시키고자 한다. 죄책감과 통한의 무거운 짐으로부터 우리를 가볍게 하는 것이 양심이 하는 적극적인 일이다.

양심은 신의 수색견이 아니다. 죄의식의 감정은 우리가 저지른 행동이 잘못되었기에 그것을 의식함으로써 발생하게 된다. 그리고 이런 죄의식의 발동은 역설적이게도 죄를 지으려는 나쁜 정념의 욕구를 제어하고 통제하는 효과가 있다. 죄의식은 이 점에서 부정적인 감정이 아니다. 그것은 자기에게 고통을 가하는 그런 가학이 아니다. 죄의식은 스스로 저지른 잘못을 근원까지 철저히 알게 함으로써 자신이 저지른 잘못을 근본적으로 벗어나게 하도록 하는 점에서 변화를 불가피하게 하고 있다. 죄책감의 인정을 통한 진정한 화해는 새 것 속에서 옛 것에만 집착하는 퇴행이 아니라 옛 것 속에서 새로운 변화 가능성을 모색하게 된다. 회개란 진정한 의미에서 철저한 자기 변화를 뜻한다. 회개는 그렇기 때문에 우리로 하여금 옛 것에서 벗어나 새로운 자아를 형성하도록 도와준다. 진정한 회개란 자기 변화를 통해 새로운 자아를 창조하도록 자극한다.

죄의식은 자신이 저지른 행동에 대해 너는 다르게 행동해야만 했었라고 다그치는 데 있는 것만이 아니다. 다르게 행동해야만 했었어라는 것은 이미 반성이 개입된 것이다. 그렇기에 죄의식은 과거의 행위에 고착되어서 거기서 벗어나지 못하는 고문이 아니라 너는 다른 인간이 되어야 한다는 것을 실천하도록 요구한다. 회개한다는 것은 자신의 과거로부터 자유롭게 되는 데 있다. 이것이 죄책감의 자기 해방 능력이다. 단 이것이 가능하려면 자신의 잘못을 철저하게 반성해서 그 행동을 고치려는 마음의 변화가 먼저 있어야 한다.

6. 양심과 법의 차이

토스토예프스키의 『죄와 벌』에 등장하는 재능 있는 법대 청년 라스콜로니코프는 전당포 주인을 살해한다. 그는 노파를 죽이고 나서 그 현장을 목격하게 되는 노파의 여동생마저 마주 죽여 버린다. 그리고 그는 완전범죄를 확신한다. 완전범죄를 확신한 라스콜로니코프는 여러 가지 이유를 들어서 자기가 전당포 여주인을 죽인 행위를 정당화하려고 시도한다. 거짓말을 한 자는 거짓말을 정당화하기 위해 거짓말을 할 수밖에 없는 악순환에 걸려든다. 마찬가지로 라스콜로니코프 역시 노파 살인을 정당화하는 명분을 제시하면 제시할수록 더 많은 명분을 끌어들이는 압박에 시달린다. 그런데 마음 한 구석에서 양심이 이렇게 다그친다. 너는 도대체 무슨 일을 한 것인가? 양심이 질책하면 그는 또 다른 이유를 들어서 자기 행위가 정당한 행위라고 변명하고 합리화하려 드는 악순환에 또 빠져든다. 아마도 이 소설은 이 갈등 상황을 아주 적나라하게 묘사한다는 점에서 우리에게 많은 것을 생각하게 한다. 양심을 통한 질책과 고문이 이어지면 어김없이 자기 행위를 합리화하는 변명이 계속 이어진다. 자기합리화가 궁지에 몰리면 양심이 어김없이 라스콜로니코프가 저지른 행위를 심판한다. 양심은 끝까지 추적하고 라스콜로니코프는 자기 행위를 변명하는 또 다른 이유를 제시한다. 하지만 변명과 자기 합리화를 계속하는 그는 결국 양심의 집요한 추궁 앞에 굴복하게 된다.

살인을 하고 나면 그리고 살인이 완전범죄에 가깝다고 해서 그리고 노파를 죽일 충분한 명분이 제기되었다고 하더라도 양심은 이런 곳에 아랑곳하지 않고 다음과 같이 묻는다. 너는 사람을 절대로 죽여서는 안 되는데 사람을 죽였다. 너는 사람을 죽일 명분이 아무리 거창해도 결국 인간이 해서는 안 되는 짓을 한 것이다. 노파를 죽여야 할 명분이 충분하더라도 사람을 죽이는 짓은 절대로 해서는 안 된다. 라스콜로니코프는 자신을 계속해서 따라 다니는 양심의 집요한 추궁 앞에 그만 백기 투항한다. 법은 피해갈 수 있을지 모르지만 양심은 피해갈 수 없다는 것을 이 청년은 알고 있었다. 그래서 그는 자기 합리화나 변명을 포기하고 스스로 자수하게 된다. 하지만 이 청년이 자수하는 것은 범죄가 탄로 날 것이 두려워서가 아니라 양심의 집요한 추궁 때문에 자수하게 되는 것이다.

법에서는 때로 살인을 하고 나서도 유효기간이 지나면 무죄로 되는 경우가 있다. 법이 공권력을 동원하는 것에 한계가 있기 때문에 유효기간을 설정하는 것인데 때로 법에서는 유효기간을 넘긴 것을 처벌하지 못하는 맹점을 노출하기도 한다. 법에는 경우에 따라 처벌의 유효기간이 있지만 양심에는 유효기간이 없다. 양심은 평생, 아니 죽어서도 우리를 따라다닌다. 법은 피할 수 있어도 양심은 피할 수가 없다. 양심에는 유효기간이 없다. 그렇기에 양심에 어긋나는 행동을 할 경우 우리는 평생 아니 죽어서도 우리를 따라다니는 양심의 추적을 피할 수가 없게 된다.

　자신이 지은 모든 죄를 인정하고 고백하게 되었을 때 라스콜로니코프는 마음이 가벼웠다. 그는 이제 더 이상 변명할 필요가 없다. 변명을 정당화하기 위해 또 다른 구실이나 변명을 끌어들일 필요가 없기에 그의 마음은 한결 가벼워졌고 덜 양심의 고통을 겪게 되었다. 자신이 저지른 행위가 해서는 안 될 일이라는 것을 그는 알았고 그것을 인정했기에 그를 압박했던 죄의식의 무거운 중압감으로부터 벗어날 수가 있었다. 행위를 변명하는 것이 아니라 행위가 잘못되었다는 것을 인정함으로써 그는 다시는 그런 행위를 하지 않을 것을 다짐한다. 그는 자신의 행위가 주는 고통으로부터 벗어나기 위해 양심의 내적 처벌을 받아들이기로 한 것이다. 죄를 먼저 인정하고 다시는 자신이 저지른 죄를 하지 않겠다는 다짐을 통해 그는 과거 그가 저지른 죄의 무거운 중압감으로부터 벗어날 수가 있었던 것이다. 죄를 인정함으로써 죄로부터 벗어나는 것이 가능하다.

　죄를 지었다는 것은 피할 수 없는 분명한 사실이다. 이것은 더 이상 변명의 여지가 없다. 하지만 양심은 죄를 지었다는 사실을 냉혹하게 확인하는 데 목적이 있는 것이 아니다. 양심은 자신이 행한 죄를 인정함으로써 다시는 죄를 짓지 말라고 호소하는 것이다. 이것이 양심의 자기 치료다. 양심의 진정한 기능은 고문하는 데 있는 것이 아니다. 양심은 고문을 통해 우리가 저지른 행위를 다시는 하지 말라는 예방적 치료를 한다. 누구나 다 죄를 저지를 수는 있다. 하지만 중요한 것은 다시 죄를 저지르지 않는 것이다. 상처를 낸 손이 상처를 치료한다. 양심은 무죄에 대한 강박적 변명이 아니라 죄를 인정함으로써 다시는 죄를 짓지 않도록 우리를 변화시키고자 한다. 양심은 고문을 통해 우리를 변화시키고자 한다. 양심에 있어서 고문은 목적이 아니라 통과절차에 불과하다. 양심에서는 처음부터 상처가 없었다고 변명하는 것이 아니라 상처가 있었음에도 불구하고 그 상처가 말끔히 치료되었다고 말하도록 요구한다. 양심은 잘못된 행위를 바로 잡는 정화의 역할을 한다.

우리 각자가 지은 죄를 고백하고 인정하는 것도 진정한 의미에서 용기가 필요하다. 양심의 목소리는 너무 성가셔서 우리가 변명하는 것을 위선적이라고 가차 없이 비판한다. 양심의 밝은 거울에 비추어 볼 때 우리의 행위는 하나하나 다 반사된다. 양심은 죄를 인정하도록 우리를 압박하고 그럼으로써 우리가 죄로부터 벗어나는 것을 가능하도록 한다. 이런 양심의 치료는 자기를 고문하는 고통을 불가피하게 요구하고 있다. 진정한 화해에서는 죄가 없었다는 무죄에 대한 궁색한 변명이 아니라 죄를 인정함으로써 죄를 극복할 수 있었다는 변화의 감정이 지배하게 된다. 진정한 의미에서 양심은 우리 안에서 이렇게 조용한 변화를 호소하고 재촉한다. 잘못된 행위를 수정하고 변화시킬 수 있다는 것이 양심의 자기치료다.

7. 본래성과 진정성

어떤 행위가 가장 양심적이면 양심적일수록 그리고 그 행위가 진정하면 진정할수록 우리는 그 행위가 불러일으키는 공감을 보편적으로 느끼게 된다. 양심의 진정성이 양심을 통한 보편적 공감의 가능 근거가 된다. 양심은 행위에 대한 주관적인 검증이지만 이 검증이 철저하면 철저할수록 이 행위는 보편적 공감을 얻게 된다.

빌리 브란트는 폴란드를 방문했을 때 한창 비가 오고 있었음에도 불구하고 무릎을 꿇고 용서를 빌었다. 가해자가 피해자에게 가한 잘못을 빌고 나서 용서를 구한 것이었다. 가해자가 가해자로서 자신이 지은 죄를 인정하지 않으면 피해자는 피해의식을 잊고 살아갈 수가 없다. 가해자가 양심을 거부하면 가해자는 자기 안에서 분열된다. 가해자는 피해자의 상처를 먼저 어루만져주고 그런 고통을 가한 자신의 행위를 철저하게 반성하지 않으면 안 된다. 가해자가 피해자와 화해하는 것은 가해자가 자신과 화해하는 것을 가능하도록 한다. 빌리 브란트의 역사적 참회는 21세기의 역사에서 얼마 되지 않는 아주 감동적인 일화로 남게 되었다. 전 유럽은 독일의 사죄를 통해서 비로소 화해와 평화의 무드로 전환하게 되었다. 폴란드, 프랑스, 독일은 같이 협력하여 역사교과서를 공동으로 집필했다. 과거 청산을 위해 노력하는 모습을 보면서 우리는 그렇지 못한 우리의 안타까운 현실을 직시하지 않을 수 없다.

정상이 높으면 높을수록 골짜기도 깊다고 한다. 우리는 신 앞에서 공심판을 받기 이전에 양심을 통해 각자가 자신을 먼저 심판하지 않으면 안 된다. 자기 행위에 대한 철저한 반성을 통해 자신을 엄격하게 심판하는 것이 양심의 자기 검증이다. 이것이 진정하면 진정할수록 양심은 자기를 변화하도록 내몬다. 양심은 우리로 하여금 우리의 잘못을 인정하고 변화할 것을 요구한다. 그렇기에 양심은 항상 우리에게 '너는 다른 사람이 되어야 해'라고 호소하는 것을 듣게 된다. 소크라테스도 마음 속에서 항상 다이몬(daimonia)을 들었다고 고백하고는 했다. 키케로는 양심을 "우리 안에 있는 신적인 것"으로 잘 파악하고 있다. 사울이 바울이 되었듯이 양심은 항상 '너는 너의 행위를 변화시켜야 해'라고 요구한다.

키에르케고어는 "단독자가 진리다" 내지는 "주체성이 진리다"라고 주장한다. 새로운 자아를 가능하게 하는 변화의 힘을 우리는 회개 능력으로 이해한다. 개과천선(改過遷善)이란 말 그대로 잘못을 고치고 다시 선으로 돌아간다는 것을 말한다. 극기복례(克己復禮)란 자기를 이기고 다시 예절로 귀의하는 것을 말한다. 우리는 홀로 있을 때도 우리의 행위를 삼가고 조심해야 한다. 양심의 빛은 너무 밝아서 그 어떤 것도 이것을 피해 달아날 수가 없다. 우리에게는 해서는 안 되는 일들이 있다. 그렇기에 우리는 할 수가 없었다고 고백하지 않으면 안 된다. 우리가 할 수 없기에 해서는 안 되는 것이 아니라 도대체가 해서는 안 되기 때문에 우리는 할 수 없었다고 말해야 한다.

우리 각자가 우리의 양심에 귀 기울이지 않을 때, 우리 각자가 양심을 거부할 때, 우리 각자는 자신을 파괴하고 있는 것이다. 여기에 바로 도덕적 후회의 감정이 생겨나게 된다. 이 후회라는 것이 바로 양심이 작동하고 있다는 것을 스스로 인정하는 방식이 된다. 도덕적이라는 것은 의무의 정당함에 대해 우리 각자가 개인적인 판단을 내릴 수 있다는 것을 전제로 해서만 성립한다. 우리 모두는 모든 것을 다 속일 수 있을지 모르지만 절대로 양심만큼은 속일 수가 없다. 감추어진 죄를 은밀하게 고발하는 이 검증을 어느 누구도 피해갈 수는 없다. 이 점에서 양심의 파괴는 결국 자기 파괴가 된다.

양심의 반성을 통한 자기 구제 가능성은 그것이 진정하면 진정할 수록 더 많은 변화를 유도한다. 양심은 자기변명도 아니고 타협도 아니다. 더 이상 후회하지 않으려면 내가 나를 심판하고 내가 나를 철저하게 변화시켜야 한다. 자기기만의 가능성을 주제화해서 이것을 자기 불성실이라고 철저하게 단죄하는 것이 양심이 하는 일이다. 결국 죄의 삯은 사망이다. 양심에 따르는 삶이 진정성(authenticity)의 기준이다. 양심은 우리 각자가 파괴시킨 행위를 상기시킴으로써 우리가 파괴한 질서를 우리가 다시 복구하도록 요구한다. 회개는 철저한 변화를 유도한다. 양심을 통한 행위의 궁극적 검증은 우리가 우리의 행위를 변화시킬 수 있다는 것에 기초한다. 그렇기에 양심은 고문이 목적이 아니라 고문을 통해 변화를 유도하도록 우리 모두를 닦달한다. 진리가 주관화의 위험에 저항하듯이 양심 역시 이 점에서 자기 기만을 거부하지 않으면 안 된다. 양심이 위대한 것이 아니라 우리가 양심을 통해 변화될 수 있다는 것이 위대한 것이다. 칸트는 밤 하늘에 별이 찬란하게 빛나는 것과 우리 마음 안에 양심이라는 나침반이 작동하고 있다는 것을 인간의 위대함으로 인정한다. 키에르케고어는 우리 마음 안에 검증의 능력을 일상화하면서 살아가는 능력을 성실한 삶으로 규정한다.

천명지위성(天命之謂性), 솔성지위도(率性之謂道), 수도지위교(修道之謂敎)라는 중용의 요구처럼 우리는 양심을 작동시키는 활동을 결코 중단해서는 안 된다. 자기 계몽이란 결국 양심을 각성하면서 사는 삶을 말한다. 우리에게 중요한 것은 양심에 대한 지식이 아니라 양심을 훈련하면서 사는 것이다. 하이데거처럼 양심에 대한 탁월한 분석을 하면서도 정작 자기 행위에 대해서는 변명으로 일관하는 삶을 우리는 계속해서 경계해야 한다.

8. 아이히만의 사례

다음의 인용은 유대인 학살자 아이히만에 대한 이스라엘 법정의 판결문이다. 아이히만의 자기 변명에 대해 이스라엘은 법정 최고형인 사형을 내렸고 반인륜적 범죄라는 죄 때문에 그를 사형시킨다.

"법정이 제게 무거운 판결을 내렸음을 들었습니다. 그리고 정의에 대한 저의 희망은 사라졌습니다. 법정의 판결을 전 인정할 수 없습니다. 물론 저는 유대인에게 저지른 범죄에 대해 속죄하라는 요구를 이해합니다. 그러나 이 법정에서 이루어진 증인들의 진술을 듣고 저는 또 다시 몸이 마비되는 것 같습니다. 명령에 따라 끔직한 광경을 목격했을 때와 너무도 똑같습니다. 불행하게도 저는 이 끔직한 일에 끌려 들어갔습니다. 그러나 이 참혹한 행위는 분명 제 의지에 따라 행해진 것이 아닙니다. 살인은 결코 제 뜻이 아니었습니다. 대량학살은 전적으로 정치지도자들에게 책임이 있습니다.

전 제 직책을 버리고 전선에서 명예롭게 싸우려 했습니다. 하지만 제게 내려진 암흑 같은 과업에 묶여 버렸습니다. 다시 한 번 강조하건대, 저의 죄라면 명령에 복종한 죄요, 제가 맡은 직책에 대한 의무와 전시 복무 의무, 군기에 대한 맹세와 직무에 대한 맹세를 좇은 죄입니다. 또 전쟁이 시작되면서 전쟁법이 적용되었습니다.

복종한다는 것이 그리 쉽지는 않았습니다. 명령을 하거나 명령에 복종해야 하는 사람이라면 인간에게 요구할 수 있는 한계를 모두 잘 압니다. 전 재미나 열정으로 유대인을 박해하지 않았습니다. 그렇게 한 것은 정부였습니다. 한 민족을 박해하는 일은 정부만이 할 수 있는 일이었습니다. 저는 결코 그렇게 하지 않았습니다. 따라서 저의 복종심을 남용한 정부 지도자들을 고발합니다. 당시는 복종을 요구했고, 미래에도 역시 아랫사람들에게 복종을 요구할 것입니다. 복종은 덕목으로 찬양되고 있습니다.

그러므로 제가 복종한 사람들이 누군지 고려할 것이 아니라, 제가 복종한 사실을 고려해주시기 바랍니다. 이미 말했듯이, 제가 모시지 않았던 지도자들이 명령을 내렸고, 그들의 명령에 따라 희생자들에게 가해진 끔찍한 범죄에 대해서는 그들이 처벌받아야 마땅하다고 저는 생각합니다. 그러나 이제는 명령을 받은 아랫사람들에게까지도 희생자가 되었습니다. 저도 바로 그런 희생자입니다. 이 점을 묵과해서는 안 될 것입니다. 그런데 제가 명령에 복종하지 않을 수 있었고, 또 그렇게 해야 했다고 사람들은 말합니다. 그러나 그것은 사건이 끝난 후의 관점입니다. 당시 정황으로는 그런 처세가 불가능했습니다. 그리고 그렇게 행동한 사람은 아무도 없습니다. 제 경험으로 보아 전쟁이 끝난 후에 주장하는 명령 불복종의 가능성은 그저 하나의 보호막에 불과합니다. 몰래 도망치는 것은 누구나 할 수 있습니다. 그러나 저는 도망을 해도 괜찮다고 생각하는 그런 사람이 아니었습니다.

광신적으로 유대인 박해를 일삼은 집단에 제가 발을 디딘 것은 큰 잘못이었습니다. 그 때문에 전쟁이 끝난 후 저는 늘 괴로웠습니다. 그리고 제 상관들과 다른 이들이 저지른 죄를 저에게 모두 뒤집어씌우는 데 대해 분노했습니다. 저는 실제로 저의 광신적 행위를 옹호하는 발언을 한 적이 없습니다. 대량 학살에 대한 죄는 제가 저지른 것이 아닙니다. 증인들은 매우 심각한 거짓말을 하였습니다. 법정이 제시한 발언 행위나 서류는 처음에는 매우 믿을 만한 것으로 보이지만, 모두 다 거짓입니다. 저는 이 잘못을 항소심에서 밝힐 것입니다.

그 누구도 저의 직무상의 활동에 대해 저를 비난하지 않았습니다. 증인 프롭스트 그뤼버도 자신에 대해서는 이러한 사실을 주장하지 않았습니다. 그는 저를 찾아와 저의 직무상의 활동을 반박하지 않은 채 무거운 짐을 버리고 싶다는 희망을 표명했습니다. 제가 그를 물리치지 않았으며 제게 결정권이 없으니 상관들의 결정을 이해해야만 한다고 말한 것을 그는 이 법정에서 확인해 주었습니다……."
(『악법도 법이다 Prozesse, Die Unsere Welt Bewegten』, 쿠르트 리스 (문은숙 옮김), 이룸, 2008, 809-811)

"이 재판의 121차 공판을 개시합니다. 본 법정은 형량을 선고할 것입니다. 피고는 일어서십시오. 이제 길고 길었던 재판이 마지막 단계에 이르렀고 피고의 형을 결정할 순간이 왔습니다. 우리에게 주어진 책임을 잘 알고 있기에 우리는 피고에게 어떤 형량을 내려야 할지 숙고했습니다. 피고를 처벌하고 다른 이들에게는 범법 행위를 제지하기 위해 피고에게 법률이 정한 최고형을 내려야 한다는 결론을 내렸습니다. 판결 근거에 피고가 가담한 범죄 사실을 모두 밝혔습니다. 피고는 성격과 규모에 있어 유래 없을 정도로 끔찍한 범죄를 저질렀습니다. 피고가 저지른 것으로 밝혀진 유대 민족에 대한 범죄는 한 민족을 절멸시키려는 것이었습니다. 바로 이 점에서 피고의 죄는 한 개인을 대상으로 한 범죄 행위와 다릅니다. 그와 같이 광범위하게 행해진 범죄나, 일련의 사람들을 대상으로 한 인류에 대한 범죄는 개별적으로 행해진 개인에 대한 범죄를 합친 것보다 더 무겁게 평가되어야 한다는 견해에는 충분한 근거가 있습니다. 그러나 지금 형량을 결정짓는 단계에서는 무엇보다 다음 사실을 고려해야 합니다. 즉, 이 범죄에 관련된 개인 희생자들을 고려해야 하며, 그 희생자들과 가족들이 이 범죄 때문에 겪어야 했고 또 오늘날까지 겪고 있는 크나큰 고통을 생각해야 합니다. 피고가 아우쉬비츠나 다른 집단 학살 장소로 보낸 수천 명을 실은 기차 하나하나는 피고가 의식적으로 계획하여 저지른 살인에 직접 참여했다는 사실을 의미합니다. 이 살인 행위에 대한 피고의 사법적이고 도덕적인 책임은 사람들을 직접 가스실로 던져 버린 자들의 책임보다 결코 적지 않습니다.

혹시 우리가 맹목적인 복종심에서 행동들을 했을 뿐이라는 피고의 주장이 맞다고 판단할지라도, 우리는 그런 범죄를 몇 년에 걸쳐 계속 저지른 사람이라면 법률에서 정한 최고의 형을 받아 마땅하다고 판결할 것입니다. 상관이 내린 어떤 명령도 그를 도울 수 없습니다. 또 명령이었다는 증거가 있다 할지라도 그것이 형을 가볍게 하지는 못합니다. 우리는 피고가 자신에게 주어진 명령을 내면화시켰고, 그럼으로써 범죄적 목표를 달성하기 위해 강고한 결의로 행동했다는 결론에 이르렀습니다. 우리 견해로는 - 이 끔직스러운 범죄에 내려야 할 형을 결정하는 과정에서도 - 이러한 명령이 내면화나 강고한 결의가 어떻게 이루어졌는지, 또 변호사가 주장했듯, 정권이 피고에게 행한 사상적 교육이 그러한 것을 무르익게 한 것인지, 그 여부와는 아무 상관없습니다.

아돌프 아이히만에게 유죄로 인정된, 유대 민족에 대한 범죄와 인류에 대한 범죄, 전쟁을 일으킨 죄에 대해 본 법정은 피고에게 사형을 선고합니다."(812/3)

행복의 윤리

"철학자는 하나의 병처럼 하나의 문제를 다룬다.
철학자가 건강한 인간 오성의 사상들로 나아갈 수 있으려면
오성의 많은 병들을 치료해야 한다."
비트겐쉬타인

1. 궁극적인 것의 추구와 실현

인간의 행위는 항상 목적 지향적이다. 궁극적인 목적은 더 이상 그것을 능가할 수 없는 것을 말한다. 우리의 행위는 궁극적으로 이런 궁극 목적을 실현한다. 행복은 바로 이런 궁극 목적을 실현하는 데 기초한다. 따라서 우리는 궁극목적을 추구하고 실현할 때 행복하다고 말할 수 있다. 여기서 행복이 심리학적인 의미에서 이해되는 만족과 확연히 구별된다.

궁극목적의 실현(the realization of ultimate end)이 행복이라면 행복은 결국 추구하는 목적이 실현되고 완성되었을 때만 가능하게 된다. 충족된 삶(the fulfilled life, the accomplished life)이란 결국 궁극

적인 것의 실현에서 오는 기쁨을 말한다. 우리 모두는 결국 우리가 되고자 하는 것이 이루어졌을 때 행복하다고 말할 수 있다. 바로 이 행복의 실현이 행위를 가능하게 하는 궁극적인 토대가 된다. 행복의 윤리는 이 점에서 목적론적 윤리와 같다.

모든 생명체들은 언제인가는 죽는다. 이 죽음이 생명체의 끝을 말한다. 하지만 모든 생명체가 끝이 있다고 해서 모든 생명체들이 완성을 하고 산 것은 아니다. 끝은 무엇의 시간적 종말을 의미하지만 완성은 시간적 종말이 아니라 궁극적인 것을 실현한 것을 뜻한다. 우리는 언제인가는 죽지만 우리가 죽는다고 해서 우리 삶이 자동으로 완성된 것은 아니다. 완성은 궁극목적을 실현하는 것에 기초하기 때문에 삶의 모든 에너지와 집중을 요구하게 된다. 결국 죽음이 행복에 대한 자동 완성이 아니라면 우리는 애써 의식적인 노력과 집중을 통해 궁극목적을 완성하는데 우리의 모든 능력을 바쳐야 한다. 우리가 죽을 때 다 이루었다라고 말하면서 죽을 수 있다면 우리 삶은 참 행복한 것이다. 행복하게 산 삶과 불행하게 산 삶은 이렇게 확연히 구별된다. 우리는 불행을 피하고 행복을 추구하려는 그런 욕구에 의해 움직이고 있다. 좀 더 일반화해서 말한다면 우리는 본성상 행복을 추구하는 존재다. 인간 본성 안에 깊게 뿌리내린 행복 추구의 정당성은 이 점에서 절대로 거짓 욕구가 아니다. 누가 행복한지 그리고 누가 불행한지를 분별하는 것이 윤리적 지혜의 시작이다. 행복한 사람들은 모방의 대상이 되지만 불행한 사람은 기피의 대상이 된다. 우리는 본성상 선을 추구하고 악을 기피하고 있다. 목적론적 삶이란 최상의 것(the best)을 추구하고 완성하는 것을 말한다. 인간 행위가 궁극적으로 이루고 완성하고자 하는 것은 행복이기 때문에 행복은 인간 행위를 가능하게 하는 원인으로 작용한다. 우리의 모든 행위는 궁극적으로 행복을 추구 대상으로 삼으면서 이것을 완성하는 데서 기쁨을 누리게 된다.

1.1 수단과 목적의 차이

수단은 그 자체를 위해서가 아니라 항상 다른 것을 위해서 욕구되고 선택된다. 하지만 목적은 다른 것을 위해서가 아니라 그 자체를 위해서 존재한다. 수단은 목적에 대해서 효율성, 적합성, 기여도, 경제성 등등에 의해 측정되고 평가된다.

목적과의 연관으로부터 고립된 채 수단이 그 자체로서 절대화될 경우 이것은 매우 위험하다. 목적의 실현에 수단이 아무리 가장 효과적으로 기여한다고 하더라도 목적 자체가 옳지 않으면 수단은 어떤 경우에도 정당화될 수가 없다. 원자폭탄이 종을 말살하는 데 가장 최선의 효과를 가져 온다고 해서 우리가 종을 제거하기 위해 이것을 사용할 수는 없다. 수단의 상대적 가치들은 목적의 올바름과 타당성에 비추어서만 선택될 뿐이다.

플라톤 이후로 우리는 더 이상 능가할 수 없는 궁극 목적을 선으로 규정한다. 선은 모든 행위가 궁극적으로 추구하고 실현하고자 하는 완성을 의미한다. 선의 실현이 행위가 궁극적으로 추구하는 목적이기 때문에 우리의 의지는 결국 선을 향해 노력하지 않으면 안 된다. 우리의 판단능력이 진리를 향해 움직이듯이 우리의 의지 역시 선의 실현을 위해 노력하지 않으면 안 된다. 궁극 목적은 우리가 추구한다고 자동으로 이루어지는 것은 아니다. 궁극 목적은 그것을 완성하고자 하는 개별 행위들을 통해서만 실현된다.

자유는 개별 행위들의 구체적인 선택과 실행이 없다면 결코 이루어지지 않는다. 마찬가지로 궁극목적도 실현(Dreams come true)되기 위해서는 우리의 개별 행위 하나하나가 수행되지 않으면 안 된다. 그럴 경우 우리는 그냥 행위하는 것이 아니라 최선의 방식으로 행위하는 것(always do your best)이다. 꿈들은 최선을 다해 노력할 때 이루어지는 것이다. 우리는 우리의 삶에 대해 최선을 다할 때 그리고 궁극 목적의 올바름을 실현할 때 행복하다.

1.2 목적론적 행위의 추론 구조

행위의 궁극 목적은 그 자체를 위해서 추구한다. 이것을 능가하는 상위의 목적은 없다. hou heneka(for the sake of)는 행위의 궁극 목적으로 작용하지만 동시에 실현되어야 한다. 궁극 목적은 행위를 가능하게 하는 원인으로 작용한다.

대전제는 추구의 대상이 될 뿐 아직 실현된 것은 아니다. 그렇기에 이것을 실현하기 위해서는 요구되는 것들이 충족되지 않으면 안 된다. 대전제가 궁극성을 의미하고 소전제는 이런 궁극성을 실현하기 위해 요구되는 것들로 구성되어 있다. 그렇다면 이 두 개의 전제로부터 요구된 것을 하지 않으면 안 된다는 결론이 자연스럽게 도출된다. 하지만 여기서 조심해야 할 것은 논리적 삼단논법과는 달리 행위의 실천적 삼단논법에서는 대전제가 결론을 필연적으로 함의하는 것이 아니라 조건적으로만 함의한다는 것이다. 대전제가 실현되고 완성되기를 원하는 한에서만 대전제는 결론을 함의하게 된다.

1.3 행복 추구의 정당성

궁극 목적이 올바르지 않거나 선하지 않을 때 우리는 어떤 경우에도 행복을 누릴 수가 없다. 옳지 않은 것에 기초하게 될 때 어떤 경우에도 행복은 가짜다. 고려대 대학원생들이 가평에 MT를 가서 세 명의 남자들이 자기 만족을 극대화하기 위해 한 명의 여학생을 성폭행했다면 이것은 공리주의적 기준은 충족했을지 모르지만 절대로 정당한 행위라고 볼 수는 없다. 착한 동기로부터 비롯되지 않고 원하는 목적이 선에 기초하지 않는다면 아무리 목적을 성취했다고 해도 이런 목적을 우리는 도덕적인 것이라고 인정할 수가 없다. 니체는 모든 인간들이 아니라 단지 영국인들만의 행복을 추구한다고 하면서 공리주의적 윤리를 비웃는다. 올바른 동기와 착한 심성 그리고 목적의 올바름에 기초하지 않을 때 어떤 행복도 가짜로 판명난다. 옳지 않은 것에 기초할 때 행복은 절대로 불가능하게 된다. 도덕적이지 않은 사람들은 어떤 경우에도 진정한 행복을 누릴 수가 없다. 이런 자들은 거짓만족을 행복과 착각하며 사는 것에 불과하다.

목적의 올바름, 방향의 적합성, 의지의 실행력 등등은 서로 떼어내서 설명될 수가 없다. 추구하는 궁극 목적은 반드시 올바른 것에 기초해야 하며, 이 목적을 실현하기 위한 수단들은 정당하고 적합해야 하며, 궁극 목적을 실현하기 위해 동원된 수단들은 목적 실현을 위해 행위로서 구체화되어야 한다.

2. 능력의 실현에서 오는 기쁨

인간들은 자신들이 개별적으로 지니고 있는 능력을 발휘할 때 거기서 보람과 기쁨을 느낀다. 행복은 쾌락과 구별된다. 쾌락적 삶이 행복과 동의어가 아니다. 행복은 능력의 실현에서 오는 영속적 기쁨이지만 쾌락은 대상을 통한 일시적 만족에 의존한다. 쾌락은 충족하고 나면 공허하고 우울증에 빠지기도 한다. 쾌락의 끝은 항상 권태로 귀결된다. 권태는 그것을 극복하기 위해 또 다른 자극을 향해 나선다. 하지만 쾌락은 진정한 자기 만족을 모르기 때문에 공허함과 싫증으로 인해 지리멸렬하게 된다. 하지만 행복은 능력들을 완성하고 계발하는 것에 따르기 때문에 능력의 완성에서 오는 기쁨을 보람으로 느끼게 된다. 자연과학자들이 원하는 실험을 성공했을 때 그들은 "유레카"라고 하면서 환희의 기쁨을 표현한다. 원하는 것을 다 이루었다고 할 때의 기쁨은 이루 말할 수 없이 아름답다.

우리에게는 판단능력이 있다. 모든 판단은 진리를 추구한다. 진리는 우리에게 알려진다. 우리는 진리를 알아갈 수 있다. 우리의 판단능력은 진리에 대해서는 가능적이다. 왜냐하면 우리의 판단능력은 참으로 존재하는 것을 참으로 알아들을 때 한해서만 진리를 소유하게 되기 때문이다. 우리의 판단 능력은 진리를 궁극적인 추구 대상으로 삼으면서 이것을 완성하고자 한다.

아리스토텔레스는 이론적 덕을 실천적 지혜와 구별한다. 그에 따르면 이론적 덕은 원리의 불변성에 대한 통찰을 포함한다. 우리가 가능적으로는 덕을 지니고 있을지 모르지만 우리는 이 덕을 다 의식적으로 계발하고 완성하며 사는 것은 아니다. 덕은 능력의 탁월함을 의미하지만 이 탁월함은 노력과 훈련을 통해 성취된다. 이론적 탁월함은 원리의 불변성에 대한 참된 앎에 기초한다. 원리의 불변성을 알아듣고 이것을 자기 것으로 만들 수 있을 때 우리는 이론적 탁월함을 소유하게 된다. 원리의 불변성에 대한 참된 알아들음을 통해서 원리의 불변성을 자기 것으로 만드는 것이 이론적 덕을 소유하도록 한다. 우리가 알지 못하는 것은 우리가 진정으로 가질 수도 없다. 무엇을 단순히 알고 있다가 아니라 무엇이 진정으로 왜 그런지에 대한 원인이나 근거를 제대로 알았을 때 우리는 그것을 자기 것으로 만들 수가 있다.

이론적 덕은 가르칠 수가 있다. 원리의 불변성에 대한 참다운 지식을 소유한 자들은 그것을 알고 싶은 자들에게 그 원리의 불변성을 설명하고 가르칠 수가 있다. 이론적 덕은 원리의 불변성에 대한 진정한 앎을 토대로 해서만 가능하다. 우리 모두가 가능적으로는 아인슈타인의 상대성 이론을 이해할 수 있지만 우리 모두가 실제로 이것을 이해하고 있는 것은 아니다. 이론적 덕은 가능적으로만 머무르는 것을 실제로 완성할 때만 성취된다. 교육이란 가능성에 머무르는 것을 현실적으로 완성하는 것에 기초한다. 우리는 이론적 덕의 탁월함을 근거나 원리의 참 있음을 알아듣는 데서 성취하게 된다. 무엇을 단순히 알고 있다가 아니라 무엇이 진정한 원인과 근거에서 왜 그러한가를 아는 것이 진정한 의미에서 이론적 덕의 탁월함이다.

인간은 선일반에 개방되어 있고 선일반을 실현하고자 하는 욕구를 지니고 있다. 우리의 행위는 선일반을 추구 대상으로 삼으면서 이것을 완성하고자 한다. 어떤 사람이 지식이 풍부하다고 해서 그 사람이 행동을 지혜롭게 잘 하는 것은 아니다. 지식과 지혜는 구별된다. 지식이 이론적 덕의 추구 대상이라면 선은 실천적 지혜의 추구 대상이다. 어떤 것을 많이 안다고 해서 그 사람이 행동에 있어서도 지혜롭게 행동하는 것은 아니다.

실천적 행위는 이론적 지식과 같이 그렇게 엄밀한 것이 아니다. 하지만 여기서 조심해야 할 것은 그렇다고 해서 실천적 행동이 근거의 요구로부터 면제되는 것은 아니다. 그냥 행동하는 것과 잘 행동하는 것은 구별되기 때문에 실천적 지혜는 잘 행동하는 것을 요구한다. 돌팔이 의사도 환자를 치료하지만 진정한 의사는 병의 정확한 원인과 근거를 알기 때문에 우리는 더 잘 치료한다고 말한다. 실천적 지혜에 있어서는 잘 행동하는 것이 문제다. 하지만 어떻게 하는 것이 잘 행동하는가에 대한 기준은 이론적 학문과 같이 그렇게 엄격하게 확보되는 것은 아니다. 여기에 phronesis의 고유함이 있다.

베이컨은 아는 것이 힘이라고 주장한다. 힘이 지배한다. 그렇다면 아는 것이 지배한다는 결론이 도출된다. 이론적 덕에 있어서는 원리를 지배하는 자가 진정으로 지배하는 자다. 원리나 근거를 지배하는 자가 진정한 지배자다. 하지만 원리나 근거는 가변적인 것이 아니라 불변적 내지는 항구적이다. 이론의 힘은 예측하는 데 있다. 하지만 이론을 정확하게 알고 있다면 예측은 그만큼 수월해진다. 이론적 덕은 원리나 근거에 대한 참다운 앎을 기초로 하고 있다. 우리는 그런 원리나 근거를 소유한 자를 이론적 탁월함의 소유자라고 인정한다.

하지만 행위를 이끌고 규제할 행위의 일반원칙은 이론적 지식과 같이 그렇게 엄격한 것은 아니다. 또한 행위가 적용되는 개별 상황 역시 가변적이고 불투명하고 두껍다. 원리의 덜 엄격함과 원리가 적용되는 상황의 불투명성을 감안할 때 행위자는 그 주어진 상황에서 최선의 방식으로 행위할 것을 요구한다. 실천적 지혜는 바로 이런 능력을 계발하는 것을 말한다. 엄밀성에 있어서는 이론적 지식보다 떨어지지만 그래도 주어진 상황에서 가장 탁월하게 행위 했다는 점에서 실천적 탁월함을 소유한다고 보아야 한다. 우리는 이런 것을 탁월한 사례(causa exemplaris)를 통해 어느 정도 배울 수가 있다. 예를 들면 성공한 음식점을 우리가 어느 정도 벤처 마킹하는 것이 여기에 해당한다. 손자 병법에도 패배는 병가지상사라고 한다. 전쟁에서는 누가 이기고 누가 질 지를 미리 결정할 수는 없다. 그런 불확실함은 전쟁뿐만 아니라 도박판 그리고 일상의 경쟁에서도 흔히 목격된다. 하지만 패배에도 등급이 있는 것이다. 무작정 패배한 것과 최선을 다했음에도 패배한 것은 다르다.

실천적 지혜는 성공한 사례들만을 미화하거나 정당화하는 것은 아니다. 실천적 지혜의 기준은 주어진 불투명한 상황에서 항상 최선의 결과를 산출하기 위해 신중하고 또 신중하게 행위하는 데 있다. 중용에서도 행위 할 때 적시(適時), 적중(適中), 적당(適當), 시중(時中)을 강조한다. 행위의 일반 지침 규정과 행위의 개별적 적용 대상을 적합하게 결합하는 것은 신중함과 지혜의 산물이다. 지혜로운 행동은 바로 이런 것들을 결합하고 일치하는 것을 요구한다. 여기에는 분별력, 통찰력, 지혜, 멀리 내다보는 능력, 꿰뚫어 보는 눈, 결단, 추진력, 상황에 대한 민감한 이해력 등등이 요구된다. 적시(適時)를 보장하는 그런 원리 따위는 없다. 기업가가 언제 투자를 공격적으로 해야 하고 언제 투자를 감축해야 하는지를 결정하는 것은 주어진 경제여건과 상황을 고려해서 내리는 것이지 무작정 내리는 것이 아니다. 적시(適時)를 결정하는 그런 보험회사는 없다. 하지만 적시(適時)

가 이루어지려면 판단은 신중하고 또 신중해야만 한다. 지혜로운 행위는 판단의 올바름과 상황에 대한 적절한 이해가 결합될 때 가장 탁월한 방식으로 결실을 맺을 수 있다.

인간의 행위에 대한 분석과 이해에 있어서 실천적 지혜에 대한 강조는 우리의 개별 행위가 항상 최선의 결과를 낳기 위해 신중한 판단과 결단에 입각해서 내려져야만 한다는 데 있다. 지혜는 지식의 엄격성은 떨어지지만 결코 그런 것에 비해 열등한 것은 아니다. 다만 행위의 신중함에 대한 사려 깊은 심사숙고를 요구한다는 점에서 맹목적인 행위와 구별될 뿐이다.

3. 의지의 맹목성을 통제하는 힘

철학사에서 의지의 본성이 무엇인지에 대한 규정은 여전히 논쟁의 여지가 있는 것으로 남아 있다. 이것은 오늘날에도 여전히 미해결인 채로 우리를 괴롭히고 있다. 한 가지 분명한 것은 의지의 추진력이 좋은 방향으로 사용될 수도 있고 나쁜 방향으로 악용될 수 있다는 점에서 의지는 마치 방향을 알 수 없는 럭비공에 비유된다는 사실이다. 이성의 올바른 요구에 따라 의지가 그것을 수행할 때 의지는 아주 생산적인 방향으로 추진된다. 반대로 의지가 이성의 올바른 명령을 거부한 채 악한 마음에서 사용되면 그 파괴력은 가공할만하다. 우리는 히틀러의 제어되지 않은 의지의 맹목적 사용을 통해 그 가공할 파괴력을 이미 경험한 바 있다. 우리의 행위에 대해 제동을 거는 양심의 소리를 무시하고 우리의 행위를 안내하는 이성의 올바른 명령으로부터 단절된 채 의지가 그 추진력을 맹목적으로 확신하고 사용하게 되면 결국 파국으로 흐를 위험에 노출된다. 그렇기 때문에 예측 불가능한 의지의 파괴력을 제어하고 통제할 필요가 생기는 것이다.

소크라테스는 우리들이 무엇을 모르기 때문에 나쁜 짓을 한다고 주장한다. 하지만 이것은 경험적 현실에 비추어 볼 때 타당성이 없다. 왜냐하면 무지로부터 비롯되는 행위가 없는 것은 아니지만 우리는 때로 무엇을 알면서도 의도적으로 나쁜 짓을 한다. 그렇기에 무지가 모든 죄의 근원이라는 주장은 수정되지 않으면 안 된다. 악한 마음에서 비롯되거나 때로는 의지의 약함(weakness of will)으로 인해 우리는 알면서도 나쁜 짓을 할 때가 있다. 죄의 삯은 사망이지만 우리는 그럼에도 불구하고 알면서도 나쁜 짓을 할 때가 있다. 의지의 제어되지 않은 맹목성과 의지의 허약함에 대해 우리가 계속해서 경계해야만 하는 이유가 여기에 있다. 동양에서는 의지의 맹목성을 통제하기 위한 훈련으로서 마음의 수양을 강조한다. 인간의 본성이 악하다면 악한 인간 본성은 인간의 사회성을 불가능하게 한다. 그렇기에 반사회적인 의지의 맹목성과 파괴력은 반드시 사회생활을 위해서라도 통제되고 제어되어야만 한다. 반사회적 인간 본성을 극복해서 사회성을 가능하도록 인간성을 훈련시키는 데에서 도덕교육의 필요성이 있다.

우리 각자가 자기 통제력을 상실하게 되면 우리 각자는 자기 파멸(self-destruction)에 빠지게 된다. 의지의 제어되지 않은 맹목적인 자기 절대화는 자기 파괴에 이를 가능성이 있기 때문에 매우 위험하다. 그렇다면 우리는 자기 구제를 위해서라도 이런 맹목성을 통제하고 제어할 필요가 있다. 의지의 맹목성에 지배당하거나 끌려 다니지 않고 이것을 통제하는 훈련이 필요하다. 자기통제력(self-control)은 의지의 맹목성을 통제하기 위해 반드시 필요하다.

스토아주의자들은 자기 삶의 주인이 되기 위해 자기 행위의 주인이 될 것을 요구한다. 의지의 맹목성을 다스리고 통제하는 것은 자기 삶의 주인이 되는 데 없어서는 안 될 요소다. 행복해지기를 원한다면 우리는 의지의 맹목성에 지배당해서는 안 되고 바로 그것을 통제할 힘을 키우지 않으면 안 된다. 덕이 행위를 반복적으로 연습함으로써 생겨나듯이 자기 통제력도 오랜 훈련과 노력을 통해 비로소 형성되는 것이다. 자기 통제를 강화하는 훈련은 인간이 의식적인 노력을 통해서 비로소 갖추게 되는 것이다. 자기 통제력도 행복에 기여하는 것이기 때문에 우리는 이런 덕을 갖추지 않으면 안 된다.

화를 다스리고, 내 삶의 행복을 방해하는 모든 외적 요인들로부터 정화되고, 의지의 맹목성이 야기할 수 있는 파괴력에 대해 경계하고, 나를 파멸시키는 울분 등으로부터 벗어나려는 훈련은 행복한 삶을 위해 반드시 필요하다. 동물들이 자살을 하는지에 대해서는 아직 분명하게 알려진 것이 없지만 인간은 분명 자살을 한다. 그리고 인간은 자신들이 잘못 행동했기 때문에 바로 그 이유로 인해 자기 파멸에 빠지기도 한다. 자기 파멸로부터 벗어나서 자기실현에 이르고자 한다면 우리는 우리의 행복에 방해가 되는 의지의 맹목성을 통제하고 제어하는 훈련을 하지 않을 수가 없다. 인간이 추구하는 행복이 요구되는 많은 것을 갖추어야 하는데 행복한 삶을 위해 자기 통제는 반드시 필요하게 된다. 그래서 우리는 자기 통제를 강화하는 훈련을 하지 않으면 안 된다. 자기 통제 훈련이 덕이 되는 이유가 여기에 있다.

4. 행복한 삶에 기여하는 외적 조건들의 충족

아리스토텔레스는 인간은 신과 같이 자족하는 삶을 사는 것도 아니고 동물들과 같이 단지 무리를 지어서 모여 사는 군집 동물이 아니라고 주장한다. 인간은 공공선과 행복을 일치시키기 위해 사회생활과 정치적 삶(공공적 삶)을 의식적으로 추구하면서 살아간다. 오늘의 철학적 인간학은 인간을 결핍존재(Mangelwesen)로 규정한다. 인간은 이런 결핍을 교육과 문화 그리고 사회적이고 정치적인 삶을 통해 보충하지 않으면 안 된다. 모든 인간적 조건들로부터 고립된 채 성장한 늑대소년을 생각해 보면 이런 주장들이 매우 타당하다는 것을 알게 된다. 자족하는 신은 사회생활이 불필요하다. 하지만 군집 생활을 하는 동물들은 인간들과 같이 합목적적인 공동생활을 영위하지 못한다. 인간 각자가 추구하는 개인의 행복 추구와 공공선의 일치가 가능하기 때문에 인간적 삶은 인간답게 살기 위해 사회적이며 정치적인 공적 삶을 수행해야만 하는 것이다. 의지의 맹목성은 경우에 따라 인간의 사회성을 불가능하게 하고 있기 때문에 우리는 반사회성을 극복하지 않으면 안 된다. 그렇기에 개인들에게는 의지의 맹목성을 통제하는 덕이 필요하고 사회는 그것들을 제어하기 위해 처벌을 강화한다. 법의 통제가 없이는 사회생활은 불가능하게 된다. 사회 역시 의지의 파괴적인 맹목성을 통제하기 위해 처벌을 제도화하고 있다.

소크라테스, 스토아, 칸트는 덕이 곧 행복이라고 주장한다. 이에 반해서 아리스토텔레스는 덕이 행복을 형성하는 가장 본질적인 요인인 것은 부정할 수 없는 사실이지만 덕 하나만이 인간을 행복하게 할 수는 없다고 주장한다. 인간은 자족하는 신이 아니기에 모든 것을 자기 안에 갖추고 사는 것은 아니다. 그렇기 때문에 인간은 행복을 위해 요구되는 외적 조건들(건강, 좋은 음식, 재산, 교육 환경, 우정과 대화, 안정된 삶 등등)을 충족할 필요가 있다.

스토아는 apatheia(타율적으로 주어지는 것들로부터 벗어나 있는 것)를 강하게 요구한다. 그들에 따르면 덕이 곧 행복이기 때문에 덕을 제외한 일체의 것들에 대해서는 그렇게 신경을 쓸 필요가 없다는 것이다. 오로지 자기 삶의 주인이 되기 위해 요구되는 덕을 추구하고 완성하면 거기에 곧 행복이 있다는 것이다. 스토아들은 외적인 행복의 조건들로 인해 나의 덕스러운 삶이 방해 받을 수 있기 때문에 가능한 한 이런 것들로부터 영향을 받지 말라고 충고한다. 조금 다른 각도이지만 칸트 역시 의무를 지속적으로 수행하는 것(Befolgung der Pflicht)을 덕으로 규정한다. 칸트도 도덕성의 기초가 자율성에 있기 때문에 타율적인 것들로부터 의지를 정화할 것을 요구한다.

이에 반해 아리스토텔레스는 행복한 삶을 위해서는 덕의 충족뿐만 아니라 외적 조건들이 충족될 필요가 있다고 주장한다. 덕이 행복의 충분조건은 아니다. 행복한 삶은 덕의 충족과 외적 조건들의 충족에서 보다 잘 실현된다. 아리스토텔레스에 따르면 감옥에 갇힌 소크라테스가 덕은 있을지 모르지만 행복하다고 할 수 없다. 도덕 하나만이 인간의 행복한 삶을 위한 보장은 아니다. 그러니까 인간들은 행복한 삶을 위해 덕의 충족뿐만 아니라 조건들의 충족도 같이 고려해야만 한다. 배가 부르면 예절을 알게 된다는 관자의 주장은 반대로 뒤집어 보면 배고프면 예절도 없다는 것으로 해석될 여지가 있다. 우리가 과연 인간조건들을 충족시키지 않은 채 사람들에게 과도한 도덕적 삶을 행복이라고 요구할 수 있을까? 비슷한 맥락에서 칼 마르크스도 전사(Vorgeschichte)가 극복되지 않은 곳에 진정한 역사(Geschichte)는 실현될 수 없다고 본다. 자연에 예속되어 있는 인간의 열악한 조건들이 극복되지 않은 곳에서 덕스러운 활동이 행복한 삶이라고 요구할 수 있을까?

인간은 혹독한 추위를 벗어나기 위해 양의 털을 필요로 한다. 왜냐하면 양의 털을 사용하지 않으면 인간은 추위를 극복할 수가 없기 때문이다. 자연에 예속된 상태에서는 더 높은 도덕성의 실현은 힘들다. 그렇기에 인간이 양의 털의 진정한 주인이 되어야만 하는 것이다. 자연은 인간의 인간성을 실현하기 위한 도구에 지나지 않는다. 왜냐하면 자연에 예속되어 있는 인간의 필요가 충족되지 않으면 더 높은 목적인 인간의 도덕성은 결코 실현될 수가 없기 때문이다. 행복한 삶에 있어서 인간의 유물론적 조건들이 충족되어야만 하는 것은 필수다. 그리스적 삶에 있어서는 노동을 통한 자연의 인간화가 미덕은 아니었다. 그들에게는 노동의 가치가 중요하게 평가된 적이 없었다. 왜냐하면 공적인 삶을 위해서 노동은 공적인 삶에서 배제된 자들에 의해 수행되고 충족되었기 때문이다. 본성적으로 노예가 있다는 주장이나 노예를 통한 노동을 정당화하는 아리스토텔레스의 입장은 오늘날 우리에게는 더 이상 받아들여질 수 없다. 인간 조건에 대한 배려가 없이 과도하게 금욕을 요구하는 것도 위험하다. 반대로 인간 조건의 충족을 노예나 노동의 소외를 통해 충족하는 삶도 거부되어야 한다.

근대는 인간이 자신의 삶을 확보하기 위해 노동을 모든 가치 창조의 근원으로 정당화하기 시작했다. 노동이 모든 가치 창조의 근원이기 때문에 노동은 모든 재산의 원천이 된다. 법은 재산을 보호해야만 하는데 소유권은 사유재산이 공적으로 인정받았다는 것을 보장한다. 사유재산은 어떤 경우에도 훼손될 수 없다는 것을 법적으로 보장하기 때문에 어느 누구도 이것을 파손해서는 안 된다. 아리스토텔레스에 의해 부당하게 저평가되었던 노동이 근대에 와서는 인간 삶의 불가결한 조건을 형성하게 되었다. 소외된 노동에 대한 칼 마르크스의 요구는 이 점에서 매우 중요하다. 아리스토텔레스와 시저는 자신들이 노동자라는 말을 들었어도 아마 경멸을 느꼈을 것이라고 마르크스는 주장한다.

행복은 절대로 쾌락과 같은 것이 아니다. 쾌락은 누구에게는 추구 대상이 되지만 누구에게는 경멸의 대상이 된다. 모든 인간이 쾌락을 추구하는 것은 아니다. 삶의 행복에 기여할 때 쾌락은 누릴 필요가 있다. 하지만 삶의 행복에 방해가 된다면 쾌락은 거부되기도 한다. 쾌락 추구가 행복에 기여하는지 아니면 방해하는지를 결정하는 것은 개인들의 고유한 몫이다. 하지만 쾌락의 추구는 그 욕구가 만족되는 순간 또 다른 공허함에 빠지기도 한다. 그렇기 때문에 쾌락적 삶이 반드시 행복하다고 말할 수는 없다. 만족의 우울증은 쾌락추구적 삶이 치루지 않으면 안 되는 대가다. 쾌락이 행복을 구성하는 요건들인지 아니면 행복을 추구하는 데 방해가 되는 것인지에 대한 결정은 개인들마다 다 다르다. 하지만 쾌락 추구는 행복을 구성하는 조건은 될 수 있어도 행복과 같은 것이 될 수는 없다. 금욕적 이상에 사로잡혀서 쾌락 자체를 거부하는 것도 문제가 있지만 쾌락이 행복의 조건이라고 과대 평가하는 자들도 우리는 분명 경계해야 한다. 쾌락의 노예가 되어서 삶을 망치는 것을 우리는 계속 경계하지 않으면 안 된다. 삶의 행복에 기여하는 만큼만 쾌락을 행복이라는 전체의 연관 안에서 적절히 통제하고 즐기는 것은 바람직하다. 중용에 따른 삶은 중간적 삶이 아니라 주어진 상황에서 최상의 방식으로 행위하는 것을 말한다.

5. 공리주의 행복의 문제점들

공리주의는 최대다수의 최대행복을 주장한다. 100명이 있을 때 최대 다수의 기준이 무엇인가? 99대 1도 되고 51대 49도 이 조건을 충족하고 있다면 우리는 너무 많은 기준 때문에 혼란스럽다. 도대체 최대다수의 기준이 무엇인가? 공리주의는 산술적 근거 제시 이외에도 도대체 기준이 모호하다는 비판을 피할 수가 없다. 인간의 행복이 양적으로 측정가능하다는 주장 역시 항상 명확한 것은 아니다. 행복을 양적 기준에서 질적 기준으로 변형한다고 해서 문제점이 사라지는 것은 아니다.

옳지 않은 것에 기초할 때는 어떤 행복도 가짜다. 나쁜 동기나 의도에서 출발했음에도 불구하고 결과가 좋다고 해서 그 행위가 정당화될 수 있다는 것은 억지다. 결과의 유용성 여부가 행위의 타당성을 보장하는 근거는 아니다. 공리주의는 이 점에서 마키아벨리를 윤리적으로 옹호하는 위험에 처한다. 니체는 모든 인간들이 아니라 단지 영국인들만이 공리주의적 행복을 추구한다고 비아냥거린다.

오늘날의 자본주의적 삶에 있어서는 창조적 소수들이 대다수 평균적인 인간들보다 더 많은 부를 산출한다. 하지만 분배 문제의 왜

곡으로 인해 부의 불평등이 심화되어가고 있다. 전 세계적으로 만연한 빈곤 문제 앞에서 우리는 대다수를 불행하게 만드는 자본주의를 무제약적으로 옹호할 수 있을까? 이럴 경우 최대 다수가 더 이상 최대의 결과를 산출하는 기준은 아니다. 능력에 따르는 자연적 불평등이 아무리 정당하다고 하더라도 256명의 재산이 33억의 재산보다 더 많다는 것을 우리는 어떻게 정당화 할 수 있을까?

그리스도교는 인간의 인격성을 모든 가치의 근원으로 설정한다. 인간의 인격은 무제약적인 가치를 지니기 때문에 우리는 유용성이나 효율성에 따라서가 아니라 인간이 인격이라는 단 하나의 이유만으로도 인간을 인격으로 존중해야 한다고 그리스도교는 강조한다. 공리주의는 이런 관점에서 보면 인간을 유물론화 하는 위험을 내보이고 있다. 인간 하나 하나가 무제약적인 가치를 지닌다면 인간의 행위를 산술적 유용성에 따라 평가하는 것은 아무 가치가 없게 된다.

6. 덕의 시대적 의미 변화

덕이 보편적인 것인지 아니면 시대나 역사에 제약된 것인 지에 논쟁은 아직도 계속된다. 덕의 보편성과 상대성에 대한 논쟁은 윤리의 오랜 논쟁 대상들 중의 하나에 속한다. 그리스도교는 이웃을 사랑하는 것을 최고의 덕으로 여기지만 그리스는 능력을 최고로 발휘하고 완성하라는 덕을 최고로 여긴다. 마키아벨리는 목적을 이루기 위해 군주는 능력이 있어야 한다고 주장한다. 여기서 덕은 능력의 탁월함과 같은 것이 아니라 목적을 이루기 위해 군주가 모든 수단과 방법을 동원하는 능력과 같은 것이 된다. 이렇게 덕의 의미는 시대나 문화적 조건들에 따라 일의적이지 않다. 빅토리아 시대의 청교도 윤리는 순결을 미덕으로 강조했지만 또 다른 시대나 문화권에서 이것은 역겨운 위선에 불과하다고 거부하기도 했다.

(1) 덕의 어원(arete, virtus, virtue, Tugend)은 덕에 대한 정의의 분석보다는 그 용어가 생겨난 문맥적 조건들에 대한 이해를 요구한다. 덕은 일반적으로 정의할 때 어떤 행위에 대한 능함 내지는 탁월함을 뜻한다. 이론적 덕과는 달리 실천적 덕은 인간 각자가 개별적으로 수행하는 의식적이고도 자발적인 노력에 관한 것이다. 자발적 행위들은 선하거나 악할 수도 있지만 덕은 선함에 대한 탁월한 능력을 의미하게 된다. 도덕적 덕이란 선한 행위를 계속 수행함으로써 비로소 형성되는 것이다. 그렇게 될 경우 도덕적 덕은 선한 행위를 계속 행하려고 하는 안정되고 항구적인 자세(habitus, hexis)로 견고해진다. 하나의 습관으로서의 덕은 행위 능력과 행위 자체 사이에 놓이게 된다. 새들이 날기 위해 나는 훈련을 해야 하듯이 도덕적 선도 자연적으로 완성되는 것이 아니라 완성을 위해 수많은 노력과 훈련을 요구한다.

(2) 인간의 공통된 궁극 목적에 일치하는 자발적 행위는 선하다. 아리스토텔레스와 토마스 아퀴나스에 따르면 인간들에게 공통인 궁극 목적은 이성적 생명체로서의 인간의 자기 실현과 자기 완성 및 자기 충족에서 정당화된다. 행복은 심리적인 것이 아니라 존재론적 충족을 의미한다. 인간의 공통된 궁극 목적은 인간들이 공통된 본질을 가지는 것을 전제로 하고 있다. 행복은 인간들이 모두 공통으로

추구하는 것으로서 인간 일반에 적용된다.

(3) 인간은 자신의 현재 있음(is)과 자신이 궁극적으로 되고자 하는 것을 완성(To be)한 것 사이에 있다. 물론 이 사이라는 용어는 공간적 의미를 뜻하는 것이 아니라 일치의 실현 정도라는 의미에서의 차이를 뜻한다. 인간은 가능적으로는 행복하기 위해 세상에 태어났다. 하지만 우리 모두가 다 행복을 자동으로 완성하는 것은 아니다. 행복은 보험회사가 아니다. 인간은 의식적인 노력을 통해 현재 있음과 완성 사이에 내재하고 있는 차이를 좁혀야만 한다. 자기 상실을 피하고 자기충족(self-fulfillment)을 수행하는 것은 불가피하다. 인간들은 이것을 완성하기 위해 총력을 기울인다. 행복추구의 정당성은 이 점에서 모든 인간들에게 공통이다.

(4) 도덕적 행위는 이성의 올바른 명령에 따를 때만 정당화된다. 나쁜 동기에서 출발한 행위는 그 행위가 아무리 결과가 좋다고 하더라도 도덕적인 자격을 얻을 수가 없다. 도덕적인 행위는 선한 의도에서 출발한다. 그리고 선한 의도를 지속적으로 실천하고 수행함으로써 선 자체를 습관으로 완성할 것을 요구한다. 덕은 선한 행위를 하려는 안정되고 항구적인 마음의 자세 뿐 아니라 선한 상황과 그 자체로 선한 행위를 선택하려는 안정되고 항구적인 자세 및 습관을 의미한다. 그래서 일회적인 노력이 아니라 항구적인 훈련을 요구하게 된다. 이 훈련을 통해 도덕적으로 선한 자는 도덕적인 덕을 지니게 된다. 덕의 충분한 의미는 덕이 도덕적으로 선한 자의 전체적인 선한 행위에 대한 안정되고 항구적인 자세로 실천될 때만 드러난다. 도덕적으로 선한 자는 일회적인 것이 아니라 평생에 걸쳐서 덕들을 함양하고 실천하는 자다. 덕의 형성은 무엇보다도 항상 새롭게 다짐

하는 마음가짐에 의해 안정되고 항구적인 자세를 유지하려는 것뿐만 아니라 이런 마음가짐에서 발생하는 선한 행위를 평생에 걸쳐서 실행하는 것에 의해서만 가능하다.

운명은 누구에게는 가혹하기도 하지만 또 다른 누구에게는 호의적일 수 있다. 운명은 인간의 자발적 선택의 대상이 아니다. 그것은 우연이다. 우리가 자유로울 때 우리는 자유롭게 선택할 수 있지만 우리가 자유 의지를 갖고 태어나는 것은 아니다. 행운이 일회적인 우연의 산물이라면 행복은 평생에 걸쳐서 선한 행동을 훈련하고 연습하는 것에 기초한다. 행복은 자연적으로 주어지는 것이 아니라 노력의 결과로서만 가능하다. 인간은 행복을 추구 대상으로 삼으면서 동시에 이것을 완성하고자 한다. 완성의 실현 정도가 인간의 행복을 평가하는 기준이 된다. 우리는 살아가면서 누가 행복하고 누가 행복하지 않은가를 어느 정도 알 수가 있다. 인간 본성 안에 깊게 뿌리내린 행복 추구의 정당성은 어느 정도는 모두에게 공통이다. 하지만 행복을 실현하는 인간의 구체적이고 개별적인 활동들은 개인들의 능력과 그가 처한 여건들을 고려해서만 가능하다.

어떤 공동체를 보아도 선한 행위를 하면 칭찬을 받고 동기부여의 대상이 된다. 하지만 나쁜 행위를 하면 제재를 받고 처벌된다. 물론 공동체의 상벌 규정이나 동기부여가 다 똑같은 것은 아니다. 도덕적인 탁월함의 소유자는 사람들에게 모방의 대상이 되지만 비열한 자는 경멸의 대상이 된다. 인간들에게 공통인 것은 인간들에게 추구의 대상이 된다. 하지만 개인들에게 고유한 것들이 있다. 이런 것들은 나름대로 개인들에게 가치가 있는 것들이다. 개인들이 지니고 있는 이런 편차들은 어느 정도 인정되고 허용되어야 한다. 그것은 개인들에게만 고유한 것이기 때문에 개인들에게는 나름대로 중요하다. 덕을 모두에게 강제할 수 없지만 우리는 탁월함에 기초한 덕이 모두에게 추구 대상이 되는 것을 부정할 수는 없다. 전세계의 모든 어린아이들이 다 똑같은 책을 읽는 것은 아니지만 그럼에도 불구하고 그들은 훌륭하고 탁월한 사람들의 이야기를 읽고 배우며 자라난다.

아담스미스는 빵집 주인이 빵을 잘 만드는 것은 돈을 벌기 위해서이지 인간의 도덕성이나 인간성에 기초하는 것이 아니라고 주장한다. 이윤에 대한 적절한 동기부여는 인간의 잠들어 있는 능력을 발휘하도록 한다. 하지만 그가 말한 이기성도 나는 살기 위해 너는 죽어야만 하는 파괴적 이기성이 아니라 우리 모두가 자신들의 잠들어 있는 능력을 발휘하라는 점에서 상생하고 조화를 이루는 이기성이다. 인간 본성이 이기적인지 아니면 이타적인지 아니면 이 둘을 양자택일적으로 강요하는 것이 강요된 딜레마의 오류인지에 대해서는 여전히 의견들이 분분하다. 여기서 중요한 것은 특정한 자들에게 타당한 덕들이 또 다른 누구에게는 적용되지 않을 수 있다는 점이다. 이럴 경우 덕의 상대성을 어느 정도 인정해야 한다. 관습과 덕이 문화마다 조금씩 다르게 설정되는 것은 불가피하다. 하지만 이 불가피성이 소통 불가능성을 의미하는 것은 아니다.

같음은 유대의 가능조건이 되지만 다름은 차이를 형성하게 된다. 인간은 같으면서 다르다. 보편성에 대한 강조가 획일주의로 경직되어서는 안 된다. 차이의 정당성에 대한 강조가 무정부주의적인 무질서일 필요는 없다. 인간은 이런 양극단의 고립된 위험을 피해야 한다. 모든 인간에게 타당한 것은 말할 필요도 없이 나에게도 타당하다. 그래서 우리 각자는 인간에게 공통인 것을 따르고 실행해야 한다. 하지만 나에게 고유한 것이 타인들에게 해당될 필요는 없다. 그럴 경우 우리는 차이를 인정할 줄 아는 관용을 베풀어야 한다. 서로의 소통 가능성을 위해 우리가 대화할 준비가 되어 있어야 한다. 나와 다른 삶과 문화권의 가치를 인정한다는 것은 그것을 존중한다는 것을 의미하는 것은 아니다. 차이의 인정은 차이의 존중을 뜻하기보다는 차이를 인정함으로써 서로가 이해될 수 있는 여지를 남겨둔다는 것을 요구한다. 공공선으로서의 덕은 모두에게 공통이지만 공유된 선은 특정한 공동체의 덕을 의미한다. 우리는 이 차이를 분명하게 밝힘으로써 모두에게 공통인 것과 특정한 누구에게 해당하는 것을 분별할 줄 알아야 한다.

동물들은 먹고 살기 위해 다른 동물들을 죽인다. 인간은 먹기 위해서가 아니라 자신들과 생각이 다르다는 이유 하나만으로도 종족 전체를 말살하려 든다. 후트족과 투트족의 종족 분쟁, 구 유고슬라비아의 종교 내전, 히틀러의 유대인 말살정책 등등은 아주 악명 높다. 진시왕의 분서갱유로부터 조선 선비들의 사화(士禍), 신교와 구교들의 종교 전쟁, 인터넷의 마녀 사냥식 신상 털기에 이르기까지 우리는 타인들의 고통을 보면서 즐거워하는 나쁜 습성이 있다. 다르다는 단 하나의 이유만으로도 종족 전체를 없애버리는 이런 파괴적 불관용을 우리는 이제 더 이상 방치해서는 안 된다. 하지만 식인을 하겠다는 것을 관용해서도 절대 안 된다.

04

칸트의 실천철학

　서구 철학에서 윤리학은 아리스토텔레스의 행복윤리학(목적론적 윤리)과 칸트를 중심으로 하는 의무론적 윤리학(당위의 윤리)으로 전개되어 왔다. 이 둘을 대립으로 볼 것인가 아니면 서로 상보적인 것으로 볼 것인가에 따라 철학사에서 이 둘이 거론되는 방식 역시 다양하게 평가되고 있다. 오늘날 불붙고 있는 덕의 윤리의 부활은 명백히 칸트적인 의무윤리학에 대한 대안으로 제시되고 있다. 그러나 롤즈를 중심으로 하는 정의론은 비록 롤즈가 칸트와의 거리를 두고 있다고 하더라도 역시 칸트와 공유하는 측면을 부인하기는 어렵다. 하버마스의 의사소통 윤리학 역시 칸트 윤리학의 현대적 변형이다. 서구 윤리학의 기나긴 위상에서 행복과 의무, 덕과 정의의 문제는 항상 팽팽한 긴장을 유지하며 자라나왔다. 그리고 이런 긴장이 아직도 해소되지 않고 남아 있는 한 우리는 이런 긴장으로부터 두 입장의 팽팽한 탄력성을 검증하도록 요구받고 있다. 문제는 그렇기 때문에 상호 이해에 있지 어느 하나로의 환원이나 타자의 해체가 아니다.

　행복을 통해 의무를 검증하고 의무를 통해 행복을 검증하는 것은 매우 중요하다. 우리는 우리 삶을 형성하는 선과 정의 모두를 실현하며 살지 않으면 안 된다. 공공선에 대한 인간의 열려 있는 개방성과 정의에 입각한 공정함과 보편성의 실현 역시 삶을 형성하는 가장 중요한 골격들이다. 따라서 이 둘은 비록 그 강조점과 차이는 있다고 하더라도 항상 상보적인 관계에서 고찰되어야 한다.

1. 선의지

칸트의 윤리학은 자율성의 윤리학으로 특징지워진다. 스스로 자기에게 법을 주고 자기가 준 법칙에 자기가 종속하는 것이 바로 자율성의 의미다. 칸트는 도덕법칙의 근원이 감성이 아니라 이성에 있다고 한다. 칸트는 이성과 감성의 결합에 의해 특징지워진 인간학적 바탕 위에서 윤리의 근거를 모색하지는 않는다. 칸트는 도덕법칙의 근원은 이성에 있고 이성은 바로 자율성을 통해 스스로를 도덕법칙의 중심이 된다.

칸트의 도덕철학을 이해하기 위해서 우리는 칸트가 의지를 어떻게 규정하고 있는가를 먼저 분석해 보아야만 한다. 의지는 그 본래의 지향성 때문에 항상 무엇에 대한 의지로 전개된다. 갈증이 나는 자는 물을 마시고 싶어 한다. 의지는 항상 추구하는 것으로 되어 있다. 의지분석은 도덕철학을 이해하는 근본 세포에 해당한다. 의지는 의지되는 대상에 대해 의지하는 자가 일정한 의도를 보인다. 의지하는 자는 의지되는 대상을 자기의 욕구의 관점에서 지향하고 추구한다. 이것이 우리가 흔히 의지에 대해 알고 있는 것이다.

그러나 칸트는 선의지(der gute Wille)라는 것을 통해서 기존의 방식과는 다른 무엇을 강조하고 있다. 의지는 추구되어지는 대상을 지닌다는 점에서 항상 지향적 구조로 되어 있다. 그러나 칸트는 선의지를 통해서 의지를 지향적 구조로부터 이해시키는 것을 판단 정지시키고 의지의 법칙에 대한 일치를 문제 삼는다. 춘향이를 사랑한다든지 축구선수가 되고 싶다는 의지가 칸트가 분석의 대상으로 삼는 의지는 아니다. 칸트는 이런 것을 도덕 심리학의 대상으로 넘겨준다. 그가 말하고자 하는 것은 의지의 추구대상에 대한 분석이 아니라 의지로 하여금 법칙에 일치시키는 것이 문제가 된다.

칸트의 의지는 구조상 추구하는 의지가 아니라 일치하는 의지다. 의지가 법칙에게 일치하기 위해서 법칙의 순수성 요구에 부합하지 않는 것을 칸트는 제거하고자 한다. 그렇기 때문에 칸트에게서 도덕법칙은 추구의 대상이 아니라 의무의 근거가 된다. 사실 이 점에서 칸트의 윤리학에 내재하는 의지분석은 기타의 윤리학으로부터 구별된다. 우리는 이 구별에 대해 더 자세히 설명할 필요가 있다.

의지는 도덕법칙을 추구대상으로 삼는 것이 아니다. 만약 도덕법칙의 의지의 추구대상이 되면 도덕법칙은 하나의 대상이 된다. 그러나 칸트에게서 도덕법칙은 내가 물을 의욕하는 것과 같이 그런 의지의 욕구대상이 아니다. 도덕법칙은 의지의 추구대상이 아니라 의지의 규정근거다. 그렇기 때문에 칸트는 도덕법칙의 추구에 있어서 의지로 하여금 의지를 정화할 것을 요구한다. 의지는 의지로 하여금 도덕법칙에 일치하지 않는 일체의 욕구를 단념하도록 강제된다. 의지는 오로지 도덕법칙에 일치하기 위해 의지로 하여금 자기의 지향적 구조를 단념하도록 정화된다. 의지가 의지를 정화한다는 것은 의지가 오직 도덕법칙에 일치하기 위해서만 그렇다. 의지는 자기정화를 하고 난 다음에 오직 법칙에 일치하게끔 요구된다. 의지는 강제를 외적으로 동반하지 않으면서 자발적으로 그리고 내적으로 법칙에 일치하게끔 요구된다.

> "이 세계 안에서나 이 세계 밖에서 무제약적으로 여겨질 수 있다고 생각되는 것은 단지 선의지 이외에는 달리 생각할 수가 없다."(GMS 393)

칸트는 무제약적으로라는 표현을 통해서 두 가지를 의도하고 있다. 첫째는 무제약적이라는 것은 절대적이라는 것을 말한다. 둘째 무제약적이라는 것은 단순하다는 것을 말한다. 절대적이라는 것은 여기서 상대적이라는 것에 대립되는 것이 아니라 무조건적으로 의지가 추구하는 것을 말한다. 말할 것도 없이 의지의 무제약적 추구대상은 도덕법칙의 순수성이다. 의지가 자기를 정화한다는 것은 의지가 아무 조건 없이 법칙의 순수성에 자기를 일치하는 것을 말한다. 그런 한에서만 의지는 의지의 규정근거가 되는 도덕법칙을 복합적이 아니라 단순한 것으로 만들 수가 있다.

용기는 경우에 따라 미덕이 될 수 있지만 또 다른 경우에는 미덕이 되지 않을 수도 있다. 이것은 칸트에 따르면 일의적이 아니라 항상 양가적이다. 그리고 양가적이라는 것은 경우에 따라 달리 평가되기 때문에 그렇다. 칸트가 선의지를 통해 의지의 단순성을 요구하는 것은 이런 양가적인 것을 배제하는 것을 노린다. 의지의 추구대상인 도덕법칙은 경우에 따라서는 이렇게 그리고 경우에 따라서는 저렇게 평가되어질 수 없다. 칸트는 그렇기 때문에 단순성을 통해 이런 도덕법칙의 일치를 무조건적인 것으로 만들 것을 요구할 수 있었다.

2. 도덕성과 합법성의 차이

칸트는 도덕성을 "의무로부터 비롯되는 행위"(Handlung aus Pflicht, action from duty)로 규정한다. 이에 반해 합법성은 "의무에 적합한 행동"(pflichtmäßig, action in accordamce with)이다. 칸트는 도덕성이 모든 행위자를 보편 타당하게 구속할 수 있어야 한다고 보았다. 따라서 제한된 타당성만 지니는 합법성과 구별한다.

아이히만은 명령에 복종한 것을 정당한 행위라고 주장한다. 합법적 행위는 정당한 행위와 다르다. 그는 명령의 옳고 그름에 대한 변별력보다는 명령에 대한 무조건적 충성을 정당한 것으로 여긴다. 명령에 대한 불복종은 처벌의 대상이 된다. 명령에 대한 맹목적인 충성은 합법적이기는 하지만 정당한 것이 아닐 수 있다. 정당성은 행위의 근거에 대한 요구를 말한다. 합법성은 행위가 따라야 하는 규범에 대한 복종을 말한다. 하지만 규범 자체가 옳다는 보장이 없기에 합법적 행위는 반드시 정당한 행위라고 보기가 힘들다. 이것이 바로 합법성의 딜레마다. 영혼이 없는 공무원과 영혼이 있는 공무원을 구별하는 것은 명령에 대한 도덕적 심사 숙고 능력이 있는가 없는가에 달려 있다.

정당하다는 것은 행위가 보편적 구속력을 충족했을 때를 가리킨다. 반면에 합법적이라는 것은 행위가 주어진 명령을 충실하게 이행한 것을 말한다. 목적은 타당할 수도 있고 부당할 수도 있다. 명령에 대한 맹목적 수행이 도덕적 비난을 피해갈 수 없는 이유가 여기에 있다. 관료 조직 안에서 개인들은 주어진 역할과 기능들을 수행하면 그만이다. 규범에 따른 행위는 그 행위가 주어진 목적에 대한 도덕적 성찰을 의무로 만들지는 않는다. 목적에 적응해가는 행위는 행위의 수행이 목적의 옳고 그름에 대한 반성을 요구하는 것이 아니다.

유대인을 절멸하려는 나치의 명령에 대해 아이히만은 충실하게 맡은 바 임무를 다했을 뿐이다. 그의 직업적 충실함에는 하자가 없다. 하지만 그의 행동이 도덕적 비난으로부터 자유로울 수는 없다. 왜냐하면 그는 목적 자체의 올바름에 대한 도덕적 정당화를 무시하고 행동했기 때문이다.

아이히만이 행위할 때 이스라엘이라는 국가 자체가 존재하지 않았다. 이스라엘은 아르헨티나에서 아이히만을 체포했고 비밀리에 그를 이스라엘로 이송했다. 이스라엘은 명백히 국제법을 위반했다. 아이히만의 행위를 처벌하기 위해 법 규정을 새로 만든다는 것은 분명히 잘못이다. 반인륜적 범죄라는 포괄적 규정은 매우 모호한 규정이다. 국제법상 아르헨티나에게 불법을 저질렀고 법 해석상 사후 규정을 통해서 먼저 일어난 행위를 단죄한 것은 분명히 잘못이다. 법 절차에서 이스라엘이 위법을 저지른 것은 명백하다. 아이히만 재판은 반인륜적 행위에 대한 단죄라는 명분 아래 이스라엘의 실정법적 위반을 감추고 있다. 나는 아이히만을 옹호하기 위해 이런 주장을 하는 것이 아니다. 아이히만을 포함해서 나치 전범자들에 대한 처벌 모두가 법 절차상 하자가 있는 것은 두말하면 잔소리다.

법이 권력과 재력에 의해 정치적으로 판결이 내려지는 것은 역사에서 수 없이 많이 확인되고 있다. 정의에 기초하고 정의를 집행하는 법이 정의를 어기고 파괴하는 현상이 비일비재하게 발생한다. 법의 전도(The perversity of law)는 법의 자기 파괴다. 법은 이미 형성된 조항을 갖고서 행위를 포섭하면서 규정한다. 그리고 그 규정에 입각해서 판결을 내린다. 따라서 법이 행위의 궁극 근거에 대해 정당한 집행을 실행한다는 어떤 보장도 없다. 권력과 재력의 시녀가 된 법은 처벌이라는 강제성을 통해서 무시무시한 공포와 두려움을 드러낸다. 아프리카 밀림의 사자보다도 법의 제도적 폭력이 더 무시무시하고 공포를 불러 일으킨다.

특정 행위를 처벌하기 위해 특별법을 만드는 것은 먼저 발생한 사건에 대해 사후에 처벌하는 절차적 하자를 지니고 있다. 하지만 반인륜적 규정을 통해 아이히만을 처벌하지 못하면 이번에는 정의가 무기력해진다. 법은 절차적 규정에 따른 실증적 처벌만을 고집한다. 이럴 경우 아이히만과 나치 전범자들을 처벌할 수 있는 근거는 없다. 악의 명백한 승리다. 특별법을 통해 사후 규정을 토대로 행위자를 처벌하면 이것은 법실증주의의 원칙에 위배된다. 뉘른베르크 재판은 인류 역사상 처음으로 이런 딜레마를 우리들에게 아주 인상 깊게 확인시켰다.

도덕에는 실천적 지혜가 요구된다. 하지만 법에는 실증적 처벌과 집행만이 문제다. 법의 근거가 정의에 기초하기 때문에 법은 정의를 집행하기 위해 처벌한다. 하지만 처벌이 정의의 집행이 아니라 실정적 규정에 따라 이루어질 때가 있기 때문에 법의 처벌이 항상 공정한 것만은 아니다. 유권자에서는 앞섰지만 주의 지지에서는 밀렸기 때문에 대통령에 당선되지 못한 미국의 사례가 아주 좋은 예다. 법규정에 대한 철저한 준수가 정의를 어긋날 때가 있기 때문에 우리는 이 둘이 충돌할 때 법 규정에 의한 집행이 승리하는 것을 역사에서 심심치 않게 목격한다. 법을 어기고 잘못을 저질렀는데도 불구하고 변호를 잘 해서 처벌을 면죄 받는 것은 비단 미국 기업에게만 발생하는 것이 아니다.

법은 모두가 모두를 구속함으로써 모두가 모두를 강제하고 처벌하는 것에 기초한다. 법의 기초는 정의다. 하지만 현실에서의 법 집행은 권력과 재력의 요구에 굴복할 때가 많다. 법 앞에서의 평등은 이상적인 담론 상황의 요구일 뿐 현실은 아니다. 갈등과 대립이 해결되거나 해소된다는 어떤 보장도 없다. 법치국가에서도 부당한 판결이 얼마든지 일어나고 있다. 독재국가에서도 가끔은 현명한 처벌이 집행되고는 한다. 합법성의 싸늘한 집행인가? 아니면 정당성을 통한 합법성의 지양이 가능한가? 바로 이것이 현실을 판가름하는 중요한 척도이다.

사회 계약론은 개인들의 합의에 기초한 사회 질서를 옹호한다. 모든 개인들이 모여서 모두가 모두를 구속할 수 있는 법 규정을 만들어야 한다고 이들은 요구한다. 하지만 이상은 현실이 아니다. 현실 정치에서 법은 대표자를 통해서 만들어 진다. 사회계약은 사회 질서의 성립에 대한 반사실적(=이상적) 가정에 기초한다. 모든 개인이 동등한 권리를 지녔다는 가정 역시 당위적 요구일 뿐 현실은 아니다. 사회 계약론은 합의 당사자가 누구인지에 대해 구체적으로 제시하지 못하고 있다. 사회 계약은 권력이 피지배자의 자발적인 동의에 기초해서만 성립한다는 일반적인 원론만 제시할 뿐이다.

국가가 합의를 지킬 경우에 한해서만 계약 당사자들은 국가의 법을 지킬 의무가 있다. 반대로 국가가 합의를 남용하거나 악용할 때

계약 당사자들은 국가에 저항할 권리가 있다. 국가의 법은 계약의 결과로서 탄생한다. 그렇기에 국가의 법은 계약 당사자들의 요구를 무제약적으로 따르지 않으면 안 된다. 역사 이전의 추상적 개인을 전제로 하는 사회 계약론의 설명 방식은 명백히 한계가 있다. 이것은 법 성립을 계약 당사자들을 모두 만족시켜야 한다는 요구를 이상적 가설을 통해 설명할 뿐이다. 사회 계약론은 법 성립의 당위적 근거를 설명할 뿐이다. 어떤 국가도 사회 계약론에 따라 성립된 적은 아직 없었다. 가장 늦게 태어난 미국조차도 연방주의자들과 자치주의자들이 서로 실용적 타협을 통해 합의라는 데 도달했을 뿐이다.

법의 규범적 요구에 대한 근거 제시는 법의 정당성에 대한 요구에서 비롯된다. 법이 없는 사회는 있을 수 없다. 그 역도 마찬가지다. 하지만 모든 사회가 법의 정당한 규범적 요구를 충족하고 있는 것은 아니다. 모든 개인들이 정치적 합의에서 동등한 권리를 지닌다는 것은 이상적 가설이지 현실은 아니다.

3. 칸트 도덕 철학의 보편화 요구들

칸트의 도덕철학은 보편화 요구, 자연법칙의 정식, 자율성, 인격의 무제약적 타당성으로 압축된다.

보편화

"너의 준칙들에 따라 행위하라. 너는 그 준칙을 통해서 동시에 이것이 보편법칙이 될 수 있도록 의지할 수 있어야 한다."

(handle nur nach derjenigen Maxime, durch die du zugleich wollen kannst, daß sie ein allgemeines Gesetz werde.

act only in accordance with that maxim through which you can at the same time will that it become a universal law.)

자연법칙의 일반화요구

"네 행위의 준칙들이 너의 의지를 통해서 마치 일반적인 자연법칙이 될 수 있도록 그렇게 행위하라."

(handle so, als ob die Maxime deiner Handlung durch deinen Willen zum allgemeinen Naturgesetz werden sollte.

act as if the maxim of your action were to become by your will a universal law of nature.)

인격의 정언명법

"너는 너의 인간성을 너의 인격에서나 타인들의 인격에 있어서 항상 목적으로 사용하고 결코 수단으로 잘못 사용하지 않도록 그렇게 행위 해야 한다."

(Handle so, daß du die Menschheit, sowohl in deiner Person als in der Person eines jeden anderen, jederzeit zugleich als Zweck, niemals bloß als Mittel brauchst.

So act that you use humanity, whether in your own person or in the person of any other, always at the same time as an end, never merely as a means.)

자율성 요구

"모든 나의 행위들은 순수의지의 자율성 원칙들에 완전히 일치할 수 있도록 해야만 한다."

(würden also alle meine Handlungen dem Prinzip der Autonomie des reinen Willens vollkommen gemäß sein.

All my actions as only a member of the world of understanding would therefore conform perfectly with the principle of autonomy of the pure will.)

칸트는 단지 제한된 타당성을 행위의 사적인 원칙(Maxim)과 그 행위가 모두에게 타당할 수 있도록 요구하는 것(the universalization of maxim)을 구별한다, 단지 이 후자만이 도덕성의 자격을 얻는다. 칸트는 우리가 어떤 행동을 하든지 간에 그 행위가 모두에게 타당할 수 있도록 그렇게 보편적으로 행위할 것을 요구한다.

법칙(Gesetz)이란 모두에게 보편 타당하게 구속력을 얻을 수 있는 것을 말한다. 모든 도덕 법칙은 자연이나 역사로부터 주어지는 것이 아니라 우리가 우리의 의지를 모두에게 구속력이 있는 방식으로 행위할 때만 가능하게 된다. 그래서 칸트는 각자의 의지 규정과 사용이 보편 법칙이 될 수 있도록 그렇게 행위하라고 요구한다. 자율과 법칙은 이 점에서 통일된다. 우리는 우리 자신들이 준 도덕법칙에만 복종할 뿐이다. 자유는 자율로서 법칙에 대한 자발적 일치로 전개된다.

4. 인간 인격의 철학적 기초

인간은 유한하고 무한하다. 인간은 순간이고 영원이다. 인간은 육체이며 정신이다. 인간은 개별이고 보편이다. 인간은 선과 악 모두에 열려 있다. 인간은 자기 삶의 주인이 될 수도 있으며 노예로 전락할 수도 있다. 우리는 세계 안에 있지만 동시에 세계를 초월한 가치들에 의해 규정되기도 한다. 인격은 인간이 정신적 존재로서 신을 가장 닮은 모습이기도 하다. 그렇기에 우리는 우리 각자가 되어야 할 자신의 삶에 대해 절대적인 책임을 지고 살아야 한다. 인간은 긴장을 의식하고 있어야 하며 그런 한에서 자기 삶의 진정한 주인이 되도록 해야 한다. 우리가 정념들의 포로가 되지 말아야 하는 진정한 이유는 우리가 이것들을 극복함으로써 자기 삶의 진정한 주인이 되어야 하기 때문이다. 인간은 인간을 사물로 처리해서는 안 되고 인간의 인간성을 항상 인격의 무제약적 가치들에 따라 대우하면서 행위해야 한다.

(1) 인간은 인격으로서 자기를 창조하며 자기를 실현한다.

인간의 인격성은 인간이 자기창조, 자기실현을 통해 자신에게 실존적 의미를 궁극적으로 부여한다. 인간은 본성상 의미를 추구하는 자이며 그의 삶은 의미가 없을 때 허무하다. 인간은 자기에게 의미를 부여함으로써 동시에 자기 삶을 책임진다. 인간의 자기창조는 자신과 자신이 사는 세계에다가 의미를 창조하고 그것을 소유하며 사는 것을 말한다.

(2) 인간의 자기창조는 인간 본질을 바탕으로 한다.

인간이 본질을 지녔다는 것은 인간이 그것을 따라야만 한다는 것을 말한다. 인간의 본질을 인간이 무엇이라는 규정을 뜻하면서 동시에 인간은 무엇이 되어야만 하는가를 지시한다. 인격으로서의 인간의 자기창조는 인간성이라는 한계 안에서 이루어지며 그 본질의 내용을 현실화함으로써만 인간은 자기충족을 누릴 수가 있다. 인간은 자기본질의 내적 경향성을 따르지 않을 때 인간은 자기를 상실할 수 있다.

(3) 인간은 본성상 행복을 추구하는 자다.

인간은 자신의 본질을 실현함으로써 자기충족으로서의 행복을 추구해야 한다. 행복은 자신에게 속하는 궁극적인 것을 현실화하는 것을 말한다. 추구하는 삶이 완성되었다(the fulfilled life=the accomplished life)는 것이 행복의 의미다.

토마스 아퀴나스에 따르면 인간 영혼의 궁극적 목적은 선 그 자체와의 만남에 있다고 한다. 영적 영혼의 운명은 절대자와의 만남 이외에 다른 것이 아니다. 참일반과 선일반에 개방되어 있는 영적 영혼을 본질로 하는 인간은 절대 참과 절대 선을 만나지 않고서는 자기충족될 수가 없다. "인간 본질에 깊이 각인된 행복추구는 절대로 허위가 아니다."

(4) 인간은 합리성을 추구한다.

인간은 이성적 동물이다. 이성은 언어라는 보편성과 보편적인 인간의 지적 능력에 따라 존재하는 것 전부를 자기 앎의 대상으로 삼는다. 인간은 영적 이해기능과 욕구능력을 지니고 있으며 진리일반을 이해하고 선일반을 추구한다. 또한 그는 절대적 진리와 절대적 선을 갈망한다.

이성적 존재인 인간은 자신의 삶에 있어서 합리성을 추구한다. 그런 한에서만 인간은 도덕적이다. 스토아의 주장처럼 인간은 인간의 본성에 따라 살아야만 한다. 우리 행위의 본성은 우리를 전체로 안내하기 때문에 하나의 나침반이 된다. 우리는 선은 행하고 악은 피하라는 자연법의 제일원리에 따라 살아야만 한다. 우리의 의지는 때로 이성의 명령에 거역하는 악에의 성향을 지니고 있다. 하지만 이성의 올바른 명령에 의해 충동을 제어하고 충동을 이성의 올바른 명령에 일치시키는 훈련이 필요하다. 양심은 이런 훈련을 말한다.

행복은 인간이 완성하려는 궁극목적이다. 따라서 진정한 삶은 행복의 실현을 추구하고 완성하는 데서 그 의미가 충족된다. 도덕성은 행복을 이루기 위한 조건이다. 도덕성은 그 자체가 자기목적이 아니다. 도덕성은 다만 인간의 자기실현과 자기충족에 기초하여 그것과의 연관 하에서만 충분한 의미를 지닌다.

(5) 인간은 사회와 국가 그리고 세계를 초월하는 사회적·정치적 세계 내의 존재다.

인격은 모든 가치의 척도다. 인격은 모든 것을 재는 척도이기 때문에 모든 가치의 절대 기준이다. 인간의 인격성은 인간이 기능과 수단이 아니라 그 자체가 절대목적이라는 것을 말한다. 인간은 사물에 귀속되는 측면을 넘어서 있다. 인간은 사물과 같이 도구적으로 취급될 수 없다. 가치(value)는 상대적인 의미에서의 값을 말한다. 인간의 인격성은 값을 넘어서(beyond value=invaluable) 그 자체가 절대적이다.

인간의 인격성의 절대적 의미는 인간이 고유하고, 자기 목적적이며, 세계 안에 있으면서도 세계를 초월한 가치를 통해 유지되고, 대체불가능하고, 재생산불가능하고, 교환 불가능한 한에서 절대적이다. 인간을 항상 목적 그 자체로 대우하고 절대로 수단으로 대우하지 말라고 칸트는 주장한다.

(6) 인간은 존재론적으로 볼 때 역설적 존재이며 신비스러운 존재다. 인간은 유한-무한, 완전-불완전, 절대-상대, 필연-우연, 불변-변화, 영원-시간, 보편-개별, 일-다 사이에 걸쳐 있는 역설적 존재다. 인간의 영적 본질로 인한 세계에 대한 개방성 그리고 인격으로서의 자기 창조는 우리에게 인간이 무엇이며 누구인가?라는 물음에 대해 항상 새로운 답을 요구한다. 신비란 우리가 전혀 이해하지 못하는 어두운 것이 아니라 우리가 항상 충분히 이해할 수 없는 것을 말한다. 인간은 항상 자기 자신에게 커다란 신비로 남는다. 인간 실존의 근본 역설은 자기가 자기 근거를 마감하면 마감할수록 인간은 자기 근거를 마감할 수 없다는 한계를 경험하게 된다. 이 한계는 논리적 한계가 아니라 실존적 한계다.

(7) 인간은 자기가 자기에게 자기를 선물한다. 인간은 자기가 자기를 기만할 수 있다. 하지만 이런 자기 기만은 자기 불성실을 의미하고 그것은 결국 자기 파멸로 이어진다. 성실을 생활화함으로써 기만을 추방하는 것이 필요하다. 인간의 자기구원은 인간이 자기에게 속한 인간적 가능성을 현실화할 때만이 충족된다. 인간은 존재하는 것이 아니라(is) 자기를 존재하게 해야만 한다(to be himself). 인간은 언제나 자기 자신이 된 것(to be himself)과 자신이 되지 못한 것(Not to be himself) 사이에서 측정된다. 내 자신이 되었다는 것은 내가 나 자신을 가장 의미 있는 현실성으로 완성했다는 것을 말한다. 인간은 자신에게 속한 모든 가능성을 현실화함으로써 결핍으로부터 규정되는 자기 존재의 빈곤함을 의미 있는 현실로 충족해 간다. 나와 타인, 나와 세계, 나와 자연, 나와 공동체, 나와 역

사 사이에서 인간은 일치를 현실적인 것으로 이루며 자기충족된 존재로 살고자 한다. 바로 이런 일치나 바람을 현실적으로 완성하는 것이 중요하다. 그러므로 나는 결국 나에게 나 자신을 선물하는 것이 된다.

현대 철학과 유비신학은 인간이 신과 가까우면 가까울수록 인간은 신과 그만큼 멀다는 역설을 강조한다. 유비란 동일과 비동일의 동일화이다. 아우구스티누스는 "나는 당신과 다른 것이 너무 쓰리고 아프다"라고 말한다. 그래서 그는 "당신이 나를 당신의 형상대로 만들었으니까 내가 당신의 품 안에 갈 때까지 지상에서의 나의 영혼은 결코 편히 쉴 수가 없다"고 고백한다.

01 계몽과 해방

02 논증(論證, Argumentation)

03 미의 기준

04 숭고

05 역사에 있어서 인과

01

계몽과 해방

1. 학습된 무지(De docta ignorantia)

쿠자누스의 주요작품으로서 『학습된 무지De docta ignorantia』가 거론되는 것은 아무 이견이 없다. 이 작품의 가장 핵심적인 문제를 이해하고 오해를 가능한 한 사전에 피하고자 한다면 우리는 쿠자누스가 무지의 지를 통해 무엇을 강조하려고 하는가를 먼저 살펴볼 필요가 있다.

2. 대화를 통한 해방

역사적으로 보면 소크라테스는 무지의 지(The knowing of the Un-known)를 자신의 산파술로서 제시한다. 알지 못한다는 것을 앎으로 인해서 무지 자체에 더 이상 집착하지 않는다는 것은 그만큼 무지로부터 해방된다는 것을 말한다. 전제 자체를 지양함에 의해 전제 자체에 사로잡히지 않고 전제 자체를 넘어선다는 의미에서 무지는 이미 해방이 된다.

전제 자체를 의식적으로 반성함에 의해 전제 자체를 검증하는 것이 요구된다. 전제의 자기검증을 통해서 전제 자체를 진리의 검증 밑에 종속하는 것이 요구된다. 전제는 진리요구의 검증 아래서만 참과 거짓의 기로에 선다. 소피스트들은 전제 자체를 통해서 다른 사람들에게 자신들의 전제를 설득하려고 한다. 이런 설득은 그러나 난관에 부딪힌다. 이런 난파로부터 전제 자체에 대한 수정과 재검토가 요구된다.

소피스트들은 전제 자체를 의식적으로 검증하지 않기에 전제 자체의 오류가능성에 대해서 맹목이다. 그 결과 그들은 전제 자체의 자기적용과 자기검증을 통해 전제 자체를 진리로 만드는 의식적인 노력을 기피한다. 이런 반성의 철저하지 못함에 의해 지탱되는 전제의 자기유지는 유지될 수 없다는 한계에 부딪힌다. 소크라테스가 의식적으로 전제 자체를 반성함에 의해 전제 자체를 항상 진리요구 앞에 개방시키는 것과는 다르게 소피스트들은 전제 자체에 대한 철저한 검증을 하지 않는다.

소크라테스가 상대적으로 우위에 있는 것은 그가 지식을 소유해서가 아니라 진리에 대한 그의 의식적인 검증과 개방성에 있다. 진리에 대한 인간의 철저한 개방 때문에 전제를 설득이 아니라 진리의 관점에서 상대화할 수 있다는 자세를 소크라테스는 철학의 방법으로 견지했다. 산파술은 바로 대화를 통해서 전제 자체를 진리의 관점에서 정당화하는 방식을 말한다. 산파가 도와주려는 것은 바로 전제를 검증되지 않은 가설로부터 해방해서 이것을 진리적인 차원에서 완성하는 것을 말한다.

모른다는 것을 앎에 의해 모른다는 것에 더 이상 매달리지 않는 것은 그 만큼 우리가 전제의 맹목성으로부터 해방되었다는 것을 말한다. 그렇기 때문에 전제 자체에 대한 의식적인 반성은 전제 자체로부터 자기해방을 원하는 한에서 이미 자기구원적이다. 개방성의 모험에 그리고 의견을 정당화의 문맥을 거쳐서 진리의 관점에서 평가하려는 열린 마음 때문에 소크라테스는 진리를 소유하지 않으면서도 유연하게 소피스트들의 기본전제를 흔들어놓는데 성공할 수 있었다.

대화란 자기 안에서 아는 자와 모르는 자가 계속해서 토론을 하는 것을 말한다. 자기 안에서 자기를 자기에게 대립시키는 철저한 검증만이 대화가 독백을 넘어서 개방성의 열린 공간 안에 편입되는 것을 가능하게 한다. 소크라테스는 대화를 이런 점에서 해방과정으로 본다. 자기를 자기에게 대화시킴에 의해 자기를 자기로부터 계속해서 검증해가는 과정이 바로 진정한 의미에서 대화의 기본의미다. 대화를 통해 전제는 검증 안 된 의견의 상태를 벗어날 수가 있다. 대화는 바로 자신이 당연한 것으로 전제하고 있는 것을 진리의 차원에서 검증하는 것을 말한다. 따라서 대화에서 여전히 기준이 되는 것은 진리이지 전제 자체가 아니다. 전제 자체는 진리의 검증과정에 철저하게 종속된다. 소크라테스는 진리에 대한 개방된 자세 때문에 자신이 당연한 것으로 알고 있는 것을 진리에 입각해서 검증을 의식적으로 수행한다. 진리는 이 점에서 독사와 함께 그러나 독사에 거역해서 진행된다. 독사에 사로잡혀 있는 한 진리검증은 단지 설득의 차원으로 곡해되거나 진리가 설득과 대체되는 전도가 벌어질 수 있다. 진리는 이런 주관화의 거짓 위험에 저항한다. 따라서 진리가 보존되려면 진리는 설득을 넘어서 사태 자체의 그러함에 스스로를 보여주어야만 한다. 소크라테스는 진리에 대한 소유자로서가 아니라 진리에 대한 개방된 마음의 자세로서 진리에 다가가고자 한다. 이런 다가감의 기본 전제는 바로 자신이 당연하다고 여기는 문제를 의식적으로 반성함에 의해 자신의 의견을 철저하게 진리적 검증의 요구에 일치키는 데 있다. 소크라테스는 바로 진리에 대한 개방적 태도 때문에 이미 소피스트들을 능가한다.

3. 대화의 본성으로서의 변증법

쿠자누스는 무지의 지를 통해 대화의 변증법적 구조를 체계화한다. 전제 자체를 지양함에 의해 전제 자체를 진리적 차원으로 개방시키는 것이 근본적으로 변증법이 대화구조를 지니는 이유다. 쿠자누스는 이미 헤겔을 앞질러서 변증법의 대화구조를 이론적으로 체계화한다. 전제 자체에 대한 의식적인 자기검증, 자기검증을 통해 전제 자체를 참과 거짓의 관점에서 평가, 평가를 통해서 전제의 오류성을 제거, 전제 자체의 오류를 제거함에 의해 전제 자체에 대해 더 이상 집착하지 않는 것, 바로 그렇게 함으로써 전제 자체를 높이는 것은 헤겔이 변증법에서 체계화한 것의 근본 골격을 형성한다.

헤겔은 전제 자체를 지양함에 의해 전제 자체를 사태와의 개방성 앞에 종속시키는 운동을 변증법의 자기해방과정으로 보여준다. 헤겔에게서 대화는 본질적으로 자기완성을 향한 도야와 연결된다. 폐지하고 보존하고 더 높은 차원으로 완성시키는 과정은 항상 같이 진행된다. 폐지란 전제의 자기적용과 검증을 통해서 전제를 진리적인 관점에서 비판하는 것을 말한다. 이런 검증의 과정에서 전제는 진리적인 요구를 충족하면 보존되고 그렇지 못하면 폐기된다. 보존한다는 것은 전제 자체의 비진리 내지 오류를 보존한다는 것이 아니라 전제 자체의 가상의 성격을 폭로함에 의해 그것의 타당하지 못함을 명백하게 보여준다는 것을 말한다. 보존은 그렇기 때문에 부정된 전제를 더 이상 고수함지 않음에 의해 전제 자체를 의식적으로 넘어선다는 것을 말한다. 완성한다는 것은 전제 자체를 해체함에 의해 전제 자체를 진리적인 차원으로 개방하는 것을 말한다. 바로 그렇게 함으로써 우리는 전제와 함께 그러나 전제에 거역해서 전제를 더 높은 진리적 차원으로 완성할 수가 있다.

전제의 자기적용, 자기적용을 통한 전제의 자기검증, 검증을 통해 전제 자체를 진리와 비진리로 나누는 것, 이런 분리하는 나눔을 통해 전제 자체를 폐기하고 높이는 것이 가능하게 된다. 헤겔은 이런 분리 행위를 내적인 과정으로 본다. 그렇기 때문에 전제 자체를 전제 자체로부터 지양하는 더 고차적인 대화과정이 발생한다. 대화는 헤겔에 따르면 진리에 일치하기 위해서 의식적으로 사태의 그러함에 자기를 개방하는 것을 말한다. 말할 것도 없이 전제 자체가 사태의 그러함에 따라감에 의해 전제 자체는 자기를 상대화할 수가 있다. 이런 상대화는 사태 자체의 진행을 위해 자기를 단념하고 자기를 희생할 줄 아는 것을 말한다. 자기를 더 확장시키기 위해 자기를 자기로부터 분리해내는 것이 바로 대화의 해방모델이다. 헤겔은 사고의 본성을 변증법으로 규정함에 의해 이것을 방법적으로 체계화하고 있다. 그리고 대화모델은 바로 대화의 도야 과정으로서 사태와의 참된 일치를 보이고 있다. 대화는 자기 안에서 아는 자와 모르는 자가 계속해서 진행되는 것을 말한다. 이런 진행의 과정 안에서 자기를 자기에게 한계를 설정하고 한계를 내적으로 설정함에 의해 한계를 내적으로 넘어서 간다. 도야란 이 과정을 계속해서 따라간다는 것을 말한다. 진리는 이미 말한 것처럼 이런 점에서 주관화의 위험에 저항하게 된다. 진리를 위해서 자신이 믿고 있는 전제를 의식적으로 검증하며 높이는 것이 바로 자기가 자기를 거짓의 지배로부터 구해내는 방식이 된다. 대화의 해방 모델은 결국에는 자기를 자기가 해방하는 과정으로 진행된다. 따라서 한계와 한계를 넘어서가는 대화의 진행이 바로 대화의 자기구제가 된다.

02

논증(論證, Argumentation)

1. 논증의 맥락

논증(argument)은 논리학에서는 추론의 타당성을 검증하는 것을 말한다. 논증은 또한 수사학에서는 제기된 주장에 대한 권리 싸움을 뜻하기도 한다. 논증이 지니고 있는 다의적 의미들 때문에 우리는 혼란스러울 수 있다. 하지만 이 문맥에서는 논증을 수사학적 설득으로 그 의미를 확정해서 사용할 것이다.

수학은 필연성에 대한 증명(證明)이다. 과학은 가설을 검증(檢證)한다. 논리는 추론의 타당성과 부당성을 검토한다. 역사는 사실의 엄밀성에 대한 실증적 고증을 전제로 한다. 생물학은 생명현상에 대한 기술적 탐구다. 대상에 대해 알고자 한다면 우리는 대상이 무엇인지를 먼저 알아야만 한다. 학문은 대상에 따라 대상에 적합한 방식으로 그 해당 학문에 고유한 증명방식을 지니고 있다. 그렇다면 철학은 자신에 고유한 증명을 어떻게 정당화할 수 있을까?

연역(演繹)은 제일원리로부터 근거지워질 것을 이끌어 내는 것을 말한다. 논증은 분명히 상대방이 타당성 요구를 제시할 때 자신의 전제에 대해서 타인의 공격으로부터 자신의 전제를 방어하는 것을 목적으로 한다. 그렇기 때문에 논증은 항상 타인과의 대화를 전제로 하면서 타인이 제기한 타당성 요구에 대해 만족할만한 근거를 제시하지 않으면 안 된다. 논증의 맥락 안에서는 항상 논증이 상대방과 대화한다는 전제 아래 자신의 전제를 타당한 것으로 상대방을 납득하게 하는 것을 목적으로 하고 있다. 대화의 성공은 바로 타당성 요구에 대해서 자신의 전제를 타당한 것으로 정당화하는 데서 달성된다.

대화란 두 사람이 하는 것을 전제한다. 두 사람이 완전히 같은 의견이라면 대화할 필요가 없다. 또 두 사람이 완전히 다른 의견이라면 두 사람의 대화는 성립하지 않는다. 따라서 대화한다는 것은 일단은 두 사람 사이의 입장의 차이를 전제로 해서만 성립한다. 문제는 차이에도 불구하고 차이를 넘어서 합의의 가능성을 산출하는 데 있다. 중용에서 말하는 화이부동(和而不同)은 화해했다고 해서 이것이 반드시 같을 필요는 없다는 것을 말한다. 원효가 말하는 화쟁론(和爭論)은 차이로 인해 논쟁하되 동시에 토론하되 화해하라는 요구를 반영한다.

동일성의 과도한 요구 아래 차이를 배제하거나 추방하면 보편성 요구는 폭력이 된다. 차이의 강조 아래 무엇에 대한 합의를 찾지 못하면 대화는 애초부터 불가능하다. 따라서 차이의 인정 아래 합의를 모색하는 것은 대화철학이 추구하는 길이다. 그러나 합의가 대화의 성공에 대한 보증은 아니다. 합의가 안 되었다는 것은 대화의 실패가 아니다. 합의는 대화의 한 방식이지 모든 대화의 궁극성이 아니다. 그렇기 때문에 논증이 대화를 전제하고 대화가 차이의 가능성 앞에 노출된다면 논증은 상대방에 대해 자신의 전제를 납득 가능하게 하고 정당화하는 것을 말한다. 따라서 논증은 전제의 타당성 증명이기 때문에 증명이라는 강박성에서는 벗어나 있다.

수학은 공리의 자명성과 필연성 때문에 모두가 예외 없이 공리의 자명성 앞에 강제된다. 그러나 논증은 하나의 규칙으로 강제되는 것이 아니라 규칙의 타당성을 정당화하는 싸움이기 때문에 강제성 대신에 설득력이 지배한다. 폭력 없이 호소하고(compelling without violence), 강압 없이 설득하는 것(persuading without convincing)이 바로 논증이 서 있는 위상이다.

논증은 한상 무엇에 대한 명백한 권리 싸움이다. 싸움의 대상에 대해 명백하게 일치한다면 우리는 왜 그것에 대해 서로 다른 권리주장을 할 수밖에 없는지 분명하게 제시해야만 한다. 논증이 벌어지는 공간은 항상 구체적인 문제에 대해 서로의 입장차이를 밝히고 타인을 설득하려는 데서만 일어난다. 수학과 과학 그리고 논리의 영역이 아닌 곳에서 논증은 일어나게 마련이고 항상 싸움의 대상이 되는 구체적인 문제를 서로 정당화하고 설득하는 데서 논증은 설득을 추구하게 된다.

(1) 논쟁은 항상 무엇에 대한 권리싸움이다(about 동성애, FTA, 남북경협, 유전자 조작, 성장과 환경, 난민 인정, 예술의 검열, 자유의 제한, 재산의 공적 책임 등등)
(2) 찬성과 반대로 갈린다. (pro versus contra, for versus against)
(3) 상대방을 설득하기
(4) 설득의 성공과 실패

세금부담의 문제, 복지정책의 문제, 의약분업의 문제 등등에서 논증은 일어난다. 논증의 구조는 항상 그렇기 때문에 싸움의 대상이 되는 문제에 대해 전제의 타당성을 상대방으로부터 제기되는 타당성 요구를 증명하는 데서 발생한다. 그렇기 때문에 논증은 논증을 중재하는 상급법원을 필요로 하는 것이 아니라 대화를 통해 그런 합의를 만들어 내야만 한다. 복지정책을 실행하는 것은 세금의 부담을 야기시킨다. 따라서 복지정책을 실행할 때 우리는 누가 세금을 내는가라는 문제에 부딪히게 된다. 나의 소득의 일부를 더 내야할 때 나는 세금징수에 대한 정당한 이유를 대라고 요구할 수 있다. 따라서 조세정책의 타당성과 비타당성을 정당화하는 싸움이 발생할 수밖에 없다. 문제는 싸움이 아니라 설득이다.

문명은 토론과 설득이 야만과 광기를 대체해 온 역사다. 그렇기 때문에 논증의 공간에서는 전제의 타당성을 정당화하는 것 이외에는 아무 것도 필요가 없다. 자신이 타당하다고 믿고 있는 것은 정당화되지 않을 때 아무 타당성이 없다. 효력이나 타당성을 발휘하기 위해서는 전제를 정당화하는 것이 반드시 필요하다. 계몽이란 토론과 설득을 통해 물리적 억압의 역사를 이겨온 것을 말한다. 토론은 계몽하는 각성을 추구한다.

모든 사람은 항상 자신의 주장이나 의견을 지니고 있다. 그렇기 때문에 논증은 사람들이 의견이나 주장을 상대방에게 설득하려는 곳에서만 발생한다. 논증의 규칙을 미리 인도하는 그런 선험적 법정은 없다. 대화는 항상 상대방의 전제를 나와 다르다는 전제 아래 일치를 추구하는 노력이지 이미 설정된 규칙을 반복하는 것이 아니다. 대화는 본성상 열려 있다. 원효의 주장처럼 싸우되 화해하라는 화쟁론(和

評論)은 서로가 서로에 대해 입장의 차이를 분명하게 밝히고 철저하게 논리를 전개해 화해에 이르라는 것을 말한다. 화해하기 위해서는 분명히 서로의 일치를 가로막았던 입장의 차이를 분명히 밝혀야만 한다.

논증에 있어서 구체적으로 논증하라는 것은 공허하게 들린다. 논증은 항상 무엇 때문에 싸우는 것이기 때문에 구체적이라는 말은 구체적이지 않다. 신 윤복이 여인을 주제로 그림을 그리고 선비가 여인을 그리는 것은 미풍약속이나 인간의 윤리를 해치는 것이기 때문에 그런 것을 그리지 말라고 싸운다면 이런 논쟁은 결론에 도달함이 없이 계속될 것이다. 논증은 입장차이가 다르다는 것을 전제하기 때문에 헤게모니에 대한 요구는 허용되지 않는다. 논증에는 항상 전제가 다르다는 복수성이 존재한다. 복수성은 각기 다르다는 전제 아래 각가의 개별성에 대한 인정을 말한다.

수학에 있어서 필연성 증명은 시간과 장소에 구애받지 않으며 또한 사람에 좌우되지 않고 항상 타당한 강제성을 행사한다. 필연적이기 때문에 수학적 증명은 모두에게 강제를 행사한다. 그러나 논증의 결론은 서로의 입장에 대한 열린 싸움이기 때문에 강제하는 규칙에 굴복하는 것이 아니라 합의에로 안내되고 있다. 논증의 과정에서는 상대방의 설득을 통해 자신의 전제를 타인에게 납득시키는 과정만 있다. 이런 논증의 설득이 성공한다, 못한다를 미리 결정하거나 보증하는 그런 논증규칙은 없다. 규칙은 항상 대화를 원만하기 위해 그때 그때 필요에 의해 요구된다.

2. 논증을 통한 화해

중용은 화이부동(和以不同)을 강조한다. 말 그대로 이것은 화해한다고 해서 이것이 반드시 획일적이라는 것을 의미하지 않는다. 대화의 목적은 합의가 아니다. 왜냐하면 대화가 반드시 합의에 이른다는 보장이 없기 때문이다. 대화를 통해 상호 이해를 달성하면 대화는 나름대로 의미가 있다. 사람들은 논증할수록 합의가 아니라 차이를 더 많이 확인하게 된다. 대화를 원활하게 하기 위해서 논증의 규칙이 필요하지 규칙이 대화를 합의로 이끌고 가는 것은 아니다. 합의의 과정에 이르는 과정에서 논증의 규칙은 그때그때 생산적으로 작용하면 그만이다. 규칙이 합의를 보증하는 것이 아니라 합의에 도달하는 과정에서 규칙이 도구로 필요하다. 필요조건이 충분조건을 대체할 수는 없다.

자신의 전제를 상대방에게 이해 가능한 것으로 납득시키는 것이 논증의 목적이라면 이런 이해의 성공은 항상 최후에 도달된다. 논증의 처음 단계에서 논증의 성공이나 실패를 미리 평가할 수는 없다. 대화는 항상 열린 과정이다.

대화는 민주주의에서만 가능한 것은 아니다. 그러나 대화를 민주적으로 진행하기 위해서는 대화의 조건을 억압하는 조건의 폐지가 무엇보다도 요구된다. 대화에서 모든 당사자가 진실을 말한다는 보장은 없다. 어떤 사람은 솔직해서 자신의 전제에 대해 투명하게 말하고 다른 사람은 자신의 전제를 은폐하면서 전략적으로 말한다. 대화가 승부로 귀결될 때 대화는 설득하는 열린 싸움이 아니라 지배하거나 지배당하는 전략적 싸움이 될 것이다. 토론은 지배하려는 전략적 게임이 아니라 전제의 차이에 대해 서로 이해하려는 열린 대화다. 그렇기 때문에 이기고 지는 전략적 게임 대신에 대화에는 서로의 전제를 통해 서로를 이해시키는 합의창출이 요구될 뿐이다.

대화의 일차적 조건은 서로서로에 대해 억압의 완전한 폐지가 가능한 상태에서만 진행된다. 황제와 서민은 동일한 조건에서 논증하는 것이 아니다. 이런 곳에서는 지배자의 피지배자에 대한 일방적인 지시만 있지 대화가 가능한 것은 아니다. 대화조건이 같지 않을 때 대화조건을 같게 만드는 것은 대화의 필수 조건이다. 대화는 서로의 전제를 확인할 때 억압에서 자유롭고 전제의 접근에 대해 완전히 열린 개방을 전제한다.

타당성 요구에 응해서 각자는 자신의 전제를 분명히 밝힐 것을 요구할 수 있고 요구되기도 한다. 대화란 항상 대화 당사자의 동등한 권리를 요구한다. 그렇지 않을 경우 대화는 항상 지배와 피지배의 권력 관계로 떨어진다. 권력은 힘을 통한 지배의 한 방식이다. 상대방의 전제에 대한 투명성 요구는 동시에 내가 상대방에 대해 투명할 것을 요구한다. 대화는 승부싸움이 아니기 때문에 늘 개방된 채 진행되어야만 한다.

나의 전제가 상대방보다 설득력이 더 있을 수도 있고 또한 그 반대일 수도 있다. 상대방이 나와 다르다고 해서 상대방이 나보다 열등한 것은 아니다. 내가 상대방과 다르다고 해서 내가 모자라는 것은 아니다. 입장의 차이는 논증을 통해 확인되기 때문에 논증의 과정에서는 전제의 타당성을 타인에 대해 정당화하면 그만이다. 퇴계 이황은 이(理)의 우위를 통해 기(氣)를 우선시하는 기 대승의 주장에 대해 반박한다. 마찬가지로 기 대승은 기의 우선성을 통해 이황을 비판한다. 이런 끝나지 않은 논증을 통해 쉽게 결론에 도달하면 서로의 입장 차이를 희석화시키는 꼴이 된다. 고추가루가 빠진 매운탕이 되지 않으려면 우리는 서로의 불일치를 가능하게 했던 입장의 차이를 더 분명히 밝혀야만 한다.

도덕의 유지를 통해 감성의 표현을 제한해야 한다는 주장과 표현의 확대를 위해 법의 강제를 완화해야 한다는 입장은 인류가 지금까지 싸워오면서 아직 해결에 도달하지 못한 문제로 남아 있다. 논쟁을 철저하게 진행해야 하지만 이 철저함의 요구가 반드시 결론을 내야한다는 강박증을 의미하지는 않는다. 서로가 서로에 대해 논증을 할 때 우리는 경험적으로 합의 보다는 차이를 더 많이 경험하는 역설에 처해 있다. 하나의 강요된 논리는 이미 대화이기를 그친다. 싸우되 화해하라는 것은 적당히 종합하라는 것이 아니다. 논증에서 비빔밥만큼 맥 빠지는 것도 없다. 합의를 통해 억지로 이룩한 것은 그런 합의가 갈등의 불을 완전히 끈 것이 아니기 때문에 계속해서 싸움의 대상이 된다. 성급한 결론에 도달하는 것을 자제하고 서로의 불일치를 일으키게 하는 입장의 차이를 분명하게 확인하는 것이 더 요구된다.

대화에서 필요한 것은 상대방의 전제에 대해 들을 수 있고 낯선 것을 수용할 수 있는 자세다. 인도인은 상대방에게 인사할 때 상대방이 믿고 있는 신을 존중한다는 입장을 동시에 표현한다고 한다. 상대방의 의견에 대한 경청이 없을 때 대화는 불가능하다. 대화란 늘 상대방의 전제를 들을 수 있는 것을 통해서만 가능하다. 대화한다는 것과 들을 수 있다는 것은 동시에 진행된다. 대화한다는 것은 나와 다른 타인의 목소리를 듣는다는 것을 말한다. 듣는다는 것은 타인의 이질성을 나의 기준으로 환원하지 않고 타자를 타자로부터 이해하려는 것을 말한다. 들을 수 있다는 것은 대화에 있어서 지배욕을 청산하는 것과 같다. 인도인의 지혜는 타인을 존중하고 타인으로부터 들으려는 열린 가능성을 대화의 기본조건으로 통찰한 데 있다.

대화한다는 것은 나와 다른 타인과 함께 서로의 이질성을 확인하는 것을 말한다. 둘이 같은 의견인데 대화는 무슨 필요가 있는가? 둘이 완전히 다른데 대화는 왜 하는가? 같은 의견은 대화의 불필요성을, 완전한 차이는 대화의 소득 없음을 가리킨다. 대화는 이런 극단을 피한다. 그렇기 때문에 원효의 주장처럼 싸우되 화해해야만 한다. 차이의 인정 아래 일치의 가능성을 탐색하는 것이 대화의 목적이다. 그리고 중용에서 말한 것처럼 화해하되 반드시 같을 필요는 없다.

역사란 대화와 설득을 통해 상대방을 계몽하려는 기나긴 여정을 걸어 왔다. 문명화란 논증이 폭력과 억압을 이기는 기나긴 계몽의 과정을 말한다. 대화의 가능성이 동등한 파트너의 인정 아래 민주주의를 가능하게 한 원초적 지반이라는 것은 의심의 여지가 없다. 대화는 바로 거기에서 인간이 사는 방식이나 장소 그 자체를 말한다. 역사가 대화이고 대화가 역사라는 것은 이제 상식에 속한다. 대화한다는 것은 차이를 말살한다는 것이 아니라 바로 차이 그 자체를 확인하면서 이것을 보다 큰 지평으로 안내하는 것이다. 그렇기 때문에 차이의 가능성 때문에 역사가 완결되지 않고 하나의 개방된 사건으로 진행될 수 있다.

말을 거는 것은 그렇기 때문에 상대방에 대해 인정과 차이를 동시에 확인하는 작업을 말한다. 말을 거는 것은 대화의 핵심이자 언어의 본질이다. 말하는 사람은 말하는 것에 대해 책임을 진다. 주장하는 자는 명제에 대해 타당한 검증을 늘 책임진다. 말하는 자는 명제에 대해 명제를 검증할 것을 책임진다. 말에는 말하는 자의 자기 책임이 있다. 말이 말에 대한 책임을 지기 때문에 말은 그냥 소리와 구별된다. 말은 소리가 아니라 책임이다. 말은 말에 대한 책임을 통해서 나와 타인을 전체로서 모으는 것을 추구한다.

말에는 항상 말에 대한 책임이 무한하게 따른다. 대화의 맥락은 무궁무진하다. 대화를 통한 의미의 발굴은 하나의 개방된 사건으로 미래로 이어진다. 내 얼굴은 나의 말이다. 신실한 사람은 자기 말에 책임을 진다. 나의 얼굴은 나의 모든 태도의 표시다. 그렇기 때문에 말하는 자는 자기의 전인격을 걸고 책임을 지는 데서 대화를 진행시킬 수 있다. 말이 다 말이 아니라 말에 대해 책임지는 말만이 말이다. 말에 책임이 동반할 때 말은 소리를 넘어서 대화가 된다.

3. 민주적인 토론

민주주의는 토론을 공적으로 제도화 한다. 민주주의에서 모든 사람은 법 위에 있을 수가 없다. 법 밑에 (under the law) 있다는 것은 모든 사람이 예외 없이 법의 지배를 받는다는 것을 말한다. 대통령은 왕이나 황제가 아니기 때문에 법을 어기면 법을 어겼다는 이유 때문에 처벌된다. 우리는 봉건사회를 지나오면서 대화의 민주적인 토론이 부재한 삶을 살아 왔다. 이런 역사적 삶의 조건은 우리에게 민주적인 토론이 성장하는 것을 어느 정도는 방해했다.

지배자도 없고 지배당하는 사람도 없기 때문에 민주주의는 모든 사람이 동등한 권리를 갖고 자신의 주권을 행사한다. 기계는 물리적인 고장만 제외하면 인간에게 저항하는 법이 없다. 그러나 사람을 움직이는 것은 필연적으로 저항을 받게 되어 있다. 민주주의가 피를 동반하지 않고 선거를 통해 주기적으로 정권을 교체할 수 있는 것은 약속에 대한 확인작업이 대화를 통해 검증하는 것이 가능하기 때문이다. 정치가나 국회의원이 국민과의 약속을 어길 때 주권자는 그를 심판할 수 있다. 약속을 어긴 자는 약속을 어긴 이유 때문에 처벌할 수가 있다. 모두가 주인인 사회에서는 주인으로서 자격을 행사하기 위해 주인에 합당한 품위를 지녀야만 한다. 민주주의는 바로 주인된 각자가 자신의 권리사용을 공공성에 합당하게 사용하는 것을 말한다. 적어도 민주시민은 이것을 하도록 요구되고 있다.

인간이 말한다는 것은 말에 대한 책임을 지는 것과 같다. 따라서 대화를 통한 정치는 대화를 지킨다는 전제 아래서 말에 대한 말하는 자의 수행적 태도를 평가하는 것과 같다. 대화의 투명성 요구 때문에 민주정치는 책임을 통해 정치체재를 안전하게 유지해 갈 수가 있다. 민주정치는 그래서 모든 정치의 궁극적 이상이다. 대화와 책임을 동시에 검증할 수 있는 것은 민주정치에서만 가능하다. 누가 통치자가 되는가의 문제가 아니라 그런 통치자를 효과적으로 통제하는 데 있어서 민주정치는 다른 정치를 능가한다. 민주정치는 대화정치다. 대화는 말에 대한 책임을 확인하고 검증하는 작업이다. 독재는 민주적인 삶이 뿌리 내리지 못한 땅에서만 자란다. 히틀러는 영국이나 프랑스에서는 애초부터 탄생할 수가 없다. 민주적인 삶의 기반이 취약한 땅에서만 그런 인간은 독버섯처럼 자라날 수 있다. 바로 이런 기생충 같은 인간을 박멸하는 것은 대화와 책임이 가능한 민주정치에서만 가능하다. 삶의 민주화는 그렇기 때문에 인간이 열린 시민으로서 정치적 자유를 누리는 첫 번째 조건이다.

억압에서 자유로운 채 자유로운 토론을 무제약적으로 개방할 수 있는 데서만 대화는 자라난다. 대화의 무제약적 개방은 분명히 투명하고 맑은 삶의 제도화를 위해 필요하다. 이런 필요가 제도적으로 확보되는 데가 민주사회다. 정치는 바로 민주주의의 실현을 놓고서 좋고 나쁜 것을 측정할 수가 있다. 의견의 차이를 자유롭게 들락날락 거리는 것은 민주정치에서만 가능하다. 대화가 가능한 것은 이질성의 인정이다. 이질성의 인정은 나와 다른 타인의 존재와 가치를 인정한다는 것이다. 이질성의 인정이 관용의 원칙으로 제도화 된 것이 민주주의다.

애초부터 인간은 신이 아니다. 그렇기 때문에 인간은 절대로 자기완결적이거나 절대적이지 못하다. 인간은 완전하지 못하기 때문에 실수할 수 있다. 민주적인 토론은 이런 인간의 오류가능성과 실수가능성을 완전히 배제하는 것이 아니라 이런 것을 인정한다. 그렇기 때문에 고장이 난 배를 완전히 뜯어 고치는 것이 아니라 부분적인 손질에 의해 하나하나 고쳐나갈 수가 있다. 대화는 진행형이고 목적론적인 접근이다. 독재는 일시적으로 효율을 가져올지 모르지만 장기적으로 보면 비효율적이고 비생산적이다.

인간이 신이 아니다는 것은 인간이 오류를 저지를 수 있다는 것을 말한다. 인간은 살기 위해 타인과 항상 교제해야만 한다는 것을 필연화 한다. 교제는 대화를 통한 합의의 창출이다. 우리의 지혜는 서로서로 의존되어 있다. 민주정치 아래서 산다는 것은 대화하면서 사는 것을 말한다. 대화란 이질성의 인정 아래 합의를 창출하는 것을 말한다. 차이의 인정 아래 차이의 합의 가능성을 제도화한 점에서 민주정치는 대화정치의 육화다. 인간은 바로 대화를 통해서만 존재한다. 민주정치는 대화를 제도화한 것에 지나지 않는다.

대화는 대화를 가로막는 권력의 개입을 가장 효과적으로 분쇄할수 있다. 모든 독재가가 민주정치를 싫어하는 것은 이런 이유 때문이다. 오직 법 밑에서 법의 제도화된 지배를 받는 것은 민주정치에서만 가능하다. 대화를 가로막는 권력의 억압을 효과적으로 분쇄할 수 있기 때문에 민주정치는 대화를 항상 제도화하도록 강제 당한다. 대화의 제도화가 민주정치고 민주정치는 동시에 대화의 육화(incarnation of conversation)다.

4. 규칙 따르기

모든 논증을 포괄하는 범논증(Pan-argumentation)은 없다. 왜냐하면 모든 논증은 언제나 상황이나 문맥 안에서 개별적으로 발생하기 때문이다. 문맥은 항상 시간과 공간 안에서 벌어지는 구체적인 특수하고 불투명한 조건을 전제한다. 불투명성과 차이를 제거한 채 모든 전제를 충족하는 그런 것을 우리는 논증에서는 기대할 수가 없다. 그렇기 때문에 모든 논증을 포괄하는 하나의 범논증은 신화다.

논증의 구조는 상대방이 타당성 요구를 제시할 때 의심이나 문제가 되는 전제의 타당성을 정당화하는 것을 말한다. 그렇기 때문에 논증은 문제시되는 상황에 대해 전제의 타당성을 검증하는 규칙 따르기를 전제한다. 뷔트겐쉬타인의 말처럼 단 혼자서 어떤 사람도 규칙을 따를 수는 없다. 논증은 규칙따르기를 통해서 전제의 타당성을 검증하는 상호주관적 검증작업이다.

토론(discursion)은 말 그대로 입장의 차이를 왔다 갔다하는 작업이다. 서로 의견의 불일치가 있기 때문에 의견의 일치를 조율하는 작업이다. 하나의 조화로운 화음을 낸다는 것은 음의 이질성을 배제하는 것이 아니라 인정한다. 하나의 화음을 내는 것은 조율을 통해 일치를 산출한다는 것이다. 그렇기 때문에 의견의 차이가 일치의 가능조건이다. 합의는 의견의 차이가 가능한 바탕에서 건져 올린 순간의 일치다. 역사적 삶의 지속을 가능하게 하는 것은 차이 때문이다.

합의의 실패는 대화의 실패가 아니다. 합의가 대화의 성공이 아니듯이 의견의 불일치는 대화의 실패가 아니다. 합의는 성공할 수도 있고 못할 수도 있다. 대화의 성공과 실패를 미리 결정하는 그런 법정은 없다. 대화는 차이의 인정 아래 의견의 차이를 중재하는 것을 말한다. 정치가 존재하는 한 정치는 차이의 가능성 앞에 굴복할 수밖에 없다.

규칙 따르기는 대화 당사자들이 대화를 원만히 하기 위해 반드시 지켜야할 규범이다. 이런 규범을 지키지 않을 때 대화는 진행될 수가 없다. 수행론적 모순에 걸리지 않으려는 사람은 반드시 규칙을 따라야만 한다. 규칙이란 상대방이 이해 가능한 언어로 말해야만 하고, 말에 대해 책임을 지고, 말을 진리의 요구 아래 일치시키고 상대방을 속이지 않으며 가능한 정확한 정보를 바탕으로 말해야만 하는 것들이다. 대화의 가능조건은 이런 것을 규범화해서 대화의 과정을 구속해야만 한다. 그렇지 않을 경우 원만한 진행은 유지될 수가 없다. 대화를 규제하는 이런 조건의 지킴은 대화 당사자 모두를 구속하는 강제성이 있다. 규범적 강제성은 규범을 지키기 위해 대화 당사자 모두에게 강제성을 행사한다. 대화 당사자는 외적인 억압이 아니라 자발적 복종에 의해 대화의 조건을 반드시 지켜야만 한다.

규칙 따르기가 보장해주는 것은 대화진행의 규범적 강제이지 일치의 보장이 아니다. 형식적 가능근거는 내용의 일치에 대한 충분한 보장이 아니다. 대화는 상대방의 전제에 대한 열려 있고 상대방을 전제를 들어주려는 것을 전제하지 않을 때 이미 대화이기를 그만둔다. 대화가 추구하는 것은 이미 있었던 규칙에 강제되는 것이 아니라 열린 대화를 통해 준수할 규칙을 비로소 형성하는 것을 말한다. 그런 경우에 한해서만 대화는 강제를 동반하지 않으면서 규칙을 창조할 수 있다.

03
미의 기준

플라톤은 예술과 시인들이 이데아의 참이 아니라 효과나 모방에만 관심을 두기 때문에 진리를 호도한다고 보았다. 플라톤은 진리의 이름으로 예술이 진리가 아니라 효과나 겉모습에 사로잡히기 때문에 공동체의 교육을 위해서 시인 추방령을 내린다.

아리스토텔레스는 예술을 자연의 모방(mimesis)으로 파악한다. 그는 비극 작품이 지니고 있는 카타르시스의 감정이 예술이 주는 생산적인 감정이라고 인정한다. 모든 기능들과 활동들은 목적을 추구하고 목적은 완성을 추구한다. 자연은 완성이다. 따라서 예술은 자연의 완성을 모방하지 않으면 안 된다.

바움가르텐은 미학을 최초로 학문적으로 확립했다. 그리고 그는 미학이 진리에 비해 낮은 능력에 속하는 것으로 보았다. 미에 대한 엄격한 객관적 기준을 확보함으로써 미학을 개념 미학으로 확립한 점에서 바움가르텐은 미학의 학문적 아버지로 불린다.

영국 경험론은 미는 그것을 즐기는 자들의 사적인 즐거움이라고 규정한다. 따라서 미의 감정은 그 감정이 우리에게 제공하는 즐거움의 증가에 그 의미가 있다고 본다. 그리고 미는 취미의 문제이기 때문에 절대로 객관적인 기준에 따를 필요가 없다고 보았다. 칸트에 따르면 취미는 사적인 취향으로서 절대로 강제할 수 없다.

칸트는 아름다움의 문제가 단순히 주관적 취향도 아니고 그렇다고 개념처럼 엄격한 규정으로부터 출발하는 것이 아니라고 주장한다. 칸트는 취미를 출발로 하지만 그가 궁극적으로 밝히고자 하는 것은 취미 판단의 보편적인 전달 가능성이다. 칸트는 미를 진리나 도덕에 종속시켜온 전통과 과감하게 결별하면서 미의 자율성을 인정한다. 미는 진리판단 뿐만 아니라 도덕 판단과 구별되는 그 나름대로의 독자성과 고유성이 있다. 칸트는 이것을 비개념적 보편성을 정당화하는 문제로 전개한다.

미는 취미처럼 단순히 사적이고 주관적인 것만은 아니다. 미는 그렇다고 개념처럼 엄격한 기준이나 규정을 출발로 할 수도 없다. 우리가 대상을 통해서 느끼게 되는 모든 미적 판단은 그 즐거움의 감정이 나에게만 타당한 것이 아니라 모두에게 타당할 수 있어야 한다. 칸트는 이것을 취미 판단의 보편화 가능성으로 보았다. 과연 이것이 가능한 것인가? 칸트의 『판단력비판』은 바로 이 문제를 정당화하고자 한다. 칸트 이후의 미학은 칸트가 진리와 미를 구별한 전통을 무시하고 다시금 미를 진리의 계기들 안에 편입시킨다. 헤겔, 가다머, 하이데거는 미를 진리의 계기들 안에 편입시킨다.

미추의 기준에 대한 정당화는 여전히 오늘날에도 뜨거운 감자로 남아 있다. 미에 대해서는 논쟁이 끊이지 않는다. 미의 객관적 기준을 놓고서 벌이는 이 논쟁에서 우리는 아직도 명백한 합의를 찾지 못하고 있다.

칸트는 미가 상호 주관적 보편성을 확보하는 문제로 남겨 둔다.

나의 미적 판단에 대해 타인들이 나에게 동의할 것이라는 그런 공통성에 대한 기대로 인해 미는 주관적 협소함과 자폐증을 벗어나게 된다. 미가 구원한다는 것은 우리에게는 너무 강한 주장이다. 칸트는 다만 미적 판단을 계기들로 해서 그 판단을 보편 타당하게 하려는 데서 우리의 판단능력이 고양된다고 보았다. 미는 결국 개별 판단을 계기로 해서 불붙기 시작한 우리의 판단 능력을 보편적으로 끌어 올린다. 칸트는 이것이 가능하다고 보았고 그런 한에서 우리는 취미 판단의 보편화를 위해 노력하지 않으면 안 된다고 보았다. 칸트는 이것을 문화의 의미로 이해한다.

오늘날 예술은 소통의 단절과 부재로 인해 고립되어 가는 경향이 있다. 현대 예술은 그 특유의 난해함으로 인해 보편성에 대한 호소는 고사하고 단지 전문가들만이 제한된 일치를 보이고 있을 뿐이다. 미가 개인적 취향으로 축소되어서 단지 느낌의 공유 차원으로 떨어질 것인지 아니면 여전히 개념의 엄격한 기준을 적용함으로써 객관성을 강요할 수 있는지가 하나의 의문으로 남아 있다.

예술, 미, 문학에서 해석의 보편성은 바로 개별적인 것을 보편적으로 공유하는 것에 기초한다. 하지만 우리는 이런 개별적인 것들의 보편화 가능성에 대해서는 여전히 회의적인 시대에 살고 있다. 호모 아르텍스는 호모 베이그니스(homo vagueness)로 머무르고 있다. 미의 객관적 기준을 놓고 벌이는 이 싸움에서 우리는 합의를 호소할 수는 있지만 강제할 수는 없다. 미는 하나의 열린 실험이다. 하지만 미가 이해되고 공유되지 않는다면 그것은 도대체 무엇인가?

칸트는 미를 판단력을 끌어 올리는 문제로 보았다. 그리고 판단력을 끌어 올리는 과정에서 우리는 내가 느끼고 즐기는 것을 타인들에게 전달할 수 있고 공감할 수 있었다. 공통감각(sensus communis)은 바로 판단 능력을 보편적으로 공유하는 것에 기초한다. 과연 우리 시대는 이런 공통감각을 보편적으로 공유하면서 소통하고 있는가?

오늘의 우리 시대는 자명한 것이 이제는 더 자명하지 않은 것으로 경험된다. 하지만 자명성의 상실이 새로운 자명성의 탄생으로 이어지고 있는가? 헤겔은 이것을 "예술의 종언"(das Ende der Kunst)으로 잘 규정한다. 하지만 예술의 종언이 도대체 무엇인가? 완성되었기에 더 이상 할 것이 없다는 것인가? 아니면 이전의 기준은 의심스럽게 되었고 새로운 기준은 아직 탄생하지 않았기에 우리가 이 기준을 창조하는데 매진하라는 요구인가?

미와 예술의 미완성은 결국 미로 하여금 완성을 향하여 나가도록 재촉한다. 미도 역시 자신의 완전성을 향한 노력을 향해서 부단히 노력하지 않으면 안 된다. 그 과정에서 우리는 일치를 즐기는 것이다. 합의를 강제하지 않으면서도 합의를 자발적으로 산출하는 이 공통감각이야말로 미와 예술이 소통된다는 결정적 증거다. 음악이 없다면 삶은 가짜다. 예술을 통한 구원 속에서 우리는 진정 인간답게 산다. 모든 위대한 예술은 항상 음악의 상태를 동경한다. 예술이 위대하면 할수록 예술은 시대와의 갈등을 늘 겪었다. 예술의 이런 초월로 인해 우리는 삶의 일상성을 벗어나서 보다 위대한 것으로 가는 길을 경험하게 된다. 미와 예술은 어떤 강제도 동반하지 않으면서도 우리를 위대한 것으로 초대하고 변화시키는 데 이바지 한다. 예술을 통한 삶의 구원과 해방은 여전히 예술이 우리 삶의 불가결한 조건이라는 것을 드러내고 있는 것 아닌가?

- 보론(補論) -

파르테논 신전은 황금비율에 따랐기 때문에 아름다운 것인가? 힌 두 사원은 황금비율에 따르지 않았기 때문에 아름답지 않은 것인가? 누구는 아름다움을 평가하고 근거지울 때 황금비율을 척도로서 인 정하지만 또 다른 누구는 그렇지 않다. 우리는 이 기준을 강제할 수 있을까? 누구에게 타당한 기준이 또 다른 누구에게는 기준으로 작용 하지 않는다. 우리는 오늘날 이런 기준의 객관성에 대한 믿음과 합 의를 지니고 있지 않다. 그렇다고 해서 미의 객관적 기준에 대한 반 성적 검증이 쓸모없는 것은 아니다. 여전히 그리스의 신전들이나 르 네상스의 조각, 그리고 시스티나 성당의 벽화는 우리에게 아름답게 경험되고 있다. 이것은 어느 정도 시대를 초월해서 보편적인 공감이 이루어지고 있다는 것을 보여준다.

미는 유용성의 기준에 따르지 않는다. 미는 도구나 수단이 아니 다. 우리가 아름다움의 자율성을 인정하는 것은 우리가 대상에 대해 서 느끼는 즐거움의 감정에 기초하기 때문이다. 대상이 쓸모 있기 때문에 아름다운 것이 아니라 대상이 아름답기 때문에 우리가 그 대 상 안에서 아름다움을 경험하는 것이다.

미의 기준에 대한 객관적 강제가 불가능하다면 우리는 미라는 기 준을 척도로서 강요할 수 없다. 여전히 고딕에 충실한 건물들이 지 어지고 만들어질 것이다. 고딕 건물을 로마네스크와 구별하는 미적 기준은 있다. 우리가 모든 사람들에게 이런 미적 기준을 강제할 수 없다면 우리는 미의 객관적 척도에 대해 반성적으로 검토할 수 있어 야 한다. 모든 것을 신을 향해서 바치는 그 건물은 상징적인 의미를 지닌다. 그리고 이 상징은 우리를 함께 모아주고 있다.

미의 객관적 기준에 대한 보편적 합의와 강제가 성립하지 않는다고 해서 미의 보편화에 대한 요구가 거부되어서는 안 된다. 우리 시대는 그 어느 때보다 미의 객관적 기준에 대해 합의하기가 힘든 시대이다. 이전에 타당한 미적 기준이 우리 시대에는 더 이상 아니다. 오늘 우리에게 타당한 것이 다른 시대나 사회에 대해서 타당하다는 보장도 없다. 미의 객관성에 대한 기준이나 근거제시가 의문에 붙여진다고 해서 미에 대한 담론이 무의미한 것은 아니다. 기준을 강요할 수는 없지만 기준이 지니는 보편화에 대한 요구조차 포기해서는 안 된다.

미를 단순히 주관적 취미로 전락시키면 미는 그야말로 무질서하고 상대성의 폭포에 휘말리게 된다. 우리는 신전이나 성당의 벽화를 보면서 아름다움을 느낀다. 그런데 우리가 느끼는 이 아름다움은 나만 그런 것이 아니라 나 아닌 타자들에게도 그렇게 느낀다. 따라서 미에 대해서는 취미로 전락시킬 수 없는 공통감과 일치에 대한 연대가 있다. 우리는 객관적 기준에 대해서는 회의하고 주관적 취미에 대해서는 확장할 것을 경험하게 된다.

진리는 개념들을 대상들에 적용하고 이 적용의 타당성을 검증하는 것에 기초한다. 하지만 미적 판단은 개념의 타당성에 대해 여전히 논쟁 중이다. 하지만 여전히 우리는 대상들에 대해서 판단을 하고 그 대상을 통해 즐거움을 경험한다. 우리가 대상을 통해 즐기는 경험을 타인들과 보편적으로 공유하는 것이 가능하다고 한다면 이 가능성의 근거는 무엇인가? 개념을 동반하지 않는 상태에서 모두가 이 경험에 대해 보편적 일치를 경험하는 것이 가능하단 말인가? 이 물음이 바로 칸트가 제기했던 물음이다. 우리는 여전히 칸트가 제기한 이 물음에 대해 대답하고 있는 중이다.

미적 판단은 진리 판단이나 도덕 판단과 구별된다. 미적 판단의 보편화 가능성은 보편성에 대한 무제약적 개방이고 호소에 기초한다. 나의 판단에 대해 타인들이 이 판단에 동의한다는 전제 아래 우리는 상호주관적으로 일치에 도달할 수 있다. 칸트는 모든 미적 판단을 주관적 보편성을 정당화하는 것으로 보았다. 그리고 칸트의 이런 주장을 형식적이라고 비판하는 자들은 여전히 내용 규정에 있어서 보편적 규정을 제시하지 못하고 있다. 다만 칸트 비판자들은 물음을 다르게 설정하고 대답할 뿐이다. 칸트는 유희의 완성(Vollzug des Spiels)을 요구하지만 해석학은 이해의 완성(Vollzug des Verstehens)을 대안으로 제시한다. 하지만 이 대안 제시가 어떻게 칸트적인 문제를 진정으로 대체하고 해결할 수 있는지는 여전히 의문이다. 왜냐하면 이해의 완성에 도달했다는 그 요구 자체가 우리에게는 이해되지 않고 남아 있기 때문이다.

진리는 주관화의 위험에 저항한다. 또 저항해야만 한다. 진리는 대상에 대한 규정적 파악이다. 미는 대상에 대한 규정적 파악이 아니다. 미는 대상에 대한 주관적 감정과 느낌의 판단이다. 그리고 이 판단은 타인들과 더불어 공유되고 같이 나누어 가질 수 있을 뿐이다. 공통감각은 개별 현상들에 직면해서 개별 현상들을 보편적으로 공유 가능하도록 그렇게 판단하는 능력을 말한다. 우리는 개별 현상들에 충실하고 이것과 대결하는 과정에서 이것을 공유 가능하고 이해 가능하도록 그렇게 개방해야 한다. 칸트는 이런 보편화에 대한 호소를 통해서 미적 판단의 보편화가 충족된다고 보았다. 하지만 미적 판단은 진리 판단이 할 수 없는 것을 하는 것이 아니다. 미적 판단은 진리 판단과 다른 접근과 방식으로 보편화에 도달하고자 한다. 그렇기 때문에 진리의 물음이 난파된다고 해서 진리의 물음이 미적 사고를 통해 대체되거나 완성되는 것은 아니다. 미는 진리에 대한 대체나 완성이 아니다. 개념의 규정하는 표상 능력이 좌절한다고 해서 미적 사고가 이것을 대체하거나 능가하는 것은 아니다. 미적 사고는 대상들의 개별성에 직면해서 이것을 보편 타당한 것으로 공유하려는 그런 개방적 태도다.

가다머나 헤겔, 하이데거는 칸트의 물음을 다르게 변형하면서 비판한다. 하지만 이 비판은 칸트의 진의와 요구를 다르게 변형하는 한에서만 제한적으로 주목할 가치가 있다. 우리는 이 개별적인 대상에 충실하고 이 개별적인 대상에서 느끼는 아름다움의 주관적 경험을 주관을 넘어서 보편적으로 공유하고자 한다. 칸트는 이것을 보편화에 대한 호소이고 개방으로 보았다. 이 과정에서 우리는 판단 능력 자체를 보편적으로 고양시키는 우리의 반성적 능력에 대해 기쁨을 느낀다.

미의 기준에 대한 필연성이 붕괴되었다면 우리는 미의 기준에 대한 보편적 일치를 어떻게 확보할 수 있을까? "예술의 종언"(das Ende der Kunst)은 미의 객관적 기준에 대한 종언을 말한다. 하지만 그렇다고 해서 우리가 경험하게 되는 미의 기준들에 대한 검증이 끝난 것은 아니다. 보편적 미의 기준을 출발로 할 때 이 기준을 강제할 수 없다는 점에서 우리는 출발부터 난관에 부딪힌다.

질서, 조화, 일치, 비례, 황금분할, 대칭 때문에 어떤 것이 아름답다. 우리는 벌써 이런 기준을 개별적 대상들에 적용하고 있는 것이다. 하지만 약간의 대칭 파괴가 아름다울 수 있다. 비례의 불균형으로 인해 아름다울 수 있다. 따라서 이런 기준에 대하여 우리가 일치하지 못한다고 해서 우리가 미적 즐거움을 소통할 수 없는 것은 아니다. 미적 기준에 대한 객관적 합의가 아니어도 우리는 미적으로 소통할 수 있다. 미적 소통의 가능성은 기준들이나 규준들의 객관적 합의에 의해서가 아니라 경험을 같이 공유하는 데 기초한다. 우리는 개념을 미리 갖고서 이것을 개별 대상들에 적용할 수 있다. 하지만 이럴 경우 이 개념에 대한 보편적 합의는 여전히 미해결이나 문제로 남아 있다. 이 개념을 받아들이지 않는 자들에게 이 개념은 강제하는 구속을 상실한다.

04

숭고

무한은 숭고의 대상이다. 하지만 모든 숭고가 무한한 것은 아니다. 이 관계는 비대칭적이다. 우리는 가끔 숭고한 행위라고 표현한다. 어떤 사람이 아주 감동적이고 누구도 범접할 수 없는 행위를 할 때 우리는 그 행위를 매우 숭고하다고 한다. 무한만이 숭고의 대상인 것은 아니다. 무한이 아니면서도 숭고를 불러 일으키는 것은 가능하다. 그래서 숭고와 무한을 같은 것으로 여길 필요는 없다. 무한은 숭고의 대상이지만 숭고가 무한과 동의어는 아니다. 무한이 아니면서도 숭고한 감정을 불러 일으키는 것은 가능하다.

숭고는 수학적 숭고, 위력의 숭고, 도덕적 숭고, 학문의 숭고가 얼마든지 가능하다. 숭고는 타자나 대상이 우리 인간을 압도하기 때문에 우리가 한없이 작게 느껴진다. 하지만 우리는 대상을 통해 작아짐에도 불구하고 우리 안에 대상을 능가할 수 있다는 분발력을 경험하게 된다, 숭고는 이런 역설에 기초한다.

어떤 사람이 장애인을 4명이나 입양해서 친자식처럼 키웠다. 사실 이런 행위는 아무나 할 수 있는 것이 아니다. 윤리학자가 행위에 있어서 모범적이라는 보장은 어디에도 없다. 신학자가 더 경건한 것도 아니다. 니체는 윤리가 사람을 고문하는데 너무 자주 악용되기 때문에 이것의 싸늘한 위선을 아주 날카롭게 비판한다. 덕이란 행위를 강화함으로써 실제로 그 행위의 주인이 되고자 하는 노력을 말한다. 덕은 행동의 결과로서 아주 힘겹게 얻어진다. 덕에 따른 행동은 습관으로 체화되고 이것은 성격으로 견고해진다. 따라서 덕은 결국 그 인간의 행위 증명서가 된다. 4명의 장애인을 자기 자식처럼 키우는 행동은 도덕적으로 보아도 감동 그 자체다. 이런 행위는 나름대로 숭고한 것이다. 도덕적 숭고는 도덕적 감동을 불러 일으킨다. 이 행동을 우리가 따르고 모방하고자 할 때 수많은 사람들은 좌절하게 된다. 행동은 아무나 그렇게 쉽게 하는 것이 아니다. 누구나 타인에 대한 무차별적 사랑을 말하지만 사실 아무나 이런 행동을 할 수 있는 것은 아니다. 그래서 장애인을 4명이나 입양해서 키우는 행위는 숭고하다고 말할 수 있다. 우리는 이것을 도덕적 숭고라고 말한다.

무한에 대해 우리는 모든 규정을 포기하게 된다. 무한에 직면할 때 우리는 그것을 표현할 일체의 모든 규정을 무장해제 당한다. 무한 앞에서 모든 개념적 규정들은 난파당한다. 숭고한 대상을 목격하게 될 때 우리는 그 대상을 표현할 수 없어서 좌절하게 된다. 숭고는 대상을 적절하게 규정하고 드러내 줄 언어나 개념이 없기 때문에 필연적으로 개념의 좌절을 겪는다. 우리는 4명의 장애아를 입양해서 키우는 사람의 행위를 보면서 할 말을 잃는다. 숭고한 것은 우리가 그 대상에 직면해서 말을 잃도록 한다. 말 그대로 할 말이 없는 것이다. 개념을 초월해 있고 모든 규정을 초월해 있는 것을 개념적으로 규정하는 것은 숭고미가 수행하고 완성하지 않으면 안 된다. 개념을 초월한 것을 개념적으로 드러내는 것은 개념의 분발을 자극한다.

숭고에서는 대상이나 타자가 우리를 압도하는 힘이나 크기로 주어진다. 우리는 대상 앞에서 우리 자신이 한 없이 작다는 것을 경험하게 된다. 대상으로 인해 나의 존재가 위축되는 것을 경험하는 것이 바로 숭고의 효과다. 하지만 우리는 대상 앞에서 한 없이 위축되는 것만이 아니라 반전의 경험을 경험하게 된다. 나를 좌절하게 하는 것이 나를 동시에 분발하게 한다. 숭고는 우리의 모든 능력을 무장해제 시키고 동시에 우리를 높은 경지로 끌어 올린다. 바로 여기에 숭고의 반전이 주는 즐거움이 있다.

수학적 무한은 숭고의 대상이다. 역학적 숭고는 무한대의 크기로 이해된다. 나이아가라 폭포는 숭고하기 보다는 장엄하다고 말하는 것이 적합하다. 나이아가라의 폭포수는 그 장엄함에 있어서 우리를 압도한다. 그래서 우리는 그 힘에 압도되어서 할 말을 잃는다. 하지만 아무리 그 폭포가 장엄하다고 하더라도 무한한 것은 아니다. 절대 크기는 모든 비교 자체가 불가능하다. 상대적 크기는 비교 자체가 가능하다. 절대적으로 큰 것은 모든 비교가 불가능하다는 이유 때문에 우리의 모든 규정을 벗어나 있다.

무한은 표현할 수 없을 뿐만 아니라 규정할 수 없다. 하지만 장엄한 것은 표현할 수 없지만 규정할 수 없는 것은 아니다. 수학에서 무한한 크기는 우리에게 그것을 표현할 적합한 모든 규정을 앗아 간다. 그래서 개념적 작업은 숭고한 대상 앞에서 좌절하게 된다. 하지만 바로 그렇기 때문에 무한한 것을 표현하도록 개념은 자극을 받는다. 개념의 분발은 개념의 좌절로 인해서 생겨난다. 개념의 활동을 좌절하게 만드는 것이 개념의 활동을 가능하도록 자극한다. 숭고에서 반전의 경험이 우리 안에서 일어나는 것은 이 때문이다.

우리 우주의 크기는 9조 4천억 광년의 크기로 측정된다. 그런데 1 광년이 9조 5천억 km이기 때문에 우주의 크기는 9조 5천억 곱하기 9조 5천억 km로 측정된다. 이 정도의 크기는 우리에게 너무 커서 측정하는 것 자체가 불가능하다. 우주의 크기는 빛으로 도달 가능한 범위 안에서의 측정값이다. 빛이 도달할 수 없는 저 너머에 무엇이 있는지 없는지 조차 우리는 알 수 없다. 있다고 하더라도 측정할 수 없다면 그것은 그냥 무한한 크기로만 말해진다. 그래서 모든 규정은 침묵하게 된다. 파스칼이 잘 표현한 것과 같이 이 무한한 우주 공간의 크기가 나의 존재를 아주 왜소하게 하고 작게 만들고 있다. 그래서 우주에 비하면 나는 무에 지나지 않게 된다. 그래서 우주의 무한한 크기 앞에서 나는 한없는 절망과 좌절을 경험하게 된다. 숭고의 감정은 주체 안에서 항상 좌절의 감정으로 드러난다. 하지만 나 안에는 우주 보다 위대한 것이 있음을 자각한다. 우리는 그런 위대함을 완성하려고 고군분투한다. 여기서 숭고는 나를 무한히 분발하도록 자극한다.

무한은 우리를 압도하는 크기로 다가온다. 우리는 대상이 무한하기에 그 앞에서 한 없이 작게 느껴진다. 주관 안에서 일어나는 감정은 오로지 대상을 통해 야기된다. 타자나 대상이 주체를 압도하는 힘으로 제시되기 때문에 주체는 일차적으로 좌절과 한계를 경험하지 않을 수 없다. 숭고의 감정은 이 점에서 수동적이다. 주체는 인위적으로 이런 감정을 만들어낼 수 없다. 그 감정은 오로지 규정 불가능하고 확정 불가능한 대상의 압도하는 위력으로 인해 생겨난다.

가장 큰 수는 없다. 하지만 이것은 확정할 수 없기에 없는 것일 뿐이다. 우리는 가장 큰 수가 있다고 하면 그것보다 1이 더 큰 수가 있기 때문에 가장 큰 수를 확정할 수 없다. 하지만 확정 불가능한 방식으로 말해지기 때문에 우리는 그 수를 규정할 수 없다는 방식으로 관계할 수 있다. 얼마나 커야 가장 크다고 말할 수 있는가? 규정할 수 없다는 이유로 인해 야기되는 부정적 크기는 분명 숭고하다. 숭고한 대상을 표현하고 규정할 개념도 없고 그렇다고 그것을 확정할 수도 없다. 헤겔은 이런 무한을 참되지 못한 무한(schlechte Unendlichkeit)이라고 한다.

전체는 확정할 수 없다. 전체는 지식의 대상이 아니라 지식의 한계다. 전체는 규정의 대상이 아니라 규정의 한계다. 우리는 전체를 표현할 수 없다. 그렇기에 좌절하게 된다. 하지만 이 좌절은 전체를 알고자 하는 도전으로 이어진다. 숭고는 내 안에서 좌절을 야기하지만 이 좌절을 반전시키는 방향으로 우리를 추동시킨다. 우리 모두는 전체에 대한 규정된 지식을 지닐 수 없다. 전체는 규정되지 않는 방식으로 우리에게 제시된다. 전체는 완결되거나 마감될 수 없다. 전체는 지식의 대상이 아니라 지식의 한계로 제시된다. 우리의 모든 앎은 유한한 규정과 관계한다. 그래서 지식은 전체를 드러내는 데서 좌절하게 된다. 과학은 그나마 다행인 것이 이 평범한 것을 깨우치고 있다. 그나마 다행이다.

무한한 크기는 확정할 수 없다. 하지만 무한한 크기는 우리가 그것을 알고 싶도록 부추긴다. 우리는 우주의 크기를 알고자 하기에 케플러 망원경을 통해 우주를 탐사한다. 숭고가 도전을 불러일으키는 것은 숭고를 통해 우리가 높여질 수 전환의 가능성을 제시하기 때문이다. 우리를 좌절하게 하는 바로 대상이 바로 우리가 도달하고 완성하고 싶어 하는 것을 가능하게 한다.

숭고한 행위가 있다. 어떤 행위는 너무 훌륭하고 탁월하기에 그것을 모방할 수가 없다. 그래서 그 행위 앞에 한 없이 작게 느껴진다.

숭고한 행위를 모방할 수 없지만 그 행위를 존중하는 것은 사실이다. 우리 인간이 위대한 것은 우리가 우리 자신을 계속해서 뛰어넘기 때문이다. 니체는 초인을 부단히 초극하는 자로 규정한다. 하지만 그에게는 힘에의 의지의 궁극적인 방향이 없다. 그래서 그의 초인은 소극적 허무주의를 극복한다고 하면서도 결국에는 적극적인 니힐리즘에 빠져드는 운명에 처한다. 그래서 그는 어쩔 수 없이 운명을 사랑하라고 호소한다.

우리 각자는 자신이 현재 이룩한 것에 만족하지 못한다. 바로 그렇기 때문에 그것을 뛰어 넘는다. 반대로 우리는 우리가 되어야 할 바의 것에 대해서 아직 완성하고 있지 못하고 있다. 바로 여기에서 좌절과 절망을 느낀다. 바로 그렇기 때문에 그것을 완성하고 이룩하려는 분발력을 경험하게 된다. 이렇게 자신을 초월하는 노력이 인간을 숭고하게 만든다. 숭고는 사람을 반전시키는 경험을 통해 계속해서 자신을 초월하도록 재촉한다. 중요한 것은 우리가 시도하고 도전했다는 것이다. 그리고 이런 행동을 통해서 우리는 현재의 자신을 계속해서 넘어 간다. 우리 각자는 자신들이 가장 확신하는 것을 가장 많이 의심해 보아야 한다. 왜냐하면 우리는 우리가 알지 못하는 사이에 우리 자신을 절대화하고 우상화하는 덫에 빠지기 때문이다. 하지만 숭고는 그런 자기 만족이 기만이라는 것을 여지없이 폭로한다. 위대한 것들이 있다. 그래서 우리는 그것을 따르고 행함으로써 우리 자신을 높일 수 있는 것이다. 숭고는 우리에게 우리의 유한성을 자각하게 함으로써 우리를 더 높이 끌어 올린다. 우리는 그래서 우리가 이룩한 유한한 업적을 허물고 늘 다시 시작할 수 있는 용기를 보일 수 있어야 한다.

05
역사에 있어서 인과

"역사를 분석할 때 너무 깊숙이 들어갈 필요는 없다.
역사의 인과 관계는 흔히 단순한 데서
찾을 수 있기 때문이다."(랠프 월도 에머슨)

1. 사실의 해석

어떤 역사적 사건도 똑같은 것이 두 번 재현된 적은 없다. 모든 역사적 사건들은 일회적인 고유성을 지닌다. 그리고 역사의 개별적인 사건들은 그 사건들이 일어난 문맥을 전제로 해서만 그 의미가 판독될 수 있다. 역사적 사건은 개별적인 것이기 때문에 일반적인 범주 아래 포섭시켜서 판독할 때 그 피상성이 노출된다. 역사적 사건이 지니고 있는 일회성은 그 사건이 일어난 고유한 문맥을 전제로 해서만 해명이 가능하기 때문에 개별적인 사건을 그 자체로서 이해해야 한다. 헤라클레이토스에 따르면 "우리는 똑같은 강에 두 번 들어갈 수는 없다"고 한다. 이것은 역사에 그대로 타당하다.

모든 역사적 사건이 다 해석의 대상이 되는 것은 아니다. 역사적 사실은 사건에 의미를 부여하는 해석을 통해서만 늘 새롭게 조명된다. 사실은 진위의 검증 대상이지만 해석은 재검토되고 비판적으로 접근된다. 해석이 동반되지 않는 역사는 사료들의 단순 나열에 불과하다. 역사적 사건은 인간의 행위를 전제로 해서만 가능하다. 어떤 역사적 사건도 인간의 행위가 개입되지 않고 자연적으로 발생한 것은 없다.

사건이란 시간과 공간 안에서 실제로 발생한 것을 말한다. 역사적 사건은 자연과 같이 자동 발생적으로 일어나는 것이 아니다. 역사적 사건은 그 사건을 실제로 한 행위자가 반드시 있게 마련이다. 우리는 행위자가 왜 그 사건을 일으켰는지를 발생사적으로 이해하지 않으면 안 된다. 사건들이 발생하게 된 인과적 문맥을 이해하는 것은 역사를 해석하는 자들의 몫이다. 역사적 사건들이 미치는 영향력의 올바른 관계를 밝혀내는 것은 역사가들의 고유한 몫이다.

사건들이 발생한 역사적 문맥의 고유한 복잡성을 전제로 해서 이것이 왜 발생하게 되었는가를 밝히는 것은 역사 기록의 몫이 아니라 역사가의 몫이다. 역사에 있어서 인과는 역사적 사건들이 지니고 있는 영향력을 밝히는 데 있다. 과거의 사실이 주는 힘은 영향력을 행사하는 데서 명백하게 드러난다. 역사적 사실에 대한 탐구는 바로 사건들이 지니고 있는 영향력의 연관 관계를 명백하게 드러내야만 한다. 사건들이 발생하게 된 역사적 문맥 연관을 인과적으로 재구성하고 비판적으로 평가하는 것은 역사 이해에 있어서 필수다. 역사적 사건이 항상 누구의 행위이듯이 역사 해석 역시 항상 누구의 해석이다.

사실(事實)은 사태의 객관적 현존이다. 역사적 사실(史實)은 영향력과 관심에 있어서 우리의 주목을 끈다. 역사적 사실이란 영향력과 관심에 있어서 역사가의 분석 대상이 된다. 역사적 사실은 인간의 행위를 전제로 해서만 성립된다. 인간이 만든 것은 인간에 의해 이해의 대상이 된다. 역사적 사실(史實)은 인간의 행위를 전제로 해서만 해석되고 평가된다.

모든 역사적 사실은 일차적으로는 진위의 엄격한 검증을 거쳐야 한다. 진위 검증을 통과한 사실들만이 해석과 평가의 대상이 된다. 사실의 해석은 역사가의 주관적 관심을 드러낸다. 하지만 객관적 사실로서의 사료는 역사가의 해석을 제한하는 것으로 작용한다. 역사적 사실은 항상 누군가의 관점에서 해석된다. 그리고 이런 해석은 비판적인 검증을 통해서 재평가된다. 역사에 있어서 인과는 역사적 사실이 발생한 연관을 복합적인 영향사의 문맥 안에서 이해하는 것을 말한다.

니체에 따르면 "사실은 없다. 다만 해석이 있을 뿐이다." 역사적 사실이 역사가의 해석 연관들과 지평에 따라 그때 그때 우리에게 의미를 지니게 된다. 사실은 검증의 대상이 되는 한에서 우리에게는 의미 연관의 맥락 안에서 새롭게 이해되는 것이다.

2. 자연 과학에서의 인과

자연 과학은 법칙 포괄형 모델(The covering-law model)을 통해 파악된다. 법칙은 개별 현상을 설명하는 규정 근거다. 개별 사례들은 법칙 밑에 포섭되면서 설명된다. 이론의 힘은 예측하는 데 있다. 개별 사건들은 그것이 법칙에 종속하는 한 언제든지 다른 사례를 통해 대체되어 설명된다. 자연과학에서 법칙은 개별 사례들에 대한 지배력을 뜻한다. 법칙은 개별현상들을 설명하는 근거로서 작용한다. 그렇기에 개별 사례들은 법칙을 통해 설명되어진다. 개별 사례들은 법칙이 타당하다는 것을 입증하는 것에 지나지 않는다. 개별 사건들이 반복 가능하고 재생산가능하고 대체가능한 것은 그 사건들이 법칙의 일반 규정을 통해 설명되어지기 때문이다. 법칙의 일반 규정을 통해 설명되지 않은 현상은 예외로 처리된다. 예외란 법칙의 일반 지배력이 영향을 미칠 수 없는 것을 뜻한다. 법칙은 개별 현상을 예측할 수 있게 해준다. 개별 사례들은 일반법칙을 통해 설명된다. 예측과 설명은 한 사태의 상이한 측면이다.

자연과학에서 인과는 원인이 결과가 발생하는 것을 설명하는 구조로 되어 있다. 법칙이란 사건들이 설명될 수 있는 근거를 말한다. 사건들은 법칙이라는 일반 규정을 통해 설명된다. 이론의 힘은 예측하는 데 있다. 자연과학에서는 가설이 예측을 통해 그 타당성을 공적으로 인정받을 수도 있고 아니면 경험적인 반박을 통해 폐지될 수도 있다. 가설을 공적으로 검증하는 과정을 통과하는가 아니면 통과하지 못하는가 따라 가설의 운명이 판가름 난다. 하지만 역사는 사건의 발생연관과 의미연관을 이해하기 위해 사건을 재구성하는 과정을 거쳐야 한다는 점에서 자연과학과 구별된다.

자연과학에서는 동일한 실험조건 아래서 두 사건이 무한히 되풀이 되면 이 두 사건 사이에는 원인 때문에 결과가 발생한다는 규칙성이 확인된다. 우리는 이 규칙성을 일반화시켜서 원인이 발생하면 필연적으로 결과가 발생하게 된다고 일반화할 수 있다. 이것이 바로 자연과학에서 말하는 법칙포괄형 모델의 기본 구조다. 법칙 포괄형 모델은 법칙을 통해 개별 사건을 미리 예측할 수 있다. 개별 사건들이 주어지면 이런 것들은 법칙이라는 일반 규정 밑에 포섭되어서 설명된다. 예측과 설명은 한 사태의 상이한 측면에 속한다. 법칙의 일반 규정을 알고 있으면 우리는 이것을 통해 미래의 개별 사건들이 발생할 것이라고 예측할 수 있다. 개별 사건들이 주어지면 우리는 이 사건들을 법칙의 포과적인 규정 밑에 포섭시켜서 설명할 수가 있다.

원인과 결과는 사건들이 무한히 반복 가능하고 대체 가능하다. 원인과 결과는 무한히 많이 시행하면 사건들이 반복할 때마다 규칙성이 확인된다. 하지만 역사적 인과 설명에서는 이런 법칙포괄형 모델이 별로 도움이 되지 않는다. 역사학은 자연과학의 방법론에 따라 억지로 끼워 맞추어서는 안 된다. 역사적 사건의 해석에 있어서 사건들이 지니는 인과적 의미는 사건의 발생을 설명하는 인과적 설명과 확연히 구별된다. 역사적 사실에서 인과해명은 사건들이 발생하게 된 배경을 밝히는 과정에서 사건들이 지니게 되는 적합성을 문제 삼을 뿐이다. 사실은 그 자체가 복잡한 구조로 얽혀서 발생하게 된다. 그렇기에 일어난 사건들의 인과를 설명하는 것은 사건들의 영향력 관계를 고려하지 않고서는 의미 있게 진행될 수가 없다.

자연 과학에서 개별 사례들은 다른 사례들로 얼마든지 대체가능하다. 자연 과학에서 법칙은 개별 현상을 지배하는 힘이다. 법칙의 타당성과 구속력은 법칙이 개별 현상을 규정하고 지배하는 데 있다. 하지만 역사에서는 법칙이 항상 의문의 대상이다. 또한 역사적 개별 사건은 절대로 다른 사건과 대체가능하지가 않다. 볼고그라드(=스탈린그라드) 전투는 그것이 발생한 배경과 전개 과정이 팽성에서 항우와 유방이 벌인 전투와 성질이 확연히 다르다. 따라서 이 두 사건들은 그 사건들이 발생한 문맥적 조건들 안에서 해명되어야지 일반법칙을 통해 두리뭉실하게 처리되어서는 안 된다.

자연 과학에서의 인과율은 사건들이 규칙적으로 발생한다는 전제 아래서만 가능하다. 하지만 역사적 사건은 어떤 사건도 동일한 것이 없다. 사건의 유사성은 있을지 모르지만 그렇다고 이것이 사건의 반복 가능성을 정당화하는 것은 절대 아니다. 역사적 사건을 이해한다는 것과 그 사건을 법칙을 통해 이해하는 것은 다르다. 법칙은 현상을 지배하는 한에서 지배의 유효기간이 있다. 자연과학에서 말하는 법칙은 지배의 유통기한이 있다. 하지만 역사에서는 법칙 자체가 성립하지 않는다. 법칙 물신화에 경도된 계몽주의 역사 이해는 역사의 모델을 자연 과학에서 찾는 것 때문에 역사의 형장에서 사라져 버렸다.

계몽주의는 자연과학의 방법론을 너무 맹신한 결과 유럽 중심주의를 일반화하는 오류를 저질렀다. 그들의 유럽 보편화는 그들이 다른 문명들에 대한 무지와 몰이해를 반영하고 있다. 보편법칙이 지배하는 유럽에서조차 독일은 민족정신(Volksgeist)을 대안으로 제시하면서 프랑스의 보편사에 맞섰다. 헤르더는 계몽주의가 내세운 보편주의가 알고 보면 프랑스적 특수성의 표현에 불과하다고 비판한다. 강요된 보편은 더 이상 보편의 자격이 없다. 특수를 보편으로 도배하는 보편은 특수에 대한 몰이해를 수반하는 한 그 자체가 폭력이다. 계몽주의가 과도하게 내세운 보편주의는 계몽주의의 특수한 역사의식을 반영한 것에 지나지 않는다.

3. 영향력으로서의 인과

자연 과학과는 다르게 역사적 사건은 그 사건을 포섭해서 규정할 수 있는 일반법칙이 없다. 이 점이 자연과학과 역사가 다른 이유다. 사마천과 헤루도투스를 직접 비교할 수는 없다. 그들이 살았던 시대를 전제로 하지 않고서 이 둘을 단순 비교할 수는 없다. 비교 한다고 하더라도 그 결과는 매우 피상적이거나 바람직하지 못하다. 역사적 사건은 인과의 영향력을 분석해야 한다. 하지만 역사적 인과는 사건들이 사건들에 작용한 힘의 복잡한 이해를 들추어낼 수 있을 때만 의미가 있다. 자연과학처럼 이 영향력을 수치로서 계량화할 수 있는 것이 아니다. 자연과학에서의 인과는 사건들이 무한히 반복될 때 이 반복에서 영향력의 질서와 규칙성이 확인된다. 하지만 역사에서는 영향력이 재구성을 통해 전체적인 작용 연관이 밝혀질 뿐이다. 그리고 역사학자들마다 이 영향력의 규정에 있어서 얼마든지 의견 차이와 상이한 해석들이 존재할 수 있다. 진시황의 분서가 히틀러의 분서와 같은 것은 아니다.

사실은 역사가의 관점에서 선별되고 해석된다. 역사가는 역사적 사실을 어떤 특정한 관점에서 선택한다. 여기에는 사실을 해석하는 자의 주관적 관점과 전망이 개입되어 있다. 그렇기에 우리는 사실을 선별하고 해석하는 역사가를 아울러 검증하지 않으면 안 된다. 사실은 있었거나 없었거나 둘 중의 하나다. 하지만 진위를 구별하기 어려운 사실들도 있다. 트로이 전쟁은 역사적으로 존재한 사실이 아니다. 시저가 루비콘강을 건넜다고 하는데 정확하게 그 강이 어디인지를 아는 자는 아직까지 없다. 징키스칸이 낙마해서 고향으로 돌아가

묻힌 것은 사실이지만 아직까지 그의 무덤이 어디에 있는지는 알려지지 않았다.

사실을 선별하고 해석하는 과정에서 역사가의 주관적 전망이나 관점이 반영된다고 해서 역사가가 자의적으로 역사를 창조할 수는 없다. 사실을 해석하는 역사가의 전망 역시 메타적으로 검증되기 때문에 우리는 역사가를 평가하고 그들의 작업을 역사적으로 평가할 수 있는 것이다. 프랑스 혁명에 대한 평가와 규정은 역사가들마다 그 의미와 강조점이 조금씩 다르다. 바로 그렇기 때문에 역사적 사실이 다차원적 복잡성을 지니는 문맥을 통해 다각적으로 접근되고 평가된다. 역사가의 역사 해석도 역사를 같이 만들어가는 것이기 때문에 해석은 수동적 기술이 아니라 능동적 창조가 된다. 역사를 풀과 가위로만 쓸 수 없다는 것은 자명하다. 해석이 배제된 사실의 단순 나열은 역사학을 생동감이 없도록 만드는 것이다.

역사적 사실이 가지는 일차적 독특함은 사실들이 그냥 시간상 아무 연관 없이 발생한 것들이 아니라 인과적인 영향력을 통해 형성되었다는 것을 밝히는 데 있다. 사건의 중요성은 사건이 발생하게 된 인과적 문맥을 통해서만 의미 있게 해명된다. 개별적인 사건을 고유하게 이해하고 평가해야만 하는 역사적 사건들은 그 사실들이 발생하게 된 문맥적 특수성을 고려할 때 그 의미가 충분히 드러날 수 있다. 역사 해석은 사건의 고유성에 주목하는 안목이 있어야 한다. 사건들을 연결시키는 것은 역사가의 작업이다. 사건들의 발생을 인과적으로 연결하는 작업은 창조적인 역사가의 활동을 전제로 해서만 의미 있게 진행된다.

4. 인과적 설명의 상이성

랑케는 사건이 본래 일어났던 바 그대로(wie es eigentlich gewesen ist)를 기술할 것을 요구한다. 이것은 역사에서 필수다. 진실과 고증에 기초하지 않는 사실을 토대로 역사를 서술할 수는 없다. 하지만 해석은 사건들을 단순히 나열하는 것이 아니라 사실들에 의미를 부여하는 작업이다. 사실 없는 해석은 허구적이다. 해석 없는 사실은 역사를 실증주의적 물신화로 이끈다. 개념은 지시 대상이 전혀 없을 때 외연을 전혀 갖지 못한다. 외연이 없다는 것은 공허하다는 것이다. 사실이 아닌 것을 토대로 역사를 해석할 수는 없다. 하지만 역사가의 해석이 단순히 사실을 단순 나열하는 데 있다면 그 역사는 우리가 과거를 이해하는 데 전혀 도움을 주지 못하게 된다. 사실의 해석은 과거를 해석하는 것이면서 동시에 현재적 관심을 드러내는 것이기도 하다. 해석은 사실을 선택하고 평가하는 것을 가능하게 한다. 사실은 해석이 이루어질 수 있는 조건과 토대다. 이 둘은 구별할 수는 있어도 분리할 수는 없다.

우리는 사실을 해석함으로써 사실을 해석하고 있는 우리 자신을 아울러 동시에 드러내고 있는 것이다. 랑케의 요구는 일차적으로 사실에 충실해야만 한다는 점에서 타당하다. 하지만 사실의 해석이 사살의 단순 나열이 아닌 한에서 역사가는 사실을 이미 창조적으로 드러내고 있는 것이다. 관점 없는 역사는 무의미하다. 역사적 사실을 철저하게 고증한 바탕 위에서 역사적 사실에 대한 해석이 아울러 가능하다. 그리고 해석된 역사 역시 끊임없이 재검증되어야만 한다. 해석과 의미를 제거한 사실 물신화는 거세당한 환관에 지나지 않는다.

사실과 가치는 구별할 필요는 있지만 절대로 분리시킬 수는 없다.

자연과학에서는 개별 사례들은 법칙의 타당성을 확인하는 것에 불과하다. 지배력은 법칙에 있지 개별 사례들에 있는 것이 아니다. 하지만 역사에서는 일반법칙이 없기 때문에 개별 사례들이 그 자체로서 중요하다. 그리고 개별 사례들은 그것이 발생하게 된 복잡한 인과 문맥을 전제로 한다. 역사가는 이 발생 연관을 밝혀내고 그것을 규정하는 감각을 훈련해야 한다. 자연과학이 법칙을 발견함으로써 개별 현상을 포괄적으로 설명하는 것이라면 역사가는 역사적 사건들이 지니는 인과 관계를 창조해야 한다. 이것은 사실로부터 주어지는 것이 아니라 역사가가 힘든 작업을 통해 만들어내야만 하는 것이다. 그리고 이런 것은 다른 역사가들을 통해 그 타당성이 재검증되지 않으면 안 된다. 역사가의 창조적 상상력은 사실을 입체적이고 총체적으로 이해하는 데 있어서 필수불가결하다.

인과는 결정론과 동의어가 아니다. 자연과학에서조차 양자론은 인과율을 결정론과 같은 것으로 동일시해서는 안 된다고 말한다. 역사에 있어서 인과는 사실로부터 결론을 이끌어낼 때 결론의 도출이 반드시 그래야만 했는지를 검증하지 않으면 안 된다. 사실은 일단 부정하거나 변형할 수 없다는 점에서 필연적이다. 하지만 사실이 성립하게 된 배경을 인과적으로 적합하게 설명하는 것은 결정론적이지 않다. 사실의 인과적 해명은 사실과 사실의 연결이 의미 있는 적합성을 지닐 때만 효력을 발휘한다. 역사가의 개성이 드러나는 것은 바로 인과적 연관의 적합성을 제시할 때 아주 확연히 드러나게 된다.

역사적 사건들은 사건들이 발생하게 된 맥락적 배경을 지니게 된다. 사건들의 영향력을 규정함에 있어서 우리는 어떤 사건으로 인해 어떤 결과가 발생하게 되었다고 말하지 않으면 안 된다. 인과적 설명은 사건들의 영향력 관계를 해명함에 있어서 앞선 사건이 후행하는 사건에 대해 적절한 의미에서 영향력이 있다는 것을 보여준다. 영향력의 선후 관계는 선행 사건이 후행 사건에 작용을 행사한다는 것에 기초한다. 그리고 영향력의 관계는 적합성을 지닐 때 객관적 효력을 발휘하게 된다.

팽창하려는 독일의 요구와 그것을 저지해야만 하는 영국과 프랑스의 이해 관계가 충돌하고 있었기에 이것이 원인이 되어 일차 세계대전은 발생하게 된다. 1913년은 계몽주의가 가정한 것과 같이 역사의 무한한 진보가 아무 이상 없이 실현될 만큼 평화롭게 보였던 것아 아니었다. 전쟁이 발발하기 한해 전에는 더할 나위 없이 고요하고 평화롭게 보였지만 사실은 정 반대였다. 바다에서는 태풍이 오기 전에 너무 평화롭고 고요하다. 1913년의 상황은 태풍이 불어 닥치기 전의 상황과 비슷하다. 그 이면에는 세계사의 주도권을 놓고서 떠오르는 독일과 그것을 저지하지 않으면 안 되는 국가들 간의 이해관계가 서로 충돌하고 있었기 때문에 전쟁이 발생할 수 있는 조건들은 이미 다 갖추어져 있었던 것이다.

황태자 부부의 암살사건은 전쟁 발발의 기회는 제공할 수 있어도 전쟁의 원인은 아니다. 세르비아는 오스트리아가 요구하는 조건을 다 들어주었는데도 불구하고 오스트리아는 이런 요구를 무시하고 선전포고를 했다. 결국은 범독일 진영의 팽창욕구가 가시화된 데서 전쟁의 진정한 원인을 찾지 않을 수 없다. 기차에 타고 있는 프랑스 군인들은 베를린에서 아침 식사를 외쳤다. 하지만 전쟁이 일어나고 채 석 달도 되지 않아 40만의 프랑스 전사자가 발생하자 이런 구호는 얼마나 덧없는가를 깨우치게 되었다. 파리에서 저녁 식사를 상상하고 있는 독일 병사들도 베르덩 전투에서의 고달픈 추위와 굶주림을 맛보지 않으면 안 되었다. 전쟁을 낭만화하는 망상에서 전쟁의 환멸을 느끼기까지는 그렇게 많은 시간이 걸리지 않았다. 철도를 통해 병력을 실어 날랐지만 그들이 지루한 참호전에서 겪은 것은 전쟁의 장기화로 인한 환멸 그 자체였다. 모든 전쟁을 끝내기 위해 치루어진 제1차 세계대전은 사실은 전쟁의 종언이 아니라 시작에 불과했다.

역사에서는 어떤 사건이 원인으로 작용할 때 수많은 복합적 요인들이 얽혀 있다. 이 복잡한 작용 연관을 하나하나 이해하면서 우리는 이것을 토대로 결과가 발생하게 된 과정을 추론하고 재구성하지 않으면 안 된다. 그리고 만들어진 이런 구도 자체가 사실을 통해 재검증되어야 한다. 역사에서의 인과는 결정론이 아니라 작용의 선후 관계를 파악하는 데 있다. 해상 강국 영국은 강력한 경쟁자로 부상하는 빌헬름 2세의 위협에 대비해야만 했다. 프랑스는 보불전쟁의 패배 이후 늘 복수의 기회를 노리고 있었다. 오스트리아는 범슬라브 민족에 대한 지배 욕구를 숨기지 않았다. 복잡하게 얽힌 이해관계로 인해 전쟁은 서서히 일어날 준비가 되어 있었다. 황태자 부부의 암살사건은 전쟁의 원인이 아니라 전쟁의 도화선에 불과했다. 우리는 사건들 안에 감추어진 이런 인과의 복잡한 그물망을 이해할 수 있어야 한다.

5. 해석과 의미 연관

역사적 사실의 해석에 있어서 우리가 조심하지 않으면 안 되는 것은 역사가의 관점이 결코 전지전능한 것이 아니라는 것이다. 관점은 재검증되어야만 한다. 그렇기에 역사적 관점 역사적으로 변할 수가 있게 된다. 사실이 죽은 사료가 아니라 누구의 행위를 전제로 만들어진 것이듯이 해석 역시 고정된 것이 아니라 문맥적 틀에 따라 변할 수 있다.

카오스는 있어야 할 질서가 부재한 것이다. 초기 조건들의 복잡성의 증가는 작용을 교란시키고 작용의 교란은 예측 불가능한 혹은 통제 불가능한 결과가 발생하게 된다. 작은 변화가 큰 결과를 산출할 때 이 둘 사이에는 패턴과 질서가 깨진다. 원인들의 계열에서 복잡성의 증가는 작용을 교란시키고 작용의 교란은 예측 불가능한 결과로 이어진다. 초기조건들의 복잡성이 감소하면 작용은 안정되고 작용의 안정은 다시 결과의 예측 가능성으로 이어진다. 이것이 자연과학에서 말하는 카오스 이론의 핵심이다. 우리는 이것을 역사에 적용할 수 있다. 왜냐하면 역사적 인과는 이미 말한 바와 같이 자연과학적 인과와 다른 의미를 지니고 있기 때문이다. 다만 역사에서는 인과의 계열에서 복잡성들이 너무 유기적으로 얽혀 있기 때문에 이 복잡성의 증가로 인한 결과 역시 매우 복잡하게 전개된다는 데 그 특징이 있다. 복잡성의 증가로 인해 패턴이 깨지는 현상들이 많이 발생한다. 마찬가지로 역사적 인과 역시 영향력의 증가들로 인해 결과가 복잡하게 전개된다. 히틀러의 제3제국과 러시아의 볼셰비키를 같은 잣대로 적용할 수는 없다. 비록 이 두 체재들이 전체주의라는 큰 틀로 분류하고 접근할 수 있어도 이 두 체재가 유지되고 움직여 온 개별적 상황은 너무 많은 차이를 간직하고 있기 때문에 우리는 개별적인 것을 개별적인 문맥의 고유성 안에서 이해하지 않으면 안 된다.

일반화된 틀이나 접근 방식은 개별 사건을 이해하는 데 보조적인 도움을 줄 수 있을 때만 의미를 지닌다. 역사적 개별 연구를 통해서 도출된 결론은 일반화된 결론과 일치하지 않는다. 그렇기에 역사 연구는 궁극적으로는 개별 문맥의 고유성을 이해하고 규정하는 데 모든 노력을 기울여야 한다. 우리는 어떤 경우에도 일반화의 오류를 저질러서는 안 된다. 시멘트로 굳혀 버린 자갈은 개별현상을 이해하는 데 있어서 무기력을 반영할 뿐이다.

해석은 사실의 규정 근거다. 사실은 해석의 제약 조건을 형성한다. 역사가는 사실을 해석하면서 동시에 자신의 현재적 관심을 드러낸다. 서술의 주관적 맥락은 비판적인 검증의 과정을 거치면서 재평가되고 비판적으로 검증된다. 해석은 산파의 역할을 떠맡는다. 사실은 가치의 제약조건을 형성한다. 가치는 사실을 재구성할 수 있는 성립 근거를 드러낸다. 이 둘은 구별될 필요는 있어도 분리될 수는 없다. 자연과학에서 실험과 관찰이 항상 이론에 의해 인도(theory-laden)되듯이 역사적 사실의 해석 역시 선이해라는 틀 안에서 진행된다. 하지만 선이해는 비판적으로 재구성되는 과정을 피해 갈 수 없다. 크로체가 잘 지적하는 것과 같이 모든 역사적 관심은 현재적 관심에 의해 유지된다. 하지만 현재적 관심 역시 비판적으로 재구성되고 변형되지 않으면 안 된다. 역사의 객관성 요구는 주관이 거세된 객관성이 아니다. 실증주의의 문헌학 물신화가 지배하도록 해서는 안 된다. 그것은 역사 이해를 축소시키고 매우 건조하게 만든다. 역사적 해석이 허구적인 소설과 다른 것은 그것이 역사적 사실을 이해 가능하도록 만드는 데 있다.

4부

——

01 사회 계약론과 정의

02 에토스(ethos)

03 탐구의 역동성과 대화

04 성좌, 지평, 전망

05 위기와 위험 사회의 차이

06 합리적인 것(The rational)과 이성적인 것(The reasonable)

07 유비적 차이

08 범주의 연역

01

사회 계약론과 정의

사회 계약은 한 마디로 말하면 지배 자체를 정당화하는 것을 목적으로 한다. 사회 계약론자들은 자연 상태에 대한 각각이 상이한 가설들을 제시한다. 법이 지배하지 않는 상태는 모두가 모두를 상대로 투쟁하는 곳이다. 그렇기 때문에 여기서는 불안정과 혼란 그리고 무질서와 파괴가 지배적이다. 인간은 법이 지배하지 않는 상태를 벗어나서 법을 통한 지배의 안정화를 추구하고자 한다. 따라서 계약이란 인간과 인간 모두를 공통으로 묶어줄 수 있는 법의 공정한 지배를 만들도록 요구한다.

인간은 인간과의 모든 관계를 파괴하거나 불가능하게 하는 반사회적 파괴성을 극복하지 않으면 안 된다. 반사회적 파괴성을 극복함으로써 우리는 사회라는 안정된 제도 안에서 질서, 평화, 지배의 합리화, 공정함, 질서가 주는 즐거움을 누릴 수 있다. 모두가 모두를 상대로 한 무한투쟁(struggle of all against all)을 끝내고 모두가 모두를 통한 상호 인정(mutual recognition of all through all)을 실현하는 것이 바로 사회 계약이 궁극적으로 추구하는 것이다. 이것은 결국 정의에 기초한 법의 실현이다.

1. 롤즈의 정의

정의란 모두가 모두를 구속함으로써 모두가 모두를 지배하는 강제성을 말한다. 이것이 정의(justice)에 대한 형식적 정의(definition)다. 정의는 법의 가능 근거다. 법은 오직 정의에 기초하고 따를 때 한해서만 타당하다. 절대로 그 반대는 아니다. 악법은 법이 아니다. 정의에 기초하지 않을 때 모든 지배는 다 폭력이다. 그렇다면 모두가 모두를 실질적으로 강제함으로써 모두가 모두를 구속하는 그런 정의로운 규정은 무엇인가?

롤즈의 정의론 역시 칸트가 빠진 동일한 어려움에 부딪힌다. 모두가 모두를 구속하려면 모두가 모두를 강제하는 그런 규정에 동의하거나 일치해야만 한다. 하지만 모두가 동의하는 그런 보편 규정은 무엇인가? 롤즈는 "무지의 면사포"(veil of ignorance)를 통해서 모두가 동의할 수 있는 형식적 강제만을 제시한다. 하버마스의 이상적인 담론상황 역시 사정은 마찬가지다.

제약된 것들로부터 출발할 때 우리 모두는 보편적 일치에 도달하지 못한다. 그래서 롤즈는 모두가 동의할 수 있는 그런 조건들에 대해서만 형식적으로 호소하고 있을 뿐이다. 직업, 성별, 전통, 이해관계, 재력이나 권력에 제약된 상태에서 보편적 일치를 끌어내는 것은 불가능하다. 모두가 모두를 강제할 수 있는 형식적 요구가 형식적 요구를 넘어서 내용적인 규정으로 충족되어야 한다.

원초적 입장(original position)에서 우리는 우리 모두를 묶어줄 수 있는 그런 보편화 가능 조건들에만 우리 자신을 개방해야 한다. 법=지배(rule of law)가 성립하려면 법은 특수한 이해 관심이나 이데올로기 연관들로부터 벗어나 있어야 한다. 법을 통한 지배(rule by law)가 아니라 법이 지배(law=rule)하도록 해야 하기 때문에 법은 모든 특수한 이해 관심들로부터 벗어나 있어야 한다. 법에는 파워엘리트에 의한 왜곡된 사용이 개입해서는 안 된다.

자유 우선성의 원칙: 모든 인간은 서로 동등한 권리를 지니고 있다. 따라서 이 자유의 실현은 어떤 경우에도 방해받아서는 안 된다. 반대로 각자의 자유 사용은 타인의 권리를 침해하지 않는 범위 안에서만 공정하게 사용해야 한다. 민주주의는 권리가 동등하다는 것에 기초한다. 치자=피치자다. 자유 우선성이란 모두가 동등한 권리의 주체라는 것을 말한다. 이것은 절대로 양도하거나 흥정과 거래의 대상이 되어서는 안 된다. 권리 위에 잠드는 자는 보호받을 자격이 없는 자다.

평등의 두 원칙: (1)정당한 불평등은 인정되어야 한다. 각자의 능력이나 재능들은 서로 다르다. 따라서 이런 능력들의 발현에 있어서 드러나는 차이에 대해서는 우리가 그 결과를 수용해야 한다. 기회를 동등하게 제공한 상태에서 결과가 불평등하게 발생하는 것은 어쩔 수 없다. 따라서 차등은 인정되어야 한다. (2)부당한 불평등은 반드시 수정되어야 한다. 경쟁 조건들의 불평등한 차이로 발생하는 불평등은 시정되어야 한다. 사회적 약자들이나 불리한 조건들에 처한 자들에게 일차적으로 자원을 먼저 배분해야 한다. 왜냐하면 부당한 조건들에서의 경쟁은 항상 부당한 결과를 산출하기 때문이다. 공정한 조건들에서 출발하지 않는 경쟁은 정당하지 못한 불평등을 산출하고 가속화시키는 위험이 있다. 그리고 사회 통합의 측면에서도 이런

부당한 불평등은 시정되어야 한다. 역차별의 위험을 피하는 한에서 우리는 사회적 자원 배분에 있어서 사회적 약자들에게 먼저 그 조건들을 충족시키지 않으면 안 된다.

2. 법의 강제성

법은 공권력을 정당화하기 위해 공권력을 정당하게 집행하지 않으면 안 된다. 공권력은 구속력이 있는 힘이다. 하지만 모든 강제가 항상 공권력이 있는 것은 아니다. 악법은 법의 자격이 없다. 정의에 기초하지 않을 때 국가는 도적떼에 불과하다. 그렇기 때문에 법을 통한 공정한 지배만이 법의 강제력의 기초가 된다. 법은 진리보다 권위에 기초한다. 계약은 칼이 없다면 휴지조각에 지나지 않는다. 법은 구속력을 집행하기 위해 공권력의 정당한 이름으로 실행된다.

법은 모두가 모두를 구속함으로써 모두가 모두를 자유롭게 하는 것에 기초한다. 법은 공적 질서다. 모두가 모두를 강제함으로써 모두가 모두를 자유롭게 하는 것이 법이다. 그렇기에 법은 정의에 기초하고 정의를 집행한다. 정의가 실현되기 위해서 정의는 법이라는 강제를 집행한다. 법은 공적 질서를 강제한다. 법이 거래나 흥정의 대상이 안 되는 이유가 여기에 있다. 흥정과 거래는 누구의 이익을 위해서 또 다른 누구를 희생시킨다.

헤겔은 법을 객관정신에 속하는 것으로 분류한다. 주관적 의지를 공통으로 묶을 수 있는 것에 기초하기 때문에 법은 일반의지를 대표한다. 모든 권리주체들을 만족시킬 수 있는 공통 규범의 구속력이 법의 규정 근거다. 국가는 자유에 기초하고 자유는 공적 제도를 통해서 구체적으로 실현되어야 한다. 국가를 구성하는 개인들도 원자론적인 이기적 주체가 아니라 공적인 주체로서 보편적인 권리를 보편적으로 사용할 수 있어야 한다. 우리는 적나라한 이기적 존재가 아니라 국가나 공동체의 구성원들로서 공적 시민으로서 자신들의 법적인 권리를 보편적으로 사용할 수 있어야 한다.

신의 정당한 명령, 영원법, 자연법, 인정법에 대한 그리스도교의 목적론적 법 이해는 근대에 들어오면서 변화를 겪는다. 공동체의 규정 근거를 초자연적 근거에 입각해서 근거지우려는 시도는 변화를 겪는다. 초자연적 권위가 아니라 공동체의 구성원들을 묶어줄 수 있는 권위에 입각해서 법은 만들어 진다. 근대의 사회 계약론은 공동체의 구성원들을 공통으로 묶어줄 수 있는 규범적 정당화 조건을 사회 성립의 근거로 요구한다.

실정법과 자연법의 대립이나 갈등이 사라진 것은 아니다. 악법은 정당한 구속력은 없지만 물리적 강제는 있다. 악법은 법의 자격이 없다. 하지만 법은 강제력의 실질적인 행사다. 자연법은 악법의 존립 자체를 부정한다. 실정법은 자연법의 당위적 구속력을 인정하지 않는다. 유대인 탄압에 대한 제3제국의 법은 어떤 경우에도 정당성이 없다. 하지만 이 법은 아주 악명 높게 집행되었다. 법이 정의에 기초하고 정의를 집행해야 됨에도 불구하고 법이 악의 대변인이 되는 것은 법이 지니는 강제성에 기초한다. 산 속의 호랑이보다 법의 횡포가 무서운 것은 악법의 집행을 두고 하는 말이다. 실정법의 그릇된 적용에 의해 정의가 무기력하고 한계를 경험하는 것은 역사에서 비일비재하게 발생한다.

나치의 만행을 처벌할 규정이 없다고 해서 나치 전범자들을 무죄로 해야 한단 말인가? 나치의 범죄를 처벌하기 위해서 없는 조항을 새로 만들어서 소급 적용해야 할까? 나치를 처벌하지 않으면 정의가 무기력해 진다. 나치를 처벌하면 법률 불소급의 원칙에 위배된다. 이것은 법이 금지하는 조항이다. 하지만 어떤 법이란 말인가? 그리고 그 법은 누가 만든 것인가? 정의와 법률불소급의 원칙이 충돌할 때 우리는 어느 것을 따라야 하는가?

독일이 승전했더라면 영국과 미국은 드레스덴 공습에 대해 책임을 져야만 했다. 미국과 영국은 독일을 악의 축으로 규정했지만 정작 그들은 악을 저지르지 않았단 말인가? 나치의 극단도 문제이지만 미국과 영국의 위선적인 행동도 문제다. 영국과 프랑스는 자국의 식민지는 하나도 독립시키지 않으면서 독일의 식민지에 대해서는 민족자결주의를 강요함으로써 독일의 식민지 국가들만 독립을 시켰다. 이 얼마나 모순적이고 위선적인 태도인가? 법이 정의의 집행이 아니라 이익과 흥정의 대상이 되는 것은 역사가 아주 분명하게 보여준다.

역사적으로 보아도 법이 권력과 재력의 노예가 되어서 통치의 수단으로 악용되어 왔던 사례들이 한두 가지가 아니다. 법이 지배해도 법 적용의 부당함이 발생한다. 하물며 법이 지배하지 않는다면 법이 공포의 수단으로 전락되는 것은 말해 무엇하겠는가?

3. 국가와 지배의 정당성

자연상태에 대한 규정들은 사람들마다 서로 다르다. 자연상태는 실제로 존재한 것이 아니다. 그것은 사회 성립의 가능 근거를 설명할 때 우리가 작업 가설로 끌어들이고 있는 것에 지나지 않는다. 사회 성립의 규범적 근거제시에 대한 정당화 요구를 마련하기 위해 사람들은 각기 자연 상태를 가정하고 있다. 자연 상태에 대한 상이한 규정들에도 불구하고 사회 계약론은 사회 성립의 근거를 제시하고 있다는 점에서 공통점이 있다. 국가는 지배 자체를 정당화하는 공적 의지의 실현으로서만 그 타당성을 유지한다.

전쟁상태(war of all against all), 순수 상태(루소의 문명의 타락과정), 무질서 상태(칸트), 목가적인 상태 등등으로 인해 자연상태에 대한 가설은 주장하는 자들에 따라 제 각각이다. 자연 상태에서는 지배의 정당화가 충족되지 않았기 때문에 우리는 지배의 정당화 근거를 마련하지 않으면 안 된다. 사회 계약론은 한 마디로 말하면 지배의 정당화에 대한 근거제시를 말한다.

모두가 모두를 상대로 무한 투쟁을 한다면 자연상태에서는 안정된 질서는 없다. 홉스는 그렇기 때문에 자연 상태를 극복하지 않으면 안 된다고 보았다. 루소는 자연상태는 평화적이고 목가적이지만 우리가 문명화를 겪으면서 타락해졌다는 것이다. 그래서 계약을 통해 우리는 자연 상태에서 누리고 있는 안정과 자유 그리고 평화를 보장하지 않으면 안 된다고 보았다. 자연상태를 부정적으로 기술하는 것에서부터 자연상태를 이상화하는 것에 이르기까지 자연상태에 대한 규정은 십인십색이다. 하지만 자연상태에서는 누가 무엇이라고 해도 공적으로 보장된 구속력은 없다. 사회는 모두가 모두를 강제하고 모두가 모두를 구속함으로써 안정된 질서를 확보하지 않으면 안 된다. 근원 계약이란 바로 모두가 모두를 구속함으로써 모두가 모두를 강제하는 안정된 질서를 마련하는 것이다.

법이라는 공적 질서가 없을 때 자연상태에서 인간은 어떤 안정된 보호도 누릴 수가 없다. 그래서 인간들은 자연 상태에서 부재한 공적 질서를 확보하기 위해 자의라는 무질서와 폭력을 벗어나야만 한다. 법이 부재한 상태를 떠나는 것은 인간이 법이라는 공적 질서를 통해 안정성을 누려야 하기 때문이다. 이렇게 해서 모두가 모두를 강제하는 것으로서 법이 형성되게 된다. 사회가 성립하는 곳에서는 반드시 법이 있게 마련이다. 사회계약은 법이라는 지배의 정당성을 설명하기 위해 인간이 창안한 작업 가설에 불과하다. 지배의 정당화 요구가 사회계약의 근본 문제에 속한다. 지배가 없는 사회는 없지만 모든 사회가 다 지배를 정당화하고 있는 것은 아니다. 그렇기에 사회계약은 지배의 정당화에 대한 근거 해명으로 보아도 무방하다. 지배가 아니라 정당화된 지배가 문제이기 때문에 사회 구성원들 모두는 이런 구속력 있는 지배를 마련하기 위해 자의성을 극복하지 않으면 안 된다.

사람이 혼자서 살 때는 정의가 필요 없다. 하지만 둘 이상이 모여서 살게 되면 그들을 규제할 규범적 질서가 반드시 필요하다. 사회계약이 지배의 정당화를 충족해야 하기 때문에 모든 지배는 구성원 모두를 만족시킬 수 있는 공적 구속력을 필요로 하게 된다. 지배가 없는 사회는 없지만 모든 지배가 다 합법적 지배를 충족한다는 보장이 없다. 지배의 정당화는 사회 계약론의 핵심 사항으로서 지배 자체의 규범적 근거를 설명하는 것을 목적으로 한다. 자연상태에 대한 가설 설정은 사회 성립의 근거를 밝히기 위해 자연상태라는 가설을 도입한 것이지 역사적 상태를 말하는 것은 아니다. 지배의 정당화 충족에 대한 검토가 자연상태의 가설이 지니고 있는 근본 의미다. 지배의 합법화와 정당화는 인간과 인간을 묶어주는 공통 구속의 의미를 지닌다. 법은 모두가 모두를 강제하는 것이기 때문에 법의 지배를 벗어나는 것은 의미가 없다.

법이 지배하지 않을 때 인간의 자유는 항상 불안정하다. 법의 공적인 지배가 없을 때 절대 자유는 절대 불안정하다. 따라서 우리는 자연 상태에서 누리는 불안을 벗어나서 안정된 지배를 확보하기 위해 법을 만들지 않으면 안 된다. 자연 상태에서 누리는 불안정한 자유는 인간의 자의에 기초하기 때문에 이런 자의성은 지양되지 않으면 안 된다. 홉스는 자연상태에서 누리는 불안정한 자유를 극복하기 위해 군주를 통해 제도적 안정을 보장받아야 한다고 주장한다 하지만 군주가 안정을 지켜주지 않는다면 어떻게 할 것인가? 군주가 약속을 지킨다는 보장이 없기 때문에 군주를 통한 안정의 확보는 취약하다. 결국 군주에게 양도할 것이 아니라 대표자에게 위임하고 대표자가 그 요구를 들어주지 않을 때 대표자를 교체해야 한다. 로크는 저항권의 정당성을 통해 군주를 대표자로 대체해버렸다. 민주사회에서 선거는 피를 동반하지 않는 명예혁명에 비유된다.

지배자가 대표자로 대체되면서 법을 통한 안정된 지배가 지속될 수 있다. 사회 계약은 모두를 공적인 구속력으로 묶기 위해 모두를 만족하는 공통의 근원 질서를 충족시키지 않으면 안 된다. 공동체의 구성원들 모두를 만족시키는 법의 제정은 불가피하다. 정의에 기초하지 않은 법은 유지될 수 없다. 법은 정의를 집행함으로써만 그 정당성을 유지한다. 법의 지배는 인간의 자의적 지배를 추방한다. 지배의 자의성이 극복되어야 하기 때문에 법은 모두의 공적 구속력을 충족시키지 않으면 안 된다.

루소는 일반의지를 전체의지와 구별한다. 전체의지는 산술적 집합에 불과하지만 일반의지는 자발적 동의에 기초한다. 자유는 각자가 자신들이 따르기로 한 법칙에 자발적으로 복종하는 것을 뜻한다. 모든 구성원들이 자신들의 자발적인 동의 아래 자신들이 만든 법에 자발적으로 복종하는 것이 사회 성립의 기본이다. 여기서 루소는 칸트의 자유를 선취하고 있다. 루소는 법을 모두가 모두를 구속하는 것으로 보았다. 자유와 법은 일치한다. 루소의 일반의지는 칸트의 법 형성 과정에 지대한 영향을 미친다. 칸트에 따르면 "법은 그 조건들 아래서 각자의 자의가 타인들의 자의와 함께 자유라는 일반 법칙에 따라 공통으로 통일될 수 있는 조건들의 총괄이다."

칸트가 주장한 "원초적 계약"(der ursprüngliche Vertrag)이란 공동체의 구성원들 모두를 만족시킬 수 있는 공통 질서를 뜻한다. 이것은 자의의 산물이 아니라 이성적 의지에 기초한 공통 구속력의 충족을 뜻한다. 법은 일반의지의 객관적 표현이기 때문에 어떤 경우에도 침해될 수 없다. 법의 파괴자는 필연적으로 자기 파괴로 이어진다. 왜냐하면 그는 자기 모순을 수행하고 있기 때문이다. 법은 손상된 공적 질서가 절대로 파괴될 수 없다는 것을 보여주기 위해서 범법자를 반드시 처벌하지 않으면 안 된다. 법이라는 공적 질서는 절대로 종이호랑이가 아니다. 또 그렇게 무기력하게 방치되어서도 안 된다. 법은 정의에 기초하기 때문에 어떤 경우에도 흥정이나 거래의 대상이 될 수 없다.

소유권이란 신성하다. 왜냐하면 소유권은 각자가 자신들이 지니고 있는 것들을 마음대로 처분하고 사용할 수 있는 권리이기 때문이다. 그리고 권리는 법으로 인정되었기에 어떤 누구도 타인의 재산에 대해 부당한 권리 행사를 할 수가 없다. 소유는 점유와 구별된다. 소유에는 소유권에 대한 법적 인정이 있다. 소유권은 법으로 보장된 권리이기 때문에 공적 인정을 누리게 된다. 이 점에서 소유는 점유와 구별된다. 법은 소유권이 어떤 경우에도 침해될 수 없다는 것을 보장함으로써 개인들의 권리를 보호한다. 정의에 기초하는 법은 어떤 경우에도 정의에 위배되는 것을 할 수가 없고 또 해서도 안 된다. 정의에 기초하는 법은 정의를 실행하기 위해 정의를 집행한다. 법이 힘의 근원이 아니다. 법은 단지 공적 질서의 대변자에 불과하다. 공적 질서가 작동하기 위해 법이 강제라는 처벌을 독점적으로 행사할 뿐이다. 법은 정의를 따름으로써 정의를 무기력하게 방치하지 않기 위해 정의를 집행(enforcement) 한다. 집행은 정의에 기초하지 힘(power)에 굴복하지 않는다.

공화국(republic)은 시민들의 자치에 따른다. 지킬 것이 있을 때 우리는 그것을 지키게 된다. 지켜야만 하는 공공선이 있다. 공화국의 시민들은 덕이 있다. 그것은 자기 이익만이 아니라 자기 이익과 타인들의 이익을 일치할 수 있는 지혜를 말한다. 이렇게 자신의 의지 사용이 타인과의 조화와 배려를 통해 유대를 자발적으로 얻어가는 사회가 공화국의 시민적 자질이다. 수동적 시민이 아니라 자발적으로 책임지는 연대적 시민이 공화국의 덕이다. 토크빌이 요구한 자치에 기초하면서도 연대를 창조하고 그 연대 속에서 일체를 느끼는 행복이 있다. 보수는 기득권을 지키는 것이 아니라 지킬 것이 있으니까 그것을 지키는 것이다.

덕이란 자의와 공통 구속 사이에서 의지가 자의성을 벗어나서 일반규정에 자발적으로 복종하는 것을 뜻한다. 덕은 훈련의 결과다. 우리에게는 유혹과 나태함 등이 있지만 그것을 이겨내지 않으면 안 된다. 자의를 벗어나서 법칙에 자발적으로 복종하려는 의지가 덕이다. 이 덕은 개인에게는 자발적인 훈련을 통해 그리고 공동체에서는 교육과 법에 대한 존중심을 가르치는 데서 달성된다. 여하튼 우리는 교육을 통해 배우지 않으면 안 된다.

근거(Begründung)에의 요구와 그것을 적용(Anwendung)하는 요구는 절대로 분리될 수 없다. 근거는 행위가 충족하지 않으면 안 되는 것이다. 그리고 근거는 구체적인 것들에 적용됨으로써 구속력을 집행한다. 법이 정의를 따르고 정의가 무기력하게 되지 않기 위해 법을 통해 집행되어야 한다. 근거는 정당성 충족이다. 적용은 무제약적 타당성을 집행하는 것이다. 근거와 적용 사이에는 어떤 단절도 있을 수가 없다. 적용하는 자의 자의성을 배제해야 한다. 법 자체의 공적 신뢰성을 우리가 따르는 것이지 법을 집행하는 자들에게 복종하는 것이 아니다. 자연상태의 불안정성과 무질서 그리고 법의 부재를 벗어났는데 우리가 다시 그리로 전락할 수는 없다. 공화국의 시민들은 덕을 갈고 닦음으로써 야만으로의 회귀를 막아야 한다. 덕이 요구되는 것은 이 때문이다. 법은 공적 자유다. 개인들은 공적 자유 안에서만 자유롭게 숨쉰다. 법을 통해 나의 자유를 공적으로 보호받는 것이기 때문 법은 나에게 강제를 행하는 외적인 힘이 아니다. 법은 바로 그 안에서 내가 자유롭게 살 수 있는 삶 자체다. 우리는 이 점에서 법과 자유를 분리할 수 없고 이 둘을 하나로 보지 않을 수 없다.

4. 회복하는 정의

법은 공적 질서다. 법은 모두가 모두를 구속함으로써 모두가 모두를 자유롭게 한다. 따라서 법은 그 안에서 우리 모두가 자유롭게 살아 숨쉬는 행복한 삶의 터전이다. 국가의 기초는 이 점에서 보편적 정의다. 헤겔은 국가의 기초가 자유의 실현에 있다고 규정한다. "세계사는 세계법정이다."

법은 어떤 경우에도 파괴되거나 훼손될 수 없다. 범법자는 우리 모두를 파괴한 자다. 따라서 우리 모두는 우리의 파괴된 삶이 파괴된 것으로부터 우리 자신을 지키지 않으면 안 된다. 법은 공적인 처벌을 강제함으로써 범법자에게 법은 어떤 경우에도 파괴되거나 침해될 수 없다는 것을 응징해야 한다. 처벌과 복수는 구별된다. 처벌은 공적인 집행으로써 법이 법을 파괴하고 부정한 자들에게 가하는 집행이다. 법은 처벌을 가함으로써 법이 파괴될 수 없다는 것을 범법자에게 확실히 보여주어야 한다.

법은 공정하게 적용해야 하고, 법의 판결은 모두에게 보편적인 동의를 얻을 수 있어야 한다. 법은 규범적 폭력으로 악용되거나 지배의 도구로 타락해서는 안 된다. 공권력을 가장한 법의 타락이 가장 잔인하고 야만적인 폭력이 된다. 감기에 걸린 자가 병과 싸우면서 자신의 몸을 추스르듯이 법도 법을 파괴한 자를 처벌함으로써 공권력이 어떤 경우에도 침해받을 수 없다는 것을 보여주어야 한다.

저항권이 정당한 것은 법이 정의가 아니라 폭력에 기초로 해서 집행될 때다. 저항권은 부당한 법의 지배를 반드시 근절시키지 않으면 안 된다. 법이 정당하다면 법을 부정하는 자들에게는 아주 준엄한 처벌을 집행해야 한다. 어떤 경우이든 법의 공정한 지배가 승자여야 한다.

분노는 공적인 것이다. 혐오와 증오는 사적인 원한 감정이다. 법의 공정한 집행은 모두의 공적 삶을 보호하기 위해 공평하게 집행되어야 한다. 반인륜적 범죄자를 처벌하는 것은 법이 자기의 공적 질서를 지키기 위해서다. 사형이란 아주 극단적인 처방을 통해서 반사회적 파괴를 자행하는 자들에게 법이 가하는 형벌이다. 히틀러에 대해 공적인 분노를 느끼는 것은 지극히 자연적이고 정의로운 감정의 표현이다. 하지만 외국인 증오나 혐오는 해서는 안 되는 일을 하는 개인적 원한 감정의 미성숙한 표현이다. 정의는 인간이 머무르는 장소다. 따라서 정의는 공정하게 집행되어야 한다. 법이 흥정과 거래의 도구로 전락되는 것만큼 우리를 고통스럽게 하는 것도 없다.

같은 것은 같게 대우해야 한다(등가 교환의 원칙). 다른 것은 다르게 대우해야 한다(차등의 배분 원칙). 같은 것은 같은 것과 등가 교환에 있다. 민주 사회에서 모든 구성원들의 권리는 같다. 따라서 같은 권리는 차등 있게 배분해서는 안 된다. 인간들의 능력은 다 다르다. 능력이 다르기 때문에 다름에 입각해서 다르게 대우해야 한다. 능력의 배분은 차등의 원칙에 따라 배분해야 한다. 같은 것은 같게, 다른 것은 다르게 적용하는 것이 정의다. 그리고 정의는 공적 질서이기 때문에 어떤 경우에도 침해되거나 훼손될 수 없다(회복하는 정의 원칙). 그렇기 때문에 공권력은 공권력을 파괴하고 부정하는 자를 반드시 처벌하지 않으면 안 된다. 왜냐하면 처벌은 공권력이 공권력을 부정하는 자를 부정함으로써 자신의 공적인 권위를 입증해야 하기 때문이다. 법이 종이 호랑이로 전락해서는 안 된다. 법이 솜

방망이가 되어서는 안 된다. 법의 공적인 구속력은 결코 흥정과 거래의 대상이 되어서는 안 된다. 법은 단지 정의를 따르고 집행하는 한해서 집행의 구속력을 유지할 뿐이다.

02

에토스(ethos)

그리스에서 유래하는 이 용어는 아리스토텔레스에 의해서 타당한 삶의 질서(die geltende Lebensordnung) 혹은 인간들이 사는 공동체 안에서의 지배적인 삶의 양식이라는 의미로 정의된다. 아리스토텔레스는 지를 덕으로만 이해하는 소크라테스를 비판하면서 이론적 덕과 실천적 덕을 구별하고 있다. 그에 따르면 이론적 덕은 가르침이나 학습에 의해 습득될 수 있지만 윤리적 덕은 반복되고 익숙한 삶(aus Gewohnheit)으로부터 형성된다. 그리스어 ἔθος - ἦθος 는 철자상의 구별만 있지 의미론적으로는 거의 같은 의미로 사용되어지고 있다.

습속(Sitte), 관습(Brauch), 전승(Herkommen)을 뜻하는 것으로서의 ἔθος는 집들(Gehäuse), 울타리(Gehege), 거주지(Wohnung), 체류지(Aufenhalt)를 뜻하는 ἦθος 와 서로 중첩되어서 그 의미가 사용되어졌다. 우리가 이 두 어원의 뿌리를 같은 것으로 본다면 에토스라는 것은 전승된 인간의 습속들 속에서 인간이 자신의 현존하는 삶의 장소를 갖는다는 것을 말한다. 이 장소 속에서 인간은 인간이 아닌 것들과 철저하게 구별된다. 이전부터 내려온 것(das Althergebrachte) 이나 익숙한 것(das Gewohnte)을 통해 규정된 삶의 장소가 바로 그런 것에 해당한다. 인간이 이런 것들 속에서 태도를 정하고 연습하는 것을 통해서 그는 바로 습속들 속에서 고향을 느끼게 된다(heimisch). 여기서 존재론과 윤리학의 통일 가능성이 드러나고 있다. 인간의 역사성은 역사적인 습속 속에서의 생활화를 통해 현실화된다. 습속(Sitte)과 인륜성(Sittlichkeit)은 어원의 근원뿌리에서부터 서로서로 연결되어 있다. 이 두 어원들은 역사성과 사회성을 지칭하는데 바로 이 역사성과 사회성 안에서 인간이 살고 있다는 것을 반영하고 있다.

성격이라는 의미의 ἕξις(라틴어 habitus)는 지속적인 상태(Dauerzustand), 획득된 것을 말한다. 오랜 훈련과 지속적인 활동을 통해서 하나의 일관된 통일성을 이루어내는 것이 바로 성격의 의미다. 한 마리의 제비가 왔다고 해서 여름이 왔다고 속단할 수 없듯이 성격의 일관성 역시 전 인생을 걸쳐서 형성되어지게 된다. 일과성이 아니라 지속적인 자기형성이 성격의 의미다. 익숙하고 친숙하게 사는 삶의 방식(Gewohnheit)으로부터 아리스토텔레스는 ἐθισμός(das Ethismos)라는 것을 발전시키고 있다. 이것은 자연적으로 주어진 것이 아니라 인간이 훈련과 반복을 통해 형성한 제2의 본성(die zweite Natur)을 말한다. 덕의 실천(Tugendgewöhnung), 삶의 양식을 실천(Einüben eines Lebensstils), 지속성의 실행(Einübung einer Dauerhaltung)이 바로 이런 것들에 해당한다. 에토스가 습속이라는 객관적 삶을 의미한다면 성격은 자기형성의 부단한 연습으로서의 주관적 의미를 지니게 된다. 그렇기 때문에 에토스라는 것은 외적으로 드러난 태도 양식(der äußere Verhaltensstil)과 내적인 심성의 태도(die innere Gesinnungshaltung)를 다 함축하고 있다.

인간들 각자가 살고 있는 삶의 터전 안에서 주도적이게 된 삶의 에토스는 주관적 심성과 객관적 제도 모두를 아우르면서 이 안에서 인간을 묶어두는 역할을 한다. 공동체적으로 각인된 가치들과 이념들을 실제로 완성하는 것이 인간적 에토스를 형성하게 된다. 에토스는 가치들과 이념들을 생동감 있게 완성하는 것과 관련이 있다.(Ethos hat es mit dem gelebten Vollzug von Werten und Idealen zu tun.)

03

탐구의 역동성과 대화

판단은 진리 검증이다. 모든 판단은 참이거나 거짓 이 둘 중 어느 하나의 진리값을 지닌다. 판단한다는 것은 명제나 주장이 참인지 거짓인지를 구별하는 능력을 말한다.

수학은 증명한다. 증명은 공리로부터 정리를 이끌어내고 이 정리가 필연적으로 성립한다는 것을 보여준다. 증명은 필연성을 밝히는 것을 목적으로 한다. 수학은 증명하지 논쟁하지 않는다. 수학은 분석적 필연성에 관한 학문이다.

과학은 가설을 설정하고 이것이 경험적으로 확증되는지 아니면 경험을 통해 반박되는지를 검증한다. 과학의 가설 설정은 가설이 공적으로 검증되어야 한다. 발견의 주관적 맥락은 정당화의 문맥 안에서 공적으로 검증되어야 한다.

반증주의란 이론이나 가설이 반론으로부터 벗어나 있는 한에서만 제한적으로 그 타당성을 유지한다. 반증에 의해 반박될 때 이론은 새롭게 수정된다. 포퍼는 이것을 시행착오의 과정으로 역동화한다. 토마스 쿤은 이 과정을 패러다임 교체(paradigm-shift)과정으로 파악한다. 과학에서의 가설은 그것이 해당 현상을 설명하면 공적인 이론으로 인정받는다. 하지만 가설이 제기된 현상을 설명하지 못하면 가설은 다른 가설들에 의해 대체된다.

논쟁은 변증론에 속한다. 변증론은 필연성과 같이 필증적 강제가 아니라 설득에 기초한다. 논쟁은 제기된 주장을 설득력 있게 제시함으로써 상대방을 설득하는 것을 목적으로 한다. 상대방을 설득하는 조건은 바로 주장의 타당한 근거를 제시하는 데 있다. 논쟁은 대화 상대자를 전제로 해서만 성립한다. 그리고 쟁점이 되고 있는 사안들에 대해 타당한 근거를 제시할 수 있어야 한다. 논쟁은 사태에 대한 권리 싸움이다.

논쟁이나 토론할 때 우리는 에토스(ethos)라고 하는 인격을 논쟁 속에 투사한다. 편협하고 급하고 공격적이고 독설을 내뱉는 에로스는 사람들이 싫어한다. 열린 마음으로 사려 깊고 자신감 넘치고 그러면서도 거만하지 않아 보이는 에토스는 사람들의 신뢰를 얻는다. 로고스(logos)는 논리적 설득에 호소하는 힘을 말한다. 에토스(ethos)는 논쟁하는 자의 믿을 수 있고 포용력 있고 개방성에 호소하는 힘을 뜻한다. 파토스(pathos)는 독자의 연민, 화, 두려움과 같은 감정에 직접 호소하는 힘이다. 파토스와 에토스는 상대방의 감정에 호소한다.

논쟁에서 우리는 쟁점이 되는 사안들에 대해 상대방을 설득력 있게 호소할 수 있어야 한다. 주장하는 자는 자신의 주장이 타당하다는 것을 설득력 있게 상대방에 제시할 수 있어야 한다. 주장은 항상 그 주장이 왜 타당한 지에 대한 입증 책임(burden of justification, burden of proof)을 져야만 한다. 독단은 주장만 제시하고 이 주장에 대한 합리적은 근거는 제시하지 않거나 못하기 때문에 논쟁 적대적으로 된다. 회의는 타인의 주장을 괄호 속에 치고 그 타당성을 의심하기 때문에 나름대로 수용된다. 하지만 의심을 위한 의심이 아니라 무엇을 의심하는가에 대한 명백한 근거를 제시해야 한다. 비판이란 주장의 타당성을 검증함으로써 주장의 한계를 넘어서려는 열린 태도와 개방성을 전제로 한다. 나의 주장은 근거나 이유는 적극적으로 제시하되 편견이나 독단으로부터는 벗어나 있을 수 있도록 해야 한다. 그리고 나의 주장을 타인들의 관점에서 교차 검증하는 것이 요구된다. 그럼으로써 주장과 함께 그러나 주장을 비판적으로 논쟁하는 열린 터전으로 우리 모두 확장하고 상승할 수 있어야 한다. 전제 자체를 비판적으로 검증함으로써 전제와 함께 그러나 전제를 넘어서서 사고하려는 열린 태도 진정한 의미에서 논쟁의 생산성이다.

분석론(analytic)과 구별되는 의미에서 변증론(dialectic)은 논쟁의 타당성을 상호주관적으로 검증하는 것에 기초한다. 변증론은 서로 이야기를 주고 받는 대화를 말한다. 하지만 이 대화는 제기된 주장의 타당성에 대한 권리 검증으로서의 상호 대화를 말한다. 타자가 내 주장의 타당성을 검증하듯이 나 역시 타자 주장의 타당성을 교차 검증한다. 논쟁 당사자들은 제기된 주장의 타당한 근거를 확보하기 위해 서로가 서로를 교차검증하지 않을 수 없다. 주장을 제시하면 그 주장의 타당성을 검증하는 과정이 필연적으로 수반된다.

수사학(rhetoric)은 "말을 통한 설득의 기술"이다. 설득이란 이성적인 로고스, 청자의 감정에 호소하는 에토스, 말하는 자의 인격과 진정성 있는 태도(에토스)를 포괄한다. 강제를 동반함이 없이 상대방을 설득할 수 있는 힘이 논쟁의 생산성이다. 논쟁에서는 열린 태도가 필요하다. 공통감각에 대한 호소와 교차 검증을 통해 진실에 다가가려는 태도가 요구된다. 참 속에 간직된 오류를 밝혀내고 그 오류를 수정해 감으로써 우리는 논쟁을 통해 진실에 더 다가간다. 우리 논쟁의 출발이 되는 독사나 억견을 철저하게 검증함으로써 독사나 억견이 주는 비진리를 극복하는 것이 바로 반성을 통한 해방 과정이다. 반성의 자기 구제 능력은 전제나 주장의 비진리를 밝혀냄으로써 거짓과 독단으로부터 스스로를 해방하는 과정으로 이어진다.

내가 참이라고 믿고 있는 것이 참이 아니라고 드러날 수 있는 가능성을 배제할 수는 없다. 내가 진리라고 확신한 것이 단지 진리에 대한 나의 주관적 확신에 불과할 수도 있다. 따라서 나는 나의 주장이나 진리 규정이 그릇되거나 오류로 드러날 수 있는 가능성 앞에 노출되어 있다는 것을 인정할 수 있어야 한다. 그렇다면 우리는 우리 전제나 주장을 무오류라고 여기는 독단으로부터 벗어날 수 있는 것이다. 독단은 무오류라는 위험이 있고 냉소는 무차별적으로 만드는 분별력 결핍에 노출될 위험이 있다. 냉소와 독단을 피하는 것은 제기된 주장의 진실 검증에 있어서 우리가 우리의 전제가 지니고 있는 가상이나 비진리의 위험을 반성적으로 극복할 수 있을 때 가능하다.

우리 각자가 참이라고 알고 있거나 믿고 있었던 것과 실제로 드러난 것 사이에는 분명히 차이가 지배할 수 있다. 따라서 전제와 함께 전제를 의식적으로 검증함으로써 전제가 지니고 있는 가상이나 오류를 극복해 가야 한다. 그렇기 때문에 우리는 논쟁의 검증 과정에서 항상 전제와 함께 그러나 전제에 거역해서 사고하는 것을 훈련하지 않으면 안 된다.

변증론은 대화의 개방성을 전제로 해서만 진리에 다가가는 것이 가능하다. 설득이란 강제를 동반하지 않음으로써 우리가 자발적으로 우리의 믿음이나 주장을 참에 일치시키고자 한다. 모든 외적 강제들로부터 벗어나 있지만 동시에 자발적으로 참에 복종하려는 이런 태도가 바로 열린 논쟁의 근본 의미다.

우리는 진리이기 때문에 무조건 진리를 따른다. 우리가 따르기 때문에 진리인 것이 아니라 진리이기 때문에 우리는 무모건 진리를 따른다. 진리는 주관화의 모든 위험으로부터 벗어나 있다. 우리는 진실함을 통해서 사태의 참에 한발 한발 다가서야 한다. 진리는 사태의 객관적 강제를 따른다. 진실함은 대화를 통해서 참에 다가가려는 우리의 열린 태도를 말한다.

우리는 모든 지배와 독단 그리고 거짓 전제들로부터 해방되지 않으면 안 된다. 지배와 억압으로부터 벗어나 있으려는 것은 참을 참으로 알아듣고자 하는 우리의 계몽된 책임에서 비롯된다. 진정성이 있는 태도는 참에 굴복함으로써 모든 거짓 지배와 억압으로부터 우리를 벗어나게 한다. 진리는 이데올로기의 편협함과 비객관성을 비판할 수 있어야 한다. 거짓된 이론과 싸우는 것 자체가 이미 해방이다. 거짓과 독단을 파헤치고 참을 드러나게 함으로써 우리는 거짓된 자기기만으로부터 벗어날 수 있는 것이다.

플라톤은 이데아의 참(ontos on, really real)을 통해서 우리가 항상 그 안에서 사고하고 있으며 또한 그 안에서 움직이고 있는 독사의 한계를 넘어설 수 있었다. 전제와 함께 그러나 전제에 거역해서 사고하는 것은 참에 다다르기 위해서 우리가 반드시 거치지 않으면 안 되는 과정이다. 반성의 자기 구제 능력은 전제를 참에 입각해서 검증할 때만 가능하다. 그렇기 때문에 우리는 우리가 진리라고 허세를 부리지 말고 진리에 다가가는 자라고 말할 수 있어야 한다.

지평이란 그때 그때 우리에게 주어지는 시야의 한계를 말한다. 이 한계는 고정 불변의 점이 아니라 그때 그때 소멸하는 점이다. 우리는 경계를 넘고 나서야 경계를 넘었다는 것을 알게 된다. 한계는 우리를 제약하지만 동시에 우리는 그 한계를 뛰어넘음으로써 보다 넓은 개방된 공간에 들어설 수 있다. 이데아는 참의 기준으로 우리를 지배한다. 우리가 지니고 있는 독사는 이데아를 드러내면서도 동시에 이데아를 감출 수 있기 때문에 항상 한정된 드러냄 안에서 움직이고 있다는 것을 확인하게 된다. 우리는 그렇기 때문에 참이라는 지평에서 독사의 한계를 경험할 수 있는 것이다. 하지만 그 반대는 아니다. 독사는 자기 관계하는 부정성 내지는 차이로서 드러난다. 이에 반해 이데아는 근본 척도로서 모든 독사의 지향 근거다. 이데아를 통해서 독사를 검증하고 독사를 통해서 이데아로 나아가야만 하는 활동을 지속하지 않으면 안 된다. 참을 소유했다고 허세를 부리는 것이 아니라 참에 다가가려는 열린 태도를 통해서 우리는 거짓으로부터 벗어나 진리의 세계에서 살 수 있는 것이다. 그렇기 때문에 우리는 주관화의 위험으로부터 스스로를 벗어나게 할 수 있는 것이다.

계몽주의는 과학을 물신화함으로써 모든 선입관과 독단을 비객관성으로 이름으로 제거했고 그럼으로써 모든 것이고자 했다. 하지만 과학 역시 탐구 활동인 한에서 우리의 주관적인 전망이나 세계 이해로부터 자유로울 수는 없었다. 호기심은 과학적 탐구와 발견의 동력이다. 과학이 선이해나 선판단으로부터 자유롭지 않은 것은 이제는 너무 자명하게 되었다. 하지만 계몽주의는 자기 이해에 갇혀서 마치 선판단이나 선입관이 존재 이해의 불가결한 조건임을 이해하지 못한 상태에서 이런 것들을 비객관성의 이름으로 제거하려고 했다. 계몽주의는 과학을 맹신하고 절대화함으로써 자신도 모르게 과학적 계몽에 역행하는 오류를 드러냈다.

과학 역시 가설을 검증함으로써 진리를 파악하고 알고자 하는 인간의 근본적인 탐구 활동에 속한다. 과학적 진리가 유일한 진리가 아니다. 진리가 과학이라는 지평에서는 검증된 진리로 드러나고 있을 뿐이다. 그렇기 때문에 우리는 선입관이나 선판단을 비객관성의 이름으로 다 소독하려고 했던 계몽주의의 물신화된 객관성을 비판하지 않으면 안 된다. 반과학적 사고가 정당화될 수 없듯이 과학 만능주의 역시 비판적으로 검증되지 않으면 안 된다. 비판은 한계를 설정하고 그럼으로써 한계를 부단히 초월한다. 따라서 우리는 비판만이 열려 있다는 칸트의 진정한 계몽을 수용하지 않을 수 없다.

전체는 앎의 대상이자 동시에 앎의 한계다. 우리는 부분을 알아듣지만 전체는 우리 앎의 한계로 있다는 것을 확인하게 된다. 존재 일반 역시 우리 사고의 대상이지만 우리는 존재를 항상 한정되고 부분적으로만 알아듣는다. 따라서 앎을 통해 앎을 부단히 초월하는 운동이 불가피하다. 한계는 극복됨으로써 새로운 한계를 계속해서 드러낸다. 대답할 수는 없지만 대답하려고 노력은 해야 한다. 질문 자체는 불가피하지만 질문에 대한 답은 항상 불충분하게 남아 있기 때문에 우리는 질문을 통해 질문을 계속해서 제기하지 않을 수 없다. 무한에 대한 우리의 모든 규정된 파악이 난파를 경험하는 것은 이 때문이다.

04
성좌, 지평, 전망

혁명(revolution)이라는 용어는 오늘날 정치적인 의미로 그 뜻이 굳어졌다. 하지만 이것은 원래 천문학에서 운동의 방향이 갑작스럽게 변화한 것을 의미했었다. 아리스토텔레스는 천동설을 주장했다. 그리고 이 잘못된 주장이 아무 검증도 거치지 않은 채 제도적 관성으로 인해 중세 대학을 지배했다. 그리고 가톨릭은 아리스토텔레스를 따라 천동설을 강하게 주장했다. 하지만 코페르니쿠스, 갈릴레이, 케플러를 거치면서 우리는 태양이 지구 주위를 공전하는 것이 아니라 지구가 태양 주위를 공전한다는 것을 경험적으로 확인하게 되었다. 이론과 경험의 충돌은 이론을 수정하도록 요구한다. 그래서 우리는 경험과 검증에 입각해서 이제는 지동설을 타당한 것으로 받아들이지 않을 수 없는 것이다. 16세기에는 천동설로부터 지동설로 패러다임이 변화하는 시대였다. 19세기는 다윈의 진화론과 성서의 창조론이 충돌하는 시대였다. 21세기는 생명의 문제를 놓고서 유전자 복제와 신의 모상으로서의 성서가 충돌하는 시대다.

성좌(constellation)는 하늘의 별자리들의 배열 관계를 말한다. 이 별자리들은 단순 배열을 뜻하는 것이 아니라 긴장과 대립의 관계를 뜻한다. 별자리들은 어느 한 곳에 고정되어 있지 않다. 또한 움직이되 어느 한 지점에서 만나지도 않는다. 허블의 관측에 따르면 우리 은하계는 점점 더 멀어지고 있다. 허블은 우주가 고정되어 있고 안정되어 있다는 아인슈타인의 생각을 근본적으로 수정하도록 했다. 별자리들은 움직이되 어느 한 지점에서 만나지도 않는다. 별들의 운행에는 팽팽한 긴장 관계가 지배적이다.

우리는 천문학에서 사용되고 있는 이런 관계를 하나의 긴장 관계라는 메타퍼로 사용한다. 개념은 실재를 알아듣지만 다 알아듣는 것은 아니다. 실재는 개념을 통해서 알려지지만 다 알려지는 것은 아니다. 그래서 개념은 존재를 이해하면서도 다 이해하지 못한다는 한계를 경험한다. 이론과 실재의 관계도 마찬가지다. 사고와 존재, 언어와 대상, 개념과 실재 사이에는 하나의 메울 수 없는 긴장과 틈이 있다. 우리는 이 차이를 억지로 봉합할 수 없다. 우리가 확실하게 무엇인가를 요구하면 할수록 우리는 그 만큼 불확실성에 의해 지배되고 있다. 인간의 지식은 자연을 알아듣고 정복해 왔지만 다 정복하고 지배한 것은 아니다. 따라서 지식과 자연 사이에는 하나의 건너뛸 수 없는 차이가 있다. 이 차이를 인정함으로써 우리는 자연을 이해하면서도 완전히 이해하고 있지 못한 우리 지식의 한계를 아울러 경험하는 것이다.

현대의 물리학은 약력, 강력, 전자기력, 중력을 하나의 통합된 이론으로 완성하고 있지 못하고 있다. 우주에 대한 인간의 이해가 깊어가는 것에 비례해서 우주에 대한 인간의 무지 역시 같이 드러나고 있다. 우주를 채우고 있는 물질 중에서 우리 인간이 알아듣고 밝혀낸 것은 기껏해야 4% 정도의 보통물질에 해당한다. 22%의 암흑 물질, 76% 정도의 암흑 에너지에 대해서 우리는 아직도 그 물질들이나 에너지의 정체에 대해 아는 바가 없다. 우리 인간은 개념과 언어를 통해서 대상을 알아듣지만 우리는 그러면서도 여전히 모르고 있다는 한계 역시 경험하고 있다. 이론과 대상 사이에는 하나로 환원되지 않는 팽팽한 긴장 관계가 지배한다. 지식의 미완성이 지식으로 하여금 무한히 그 무지를 벗어나도록 자극하고 있을 뿐이다.

우리는 경계를 넘고 나서야 경계를 넘었다는 것을 알게 된다. 중세인들은 스스로를 야만의 시대에 산다고 말한 적이 없다. 중세를 야만으로 규정한 것은 중세인이 아니라 근대인들에 의해서다. 지평(Horizon)은 그때 그때 우리에게 주어질 수 있는 시야의 한계를 말한다. 중세가 물레 방적기의 제약을 벗어날 수 없는 것처럼 근대도 증기 기관의 한계를 벗어날 수 없었다. 오늘날 우리는 나노, 인공 지능, 로봇, 유전자 지배의 한계 속에 있다. 지평의 한계는 항상 그때 그때 우리 이해의 한계를 설정한다. 하지만 이 한계는 고정 불변의 것이 아니라 변화한다. 소진점(vanishing point)은 제약되어 있으면서 동시에 확장되는 계기를 형성한다. 지평은 결코 끝나지 않는다. 그렇기 때문에 지평은 한계를 설정하고 한계를 계속해서 뛰어넘는 과정을 거치지 않을 수 없다. 우리는 무한에 다가갈 수 있어도 무한을 규정된 지식으로 확정할 수 없다. 그렇기 때문에 무한에 대한 우리의 파악은 계속해서 난파를 경험하면서도 난파를 초월하는 활동을 통해서만 무한에 다가가는 것이 허용될 뿐이다.

페스트는 중세 유럽의 한계였다. 에이즈는 1913년에 가서야 비로소 정복되었다. 그 이전까지 에이즈는 신이 내린 형벌이었다. 하지만 오늘날에는 더 이상 아니다. 오늘날에는 에이즈가 의학의 한계로 남아 있다. 현대 의학이 에이즈의 진정한 정체를 파악하지 못하는 한 에이즈는 현대 의학의 한계로 남아 있다. 의학이 한계가 있다고 해서 우리가 의학을 쓸모없다고 팽개쳐서는 안 된다. 에이즈의 정복 뒤에는 어떤 질병이 우리를 기다리고 있을까? 그것은 우리가 에이즈를 극복하고 나서 물어 보아야 할 문제다. 지금 우리는 그 한계 안에서 문제를 풀고 있을 뿐이다. 지평의 한계는 극복되고 나면 또 다른 문제가 우리를 기다리고 있다.

지평은 한계(limit, Grenze)와 한계의 부단한 초월(beyond limit, über die Grenze hinaus)를 통해 이해되고 확장된다. 소크라테스, 쿠자누스에 따르면 진정한 앎은 바로 한계를 아는 것을 말한다. 우리는 한계를 앎으로써 한계를 부단히 넘어설 수 있는 것이다. 우리 인간은 신이 아니다. 우리는 신이 아니기에 죽을 수밖에 없는 유한한 존재다. 우리가 유한하니까 우리는 항상 한계에 제약된 삶을 사는 것이다. 신과 싸워 이길 수 있는 자는 신 자신뿐이다. 우리는 신이 아니다. 그렇다고 우리는 무(無, nothing, Nichts)도 아니다. 우리는 신도 아니고 무도 아니고 그 사이에서 살고 있다. 따라서 우리는 자기 신격화도 거부하고 자기 무화도 거부해야 한다. 우리 삶은 긴장(tension, Spannung)이다.

칸트는 우리 앎의 한계는 물자체(Ding an sich, thing in itself)라고 주장한다. 우리는 대상들이 우리에게 현상하는 한에서만 그것에 대해 무엇인가 알 수 있다. 앎의 한계를 인정함으로써 앎의 한계를 부단히 초월하려는 시도만이 우리에게 남아 있다. 칸트는 그래서 "단지 비판의 길만이 우리에게 열려 있다"고 말할 수 있었다. 지평은 우리의 시야를 제약하면서도 동시에 개방한다. 한계를 앎으로써만 한계를 뛰어넘는 것이 가능하다. 죽을 수밖에 없는 우리 인간이 자신의 유한성을 포기함이 없이 무한성을 이해하려고 자신의 한정된 지평을 계속해서 초월하는 것만이 인간적 삶의 위대함이다. 무지를 앎으로써 무지에 집착하지 않는 것이 가능하게 된다. 한계를 앎으로써 한계를 넘어서려는 노력이 의미를 지니게 된다. 우리는 이런 긴장 속에서 살고 있다.

우리는 자연에 대해 알지만 다 아는 것은 아니다. 우리는 모르지만 전혀 모르는 것은 아니다. 전혀 모르고 있으면 우리는 어떤 질문도 할 수 없다. 우리가 다 알고 있으면 우리는 질문할 필요가 없다. 우리 인간들은 알면서 모르는 자들이다. 따라서 앎을 통해서 더 알려고 하는 데서 질문과 호기심이 작동하게 된다. 앎이나 무지도 항상 방향과 목적이 있다. 우리는 전체를 모르는 것이다. 우리는 단지 제한된 것만을 알고 있는 것이다. 우리는 전체에 대해서는 모르지만 제한된 것에 대해서는 어느 정도 알고 있다. 전체는 지식의 대상이 아니라 지식의 한계다. 전체에 대한 규정된 앎은 인간에게는 가능하지 않다. 신은 전지 전능하지만 인간은 그렇지가 못하다. 인간과 신이 가까우면 가까울수록 인간과 신은 그만큼 멀리 있는 것이다. 그리스 시대의 소크라테스는 이것을 잘 깨우칠 수 있었기 때문에 지혜로운 삶을 살 수 있었던 것이다. 현자란 한계를 알면서 거짓된 자기 우상화를 벗어날 수 있는 자를 말한다.

지평에 대한 각성은 우리가 개방되어 있을 것을 요구한다. 규칙이나 원칙들은 우리가 엄격한 훈련을 통해 배울 수가 있다. 하지만 지평의 개방성은 우리가 한계를 자각함으로써만 열려 있는 태도로 나아갈 수 있는 것이다. 우리는 알면서도 모르는 자이기 때문에 우리의 한계를 인정함으로써 우리의 한계를 넘어서는 시도를 부단히 지속시킬 수 있다. 배울 수 있는 것은 엄격한 훈련을 통해 철저하게 배울 수 있다. 그리고 개방을 요구하는 문제에 직면해서 우리는 우리 한계를 인정하는 진정성과 솔직함이 요구된다.

니체에 따르면 전망은 항상 누구의 전망에 의해 제약된다. 니체에 따르면 "사실은 없다. 단지 해석만이 있을 뿐이다." 사실은 일차적으로 있다/없다의 고증의 대상이 된다. 사실이 확인되고 나면 우리는 그 사실이 누구의 전망과 해석 연관에 의해 탄생하게 되었는지를 이해해야 한다. 니체는 사실을 물신화하는 것을 비판한다. "진리는 비판받기를 원해야지 우상화되어서는 안 된다."

회화, 건축, 시, 예술, 연극이나 영화, 역사적 의미들에 있어서 우리는 항상 누가 어떤 의미 연관들 안에서 창조하고 해석한 삶을 경험하고 있다. 지식의 계보학을 통해 니체는 사실이 형성되어 온 과정을 이해할 수 있다고 보았다. 그런 한에서 그 사실을 비판적으로 검증하는 것이 가능하게 된다. 니체는 『도덕의 계보학』을 통해서 이것을 매우 잘 해석하고 있다. 니체는 단초점이 아니라 다초점을 통해서만 판독이 가능하다. 모든 의미 연관들을 그것들이 발생하게 된 맥락을 통해서 심층적으로 이해해야 하는 것은 이 때문이다. 가상과 오류로 인해 삶을 낭비하고 허비하지 않으려면 우리는 잘 사고해야 한다. 해석은 하나의 구원 활동이다. 우리는 이 해석 과정에 있어서 항상 우리 자신을 검증하고 있는 것이다.

니체는 해석의 발생 연관을 계보학적으로 추적함으로써 우리는 그 해석이 발생하게 된 과정을 비판적으로 검증할 것을 요구한다. 사실은 누구에 의해 만들어진 해석이기 때문에 사실의 검증은 비판적 재구성을 거치지 않으면 안 된다. 니체는 비판을 통해서 해석을 역동적인 탄생 과정으로 전개한다. 해석을 통해서 해석을 역동적으로 검증하는 과정이 바로 해석의 근본 문제를 형성한다. 이것은 고정된 절차나 방법을 통해서가 아니라 해석 내재적으로 관통하는 과정을 통해서만 얻어질 수 있다. 해석은 하나의 검증이고 그런 한에서 실천이다. 해석은 의미를 판독하는 하나의 실천적 개방성이다.

05

위기와 위험 사회의 차이

위기란 기회이기도 하다. 위기를 잘 극복하면 우리는 새로운 삶을 살 수 있게 된다. 위기를 기회로 바꾸는 것은 그래서 지혜가 필요하다.

우리가 살고 있는 시대는 복잡성에 의해 규정된다. 복잡성을 이해하기 위해 우리는 단순화해야 한다. 모델은 실재가 아니다. 모델은 실재의 복잡성을 이해하기 위해 우리가 가지고 들어가는 틀이다. 우리는 모델을 통해서 원자 구조를 이해하고 이해시킨다. 하지만 실재의 복잡성에 비추어서 그 모델은 다시 재검증되어야 한다. 아인슈타인은 단순성은 하나의 미덕이라고 요구한다. 매우 지당한 말씀이다.

자연은 우리가 지배하고 통제할 수 있는 것보다 훨씬 더 복잡하게 작용한다. 원자는 반감기로 인해 붕괴하지만 정확하게 언제 붕괴할지를 알거나 예측할 수는 없다. 초신성의 폭발이 우라늄을 만들어내며 우리는 우라늄의 핵분열을 통해서 가공할 파괴력의 무기를 만들 수 있다. 하지만 우리는 자연 전체를 제어하거나 통제할 수는 없다.

자연이 지니고 있는 예측 불가능한 위험은 우리가 대비해야지 우리가 통제할 수 있는 것이 아니다. 쓰나미로 인해 바다 심층에서

4km정도의 산맥이 형성된 것은 인간이 제어할 수 있는 현상이 아니다. 위기는 우리가 아무리 대비하고 준비해도 자연이 지니고 있는 예측 불가능한 위험 가능성이기 때문에 우리의 통제 능력을 벗어나 있다. 다만 우리는 위기에 대비할 수는 있다. 인간이 행성들의 궤도를 예측하고 계산할 수는 있어도 행성들의 공전 주기를 바꿀 수는 없다.

지각 불안정으로 인해 지표면에서는 계속해서 지진이나 화산활동이 발생한다. 하지만 그 위력은 인간의 통제를 어느 정도 벗어나 있다. 우리가 위기에 대비해야 하는 것은 당연하지만 그렇다고 우리가 위기를 제어하거나 통제할 수 있는 것은 아니다. 우리는 자연을 알지만 다 아는 것은 아니다. 우리는 알면서도 속수무책일 때가 있다.

우리 식탁에는 유전자 변형 식품이 매일 등장한다. 하지만 우리는 유전자 변형 식품이 어떤 변화를 초래할지에 대해 다 알거나 통제할 수 있는 것이 아니다. 우리는 위험을 배제할 수가 없다. 그렇다고 100% 안전하다고 확신할 수도 없다. 예측 불가능한 위험과 통제 불가능한 위험을 감수하면서 우리는 매순간 유전자 변형 식품을 먹어야 할지 아니면 먹지 말아야 할지를 결정해야 한다.

지구의 허파로 불리는 아마존 숲이 해마다 줄어들고 있다. 숲에서 내뿜는 산소의 양이 줄어드는 것은 어쩔 수 없다. 하지만 아마존 숲의 황폐화가 생태계 전체에 미치는 영향을 우리는 다 알고 있는 것도 아니다. 여전히 통제 불가능하고 예측 불가능한 위험을 간직한 채 우리는 생태계의 파괴를 경험하고 있는 중이다.

원인들의 계열에서 복잡성의 증가는 작용을 교란하고 작용의 교란은 결과를 예측 불가능하게 만든다. 이것이 카오스 이론의 골격이다. 금융 시장의 불안정이 세계 경제를 침체로 이끄는 것은 이제는 상식이 되었다. 카오스는 무질서의 증가다. 하지만 계들의 복잡성이 사라지면 다시금 질서로 회귀한다. 카오스 현상들이 발생할 때 우리는 예측 불가능성과 통제 불가능성으로 인해 가끔 피해를 겪는다. 예를 들어 기상 이변은 때로 인간에게 많은 피해를 준다.

자연의 복잡성은 우리가 인위적으로 다 통제하고 지배할 수 있는 것이 아니다. 우리가 대비하고 또 대비해도 우리는 자연의 위력 앞에서 피해를 볼 수도 있다. 예측 불가능한 자연의 숨어 있는 위험 가능성 앞에서 우리는 철저하게 대비해야 한다. 그럼에도 불구하고 우리의 통제 능력을 벗어난다면 그것은 우리의 무지와 게으름 때문에 그런 것이 아니다. 어쩔 수 없는 것들이 있다. 원자의 반감기를 알고 있다고 해서 그것을 정확하게 통제하고 결정할 수는 없다.

라플라스는 현재 우리가 알고 있는 원인들의 계열이 완전하다면 미래는 완전히 알 수 있다고 아주 뜬금없는 낙관을 펼쳤다. 이 역시 무지의 소산이다. 소크라테스가 그렇게 무지를 알고 살라고 호소하는데도 사람들은 여전히 맹신적으로 살고 있다. 전자 하나를 본 자는 전자를 다 본 것이다. 전자는 아주 복잡한 구도에 의해 움직인다. 전자가 그리는 운동의 궤적 역시 우리 육안으로는 관찰할 수 없다. 우리는 위치를 확정하면(오차 없이 정확히 측정하면) 그 운동 에너지를 정확하게 측정할 수 없다. 그 반대 역시 마찬가지다. 이 불확정성 관계는 시간과 에너지에도 그대로 적용된다. 미래학자들의 예측이 빗나갈 때가 너무 많다. 그렇다고 우리가 속상해 하지는 않는다. 왜냐하면 미래학자의 예측에 신경 쓰는 자가 별로 많지 않기 때문이다. 하지만 자연의 복잡한 운동을 다 알 수 있다고 허세를 부린다면 우리는 불확실성이 지배하는 양자 세계의 모습을 보여 주면 된다.

자연이 지니고 있는 예측 불가능한 위험 가능성은 때로 우리에게 위기로 다가온다. 우리는 대비해도 당할 수 있다. 위기는 그 대응을 위해 이제 전지구적 연대와 공동 대응을 필요로 한다. 생태계의 복잡성에 대해서 우리는 이제 자연과 그 안에서 살아가는 인간의 공진화(coevolution)를 위해서라도 자연에 대해 책임을 지지 않으면 안 된다. 바다에 산성 물질을 많이 배출함으로써 바다 전체가 백화현상으로 번지는 것을 우리는 막을 수 있다. 바다의 백화현상은 산호초의 죽음으로 이끈다. 산호초의 죽음은 바다 생명체들의 멸종으로 이어진다. 이것은 바다가 산소의 70%를 배출하는 생태계 전체를 위협하는 요인으로 작용한다. 우리가 바다의 자기장을 변화시킬 수는 없지만 산호초의 죽음을 막을 수는 있다. 자연의 파괴는 결국 자연 안에서 살아가는 인간의 파괴로 다가온다. 우리가 자연에 대해서 제대로 알아야만 하는 것은 자연 안에서 살아가는 인간들의 삶 때문에 그렇다. 자연을 지배의 대상이 아니라 공진화의 연관 안에서 대해야 하는 이유가 여기에 있다. 위기에 대한 공동 대응은 그렇기 때문에 매우 시급하고 절박하다.

위험 사회(dangerous society, Gefahr-Gesellschaft)는 우리가 막을 수 있는 것을 막지 못하는 데서 비롯된다. 이것은 후진국형 인재에 속한다. 삼풍 백화점의 붕괴, 사천성 지진 때 건물의 붕괴는 우리가 막을 수 있는 것을 막지 못한 데 그 원인이 있다. 하지만 일본의 후쿠시마 원전 사고는 위험한 사고가 아니라 위기에 속하는 재난이다. 건물을 지을 때 철근을 적절히 섞었더라면 지진 피해는 줄일 수 있었다.

위기 사회(risk society, Risiko-Gesellschaft)는 우리가 철저히 대비해도 자연의 예측 불가능한 위험으로 인해 화를 입는 사회다. 원자력 발전소에서 반감기가 동시에 작동하지 말라는 가능성은 없다. 가능성이 희박하다는 것과 불가능한 것은 다르다. 양자 영역에서는 금지된 것을 빼고는 일어날 수 있는 것들은 다 일어날 수 있다. 양자론이 불확실성을 가르친다고 해서 그들이 사이비 과학자는 아니다. 이 순간에 여기서 전자가 우리에게 관측될 가능성은 확률적으로 보았을 때 몇 %로 측정된다. 결정론은 인간이 자연을 단순하게 파악하기 위해 우리가 가지고 들어간 그런 경직된 틀에 지나지 않는다. 미시 영역의 복잡한 운동에 비추어 보면 이 결정론이라는 모델은 그야말로 아무 쓸모가 없다. 우리가 이론이나 모델을 절대화하지 말아야 하는 이유가 여기에 있다.

위험을 넘어서 위기 시대에 살고 있는 우리는 위기에 대비하는 훈련을 해야 한다. 보험은 인간이 삶의 불확실성에 대비하기 위해 준비하는 것이다. 마찬가지로 우리는 자연의 통제 불가능한 위험 가능성에 대해 준비하고 대비해야 한다. 철저하게 준비해도 당할 수 있는데 준비 안하고 있으면 그 위험은 그야말로 가공할만하다. 자연에 대한 올바른 앎을 통해 자연과 인간이 공진화를 같이 하는 방향으로 자연 전체에 대한 우리의 태도를 바꾸어야 한다. 앎이 지배가 아니라 책임지는 삶으로 이어지도록 해야 한다. 우생학에 대한 검증 안된 낙관으로 인해 히틀러는 역사에서 엄청난 희생과 재난을 초래했다. 이 어리석음을 또다시 되풀이하도록 방치해서는 안 된다.

06

합리적인 것(The rational)과
이성적인 것(The reasonable)

인간의 행위는 목적-수단-연관 관계를 통해 설명된다. 수단은 항상 목적 실현을 위해서 그 적합성, 유용성, 도구성, 기여도, 경제성 등등에 의해 선택된다. 수단은 목적의 실현에 가장 적합한 방식으로 선택된다. 수단은 목적 실현을 위해서 있다(for the sake of another). 목적은 다른 것을 위해서가 아니라 그 자체로서(for the sake of itself) 실현되어야 한다. 목적은 실현되거나 실현되지 않거나 둘 중의 어느 하나다.

아인슈타인의 위대한 발견 중의 하나는 $E=mc^2$이다. 이 발견은 좋은 목적(에너지 공급)을 위해서도 사용될 수 있고 나쁜 목적(살상 무기)을 위해서도 사용될 수 있다. 아인슈타인은 원자폭탄의 투하에 대해서 굉장히 죄책감을 많이 느꼈다고 한다. 왜냐하면 자신의 발견이 나쁜 목적을 위해 악용되는 것을 목격했기 때문이다. 그래서 그는 말년에 원자력의 평화적인 사용을 위해 평화 운동에 매진한다.
합리적이라는 것은 목적 실현을 위해서 수단을 적합하게 사용하는 자들을 말한다. 하지만 목적은 좋을 수도 있고 나쁠 수도 있다. 합리적인 사고는 목적을 실현하는 데 있어서 수단의 적합성을 매우 잘 활용한다. 나치는 사실상 미국보다 앞서서 대량 살상무기인 원자폭탄을 개발하려고 했다. 만약에 원자폭탄이 그들의 통제 아래 있다면 그들은 그것을 사람 죽이는데 사용했을 것이다. 나치는 유대인을 말살하기 위해 찌클론-B(Zyklon-B)라는 화학 약품을 개발했다. 하지만 유대인 말살은 좋은 목적이 아니다. 나치는 합리적인 선택을 했지만 이성적인 행동을 한 것이 아니다. 그들은 대단한 열정의 소유자들이지만 그 열정은 나쁜 목적으로 인해 빛이 바랬다.

우리는 합리적인 사고가 목적의 실현에 있어서 좋은 방향으로 사용하고 있는지를 검증하지 않으면 안 된다. 나치 추종자들은 무식한 자들이 아니었다. 거기에는 멩겔레, 하이데거, 쉬미트 같은 매우 탁월한 지성의 소유자들이 있었다. 이들은 매우 탁월한 능력의 소유자들이지만 그 능력을 그릇된 목적을 위해 악용했다. 따라서 합리적으로 행동한다고 해서 그 행동이 다 이성적인 행동은 아니다. 이성적인 행동은 올바른 목적을 전제로 해서만 그 목적을 실현하는 데 있어서 합리적인 수단을 선택하는 것에 있다. 프랑크푸르트 학파는 도구적 이성을 비판한다. 도구적 이성을 비판적 이성으로 사용하는 것이 이성적 사고의 사회적 책임이다. 나치는 잘못 생각했지만 합리적인 선택에 있어서는 전문가다운 철저함을 보였다.

극단적이라는 것은 중용과 균형 감각이 없다. 철저하다는 것은 일을 뿌리에서부터 관철하는 것을 뜻한다. 극단은 중용의 결여로 인해 파괴적으로 흐를 위험이 있다. 중용은 극단에 치우치지 않고 중심을 잡으려는 긴장된 사고다. 우리가 도구적 합리성을 넘어서 이성적인 행위를 해야 하듯이 우리는 또한 극단을 피하면서 철저함을 수행해야 한다. 극단은 배제되지만 철저함은 장려되어야 한다.

비판이란 구별하는 능력이다. 우리는 목적이 좋은지 나쁜지를 구별해야 한다. 그런 한에서 좋은 목적을 위해 그 목적 실현에 적합한 수단을 선택해야 한다. 일을 뿌리에서부터 고찰하고 관철하기 위해서는 철저할 필요가 있다. 철저한 것은 대충 대충을 거부한다. 철저하게 일하면서도 중용이라는 건전한 감각을 위해 노력하면 이것은 최고의 삶이 된다.

소크라테스가 소피스트들과 구별하는 것은 자신의 기본 전제에 대해 의식적으로 반성하면서 이것이 항상 올바른 목적을 위해 사용되고 있는지를 검증한 데 있다. 그래서 그는 비판적 사고의 원형으로서 아직도 추앙을 받고 있다. 자신의 지식을 상품화하는 것이 아니라 자신의 지식을 검증함으로써 그가 무지에 더 이상 지배받지 않으려고 한 점에서 그는 비판적 지식인의 원형으로 추앙받고 있다. 진리를 흥정하는 것이 아니라 진리를 추구하고 따름으로써 진리의 순교자가 되었기 때문에 그는 추앙받고 있는 것이다.

전문가들이 자신들의 능력과 재능을 올바른 목적을 위해서가 아니라 그릇된 목적을 위해 사용할 때 그 피해는 가공할만하다. 나쁜 자들과 사악한 자들은 구별되어야 한다. 나쁜 자들은 그 피해가 그렇게 심하지 않다. 하지만 사악한 자들은 그 피해가 무궁무진히다. 우리가 히틀러 시대를 거치면서 겪은 것은 지식인들의 타락과 악용이 얼마나 심각한 재앙을 가져올 수 있는가 대한 목격이었다. 아도르노가 잘 지적한 것과 같이 옳지 않은 것에 기초할 때 그 어떤 것도 행복할 수가 없다. 우리가 전문가가 아니라 덕이 있는 자가 되도록 노력해야 하는 것은 이 때문이다. 소크라테스는 덕을 상품화하는 지식인이 아니라 덕을 추구하고 완성하려고 했던 자다. 덕을 통해서 테크네를 극복하려는 것이 그의 철학적 에토스다. 우리는 오늘날 이런 자를 성찰하는 비판적 지식인들이라고 부른다. 지식을 좋은 목적을 위해 올바르게 사용하는 자들이 바로 한 사회의 도덕적 원로들이다. 도구적 지식인이 아니라 비판적 지식인이 되도록 노력해야 하는 것은 지식을 통해 우리가 공동체에 봉사해야 하기 때문에 그렇다.

07
유비적 차이

유비란 완전히 같지도 않고 그렇다고 완전히 다른 것도 아니다. 같으면서 다르고 다르면서 같은 긴장이 바로 유비(analogy)다.

불가지론은 우리가 신에 대해서 아무 것도 알 수 없다는 입장이다. 부정신학은 "신은~이 아니다"라고만 말한다. 위 디오니시우스 아레오파기타는 신에 대한 인간의 진술에 있어서 바로 부정신학적 접근을 한다.

신을 드러내는 방식에는 부정의 길, 긍정의 길, 유비의 길이 있다. 부정의 길이란 부정신학과 같이 "신은~이 아니다"라고 진술한다. 긍정의 길은 신은 가장 탁월한 의미에서 모든 완성 중의 완성이라고 말하는 방식이다.

우리 인간은 신의 모상(imago dei)을 하고 있기 때문에 신에 대해서 어느 정도 알 수가 있다. 하지만 신을 다 아는 것은 아니다. 우리가 신존재 증명을 하고 나서도 신의 현실성에 대해 여전히 모르는 것은 매우 당연하다. 신은 모든 규정(Inbegriff aller Realität)이기 때문에 우리로서는 이 총괄 규정이 여전히 규정되지 않은 채 남아 있다.

신은 창조한다. 하지만 우리 인간은 기껏해야 발견할 수 있을 뿐이다. 아인슈타인이 아니어도 누구인가는 특수상대성 이론과 일반 상대성 이론을 발견했을 것이다. 양자론자들이 아니어도 우리는 불확정성 원리를 발견했을 것이다. 창조는 발견을 가능하게 한다. 하지만 발견은 창조를 절대로 능가할 수 없다. 인간이 발견한 것은 기껏해야 창조된 현실을 이해하는 데 도움이 될 뿐이다. 갈릴레이는 매우 적절하게도 우주는 수학으로 쓰여진 신의 암호라고 주장한다. 수학은 신이 창조한 자연을 이해하는 훌륭한 암호에 지나지 않는다. 신은 수학자이지만 수학자는 신이 아니다.

신에게는 타자가 없다. 하지만 인간에게 신은 알 수 없는 타자로 남아 있다. 신은 전체와 부분 모두를 알고 지배한다. 하지만 인간은 부분은 알지만 전체는 여전히 알지 못하고 있다. 인간의 앎과 지식은 신의 것에 비하면 항상 불완전하고 불충분하고 한계가 있다. 따라서 우리는 앎을 신에게 적용할 때와 인간에게 적용할 때 그 적용의 차이와 불일치를 함께 고려해야 한다.

신은 존재의 근거다. 신은 자기 원인이다. 하지만 우리 인간은 자족하는 자기 원인이 아니다. 우리는 신이 만든 피조된 세계를 통해서 신의 창조 행위를 유추적으로만 알아들을 수 있다. 우리의 지식은 항상 원본적이 아니라 파생적이다. 우리는 결과를 통해서 신의 원인의 자족성에 기껏해야 참여할 뿐이다. 뉴턴과 갈릴레이는 이런 맥락에서 물리학을 신을 이해하는 통로로 보았다. 자연 탐구는 신이 창조한 세계를 이해하는 데 있어서 우리 인간의 지성적 참여를 뜻한다. 물론 현대의 과학자들 중에서 뉴턴과 갈릴레이의 근본 가르침을 망각한 자들이 많이 있는 것은 사실이다. 철학이 완전하면 완전할수록 철학은 그만큼 현실을 더 완전하게 드러낸다. 철학이 불완전하면

할수록 철학은 실재로부터 멀어지고 있는 것이다. 우리는 가짜 신비에 현혹되어서는 안 된다.

앎에도 등급이 있다. 신의 앎과 인간의 앎에는 차이가 있다. 무지에도 등급이 있다. 인간은 전제를 모른다. 우리는 부분은 알지만 전체는 모른다. 전체는 지식의 대상이 아니라 지식의 한계다. 앎과 무지 모두 방향과 목적이 있기 때문에 우리는 무엇을 알고 있으며 동시에 무엇을 모르고 있는지에 대해 분명하게 말해야 한다. 우리는 신이 창조한 부분들에 대해서는 어느 정도 알아듣고 있지만 전체에 대해서는 여전히 모른다고 말하지 않으면 안 된다. 그래서 신은 섭리(provisio)로서 존재를 통치하지만 우리는 기껏해야 가설로서 미래를 조심스럽게 예측할 수 있을 뿐이다. 당연히 예측이 섭리를 대체할 수 없는 것이다.

신은 죽지 않는다. 어느 신학자는 우스개 소리로 신의 불행이 죽고 싶어도 죽을 수 없다는 데 있다고 말한다. 하지만 인간은 살고 싶어도 영원히 살 수가 없다. 이것은 인간의 피할 수 없는 조건이다. 죽을 수밖에 없는 인간이 죽지 않는 신에 의존하고 매달리는 것은 당연하다. 죽지 않는 자가 죽는 자에 매달릴 수는 없지 않는가? 따라서 신은 우리에게 희망의 근거로서 다가온다.

그리스도교의 신은 모세에게는 모세가 되라고, 아브라함에게는 아브라함이 되라고, 이삭에게는 이삭이 되라고 요구한다. 나는 여기에서 죽어야 할 자로서 있지만 신은 이 개별자를 향해서 말을 걸어온다. 우리는 이 요구에 응해서 강하게 책임지고 대답할 수 있어야 한다. 키에르케고르의 단독자는 이 점을 매우 잘 설명하고 있다. 그리스도에 대한 많은 지식이 중요한 것이 아니라 그리스도처럼 사는 것이 중요하다. 그리스도교의 종교는 이론적 박식함보다는 실천하는 단독자를 요구한다.

파스칼은 칸트를 앞질러서 이미 이성의 한계를 매우 잘 밝혔다. 우리 인간에게는 최고의 능력이지만 신에게 이성은 하찮은 것이다. 사도 바울처럼 신은 이 세상의 지혜를 어리석은 것으로 여겼다. 신과 싸워 이길 수 있는 자는 신자신 뿐이다. 학문은 신이 창조한 세계를 이해하고 알아듣는 것이지 그것을 능가할 수 있는 것이 아니다. 우리는 이성 덕분에 그만큼 신을 보다 잘 이해할 수 있다. 왜냐하면 인간의 능력들 중에서 그나마 전체에 대한 욕구를 대표하는 것은 이성이기 때문이다. 우리는 이성 덕분에 그만큼 전체에 대해 개방되어 있는 것이다. 이성과 함께 그러나 이성의 한계도 알면서 신에 대한 조심스러운 접근을 해야 한다. 파스칼은 지식의 신과 신앙의 신을 어느 정도 대립으로 전개하지만 사실 그럴 필요는 없다. 아테네의 지혜도 이스라엘의 신앙도 신을 이해하는 중요한 통로들이다.

신학은 우리가 어떻게 하면 천국에 갈 수 있는가를 알려준다. 하지만 자연 과학은 우리가 신이 만든 세계를 이해하는 것을 목적으로 한다. 갈릴레이는 이 둘을 구별하면서도 각기 다른 차원에서 신에게 이르는 길로 보았다. 신앙과 지식이 서로 배척하는 것이 아니라면 이성과 계시 역시 배타적이지 않다. 철학적 신앙이 가능한 것처럼 신앙적 철학도 가능한 것이다. 우리가 태양을 직접 볼 수 없는 것처럼 우리는 그렇게 신을 알지는 못한다. 신에 대한 우리의 접근이나 지식은 매개된 과정을 거친다. 아인슈타인 역시 우주 팽창에 대한 한계로 인해서 신이 창조하기 이전에 지니고 있었던 방정식을 늘 궁금해 하고 알고 싶어 하지 않았던가? 우리의 앎은 기껏해야 결과를 통해서만 신의 원인의 완전성에 참여할 뿐이다. 우리 인간은 발견하는 것이지 창조하는 것이 아니다.

　창조는 존재의 우연성을 우리가 선물로 받았다는 것을 뜻한다. 우리의 이성은 기껏해야 이것을 메타퍼나 상징으로서 이해할 뿐이다. 이성은 초감성적인 것을 감각적으로 이해할 수가 없다. 다만 그 유사성을 토대로 공통을 유추할 수 있을 뿐이다. 빵집 주인이 빵을 잘 만드는 것과 신의 창조 사이에는 유추적 이해는 가능하다. 하지만 부분을 지배하는 것과 전체를 지배하는 것은 현격한 차이가 있다. 유비란 한계를 인정하는 한에서의 공통성에 대한 이해를 말한다. 완전함 자체인 신과 완전함에 참여하는 인간의 완전함에는 등급의 차이가 있다. 신과 인간이 가까우면 가까울수록 그만큼 신과 인간은 차이가 있다.

08

범주의 연역

1. 문제제기

연역은 칸트의 철학 체계 안에서 가장 핵심적인 문제에 속한다. 그리고 이것의 정당화 검증은 여전히 오늘날에도 가장 논란이 많은 문제로 남아 있다. 칸트 자신이 1781년의 결과에 대해 만족할 수 없었기 때문에 그는 1787년에 다시 재판을 집필하게 되었다. 이 과정에서 연역에 대한 칸트의 강조점이 변형되기는 했어도 연역에 내재된 근본 남점들이 해결된 것은 아니다.

칸트는 범주의 근원이 어디에서 유래하는가를 밝히는 것을 범주의 형이상학적 연역으로 제시한다. 칸트는 1781년의 A판에서 범주의 근원을 밝히는 문제를 주관적 연역으로 논의한다. 그리고 그는 1787년의 B판에서 범주의 형이상학적 연역에 대해 단지 단 한 번만 이 표현을 언급하고 있다. 범주의 근원을 해명하는 문제는 로크와 달리 경험 독립적인 범주를 인정하는 점에서 정당화의 짐을 걸머지게 된다. 범주의 주관적 근원은 그럼에도 불구하고 능력심리학의 문제와는 구별된다.

칸트는 범주의 객관적 사용에 있어서 이것이 선험적 종합판단의 가능 근거와 경험의 가능 근거로 작용하고 있다는 것을 정당화하고 자 했다. 그는 흄의 회의주의에 맞서서 지식 성립의 객관 타당성을 밝히고자 했다. 이것이 범주 연역에서 가장 핵심적인 문제에 속한다.

칸트는 A판에서 범주의 객관적 연역을 범주를 경험 가능성의 조 건들로 사용할 때 이 사용의 객관 타당성을 정당화하는 것으로 논의 한다. 이것은 B판에서 범주의 선험적 연역이라는 표현으로 변형되 면서 논의된다. 연역이란 주관 안에서 그 근원을 갖는 범주를 갖고 서 경험 가능성의 조건을 정당화하는 것이다. 순수 수학의 성립 가 능성과 순수 자연과학의 성립 가능성에 대한 근거 제시는 필연적으 로 범주의 연역과 연관해서만 그 타당성을 입증한다.

2. 근원, 적용, 한계

칸트는 범주를 현상일반에 적용시켜서 그 적용의 객관 타당성을 정당화하는 것을 범주의 선험적 연역으로 제시한다. 경험론은 경험 선행적이고 경험 독립적인 범주의 가능성을 인정하지 않는다. 하지 만 칸트는 경험 독립적이고 경험 선행적인 범주를 갖고서 범주를 경 험 가능성3)의 조건4)으로 사용할 때 이 사용의 객관 타당성을 정당

---

3) B117. "그러므로 나는 경험 독립적인 개념들이 대상들에 어떻게 관련될 수 있는지를 해 명하는 것을 개념들의 선험적 연역이라고 부른다."(Ich nenne daher die Erklärung der Art, wie sich Begriffe a priori auf Gegenstände beziehen können, die transzendentale Deduktion derselben.)

4) A246/B303. "오성은 아프리오리하게 가능한 경험 일반의 형식을 기대하는 것 이상의 것 을 결코 수행하지 않는다."(daß der Verstand a priori niemals mehr leisten könne, als die

화하고자 한다. 그렇기 때문에 칸트는 경험론의 이의신청과 타당성 요구에 응해서 범주 사용의 객관 타당성을 정당화하는 것을 범주의 선험적 연역으로 논의할 수 있었다.

철학사에서 이 문제만큼 아직도 그 타당성을 놓고 공방전을 치열하게 벌이는 문제도 없을 것이다. 그리고 연역의 근본 문제는 현대의 언어 전회 이후에도 여전히 선험논쟁(transcendental argument)으로 변형되면서 계속해서 철학적 논쟁을 이어가고 있다. 왜냐하면 지식 성립의 근거를 경험 독립적이고 경험 선행적인 범주를 통해 해명하는 것은 그 자체가 논쟁의 대상이 되기 때문이다.

칸트는 범주의 근원을 밝히는 문제와 범주를 통해 종합과 경험을 정당화하는 문제를 구별하기는 해도 이것을 분리시키지 않는다. 범주의 형이상학적 연역이 주관 안에서 그 근원을 갖는 것을 해명한다고 한다면 범주의 선험적 연역은 범주를 통한 판단 성립의 근거와 경험 성립의 근거를 정당화하는 것과 관계한다. 칸트는 범주의 선험적 연역을 특히 "진리의 논리학"(B87)으로 규정하고 이것을 "가상의 논리학"과 확연히 구별한다.

범주 적용의 한계는 물자체이다. 범주는 시간과 공간을 통해 제약된 현상 영역에서만 그 적용의 객관 타당성을 유지한다. 만약에 범주가 그 적용 영역을 물자체에까지 확장한다면 범주는 필연적으로 이율배반에 빠지게 된다. 칸트는 범주를 통한 "진리의 논리학"과 범주의 그릇된 적용으로부터 발생하는 "가상의 논리학"을 확연히 구별한다. 칸트는 범주 적용의 외연을 시간과 공간을 통해 한정된 현상

Form einer möglichen Erfahrung überhaupt zu antizipieren.)

영역에 한정함으로써 범주를 현상일반에 대한 모든 종합의 객관적 근거로 정당화하고 있다.

범주의 근원(Ursprung), 적용(Anwendung), 한계(Grenze)를 밝히는 문제는 철학적 최후 근거의 증명도 아니고 자연과학의 경우처럼 법칙을 통해 현상을 설명하는 것과 구별된다. 연역은 "사실"(quid facti)의 문제가 아니라 "권리"(quid juris)의 문제[5]에 속한다. 하지만 이 문제는 아직도 너무 많은 피를 흘리면서 싸우고 있는 중[6]이다. 칸트는 근거, 적용, 한계를 다루는 문제를 한 사태의 상이한 세 차원으로 규정하고 이것을 통일된 것으로 논의한다.

범주의 형이상학적 연역은 범주의 근원을 밝히는 문제에 속한다. 칸트는 범주가 경험을 통해 얻어진 것이 아니라고 분명하게 밝힌다. 하지만 범주의 근원이 "우리 오성 안"에 근거한다는 칸트의 주장은 여전히 모호하고 불투명한 측면을 지니고 있다. 바로 그렇기 때문에 범주의 근원을 해명하는 형이상학적 연역은 근원의 해명에 있어서 여전히 논란의 중심을 형성하게 된다. 칸트의 범주는 데카르트의 본유관념 내지 생득관념과 구별된다. 경험을 통해 추상한 것도 아니고 생득관념도 아니라면 범주의 근원은 도대체 어디란 말인가?

이에 대한 가장 타당한 해석은 칸트가 판단표를 "실마리"(Leitfaden)로 해서 범주표를 도출했다는 것이다. 판단표는 범주표가 도출되는 것을 가능하게 한다. 하지만 범주는 판단을 판단이게 하는 근거로서 작용한다. 발견의 단초로서 작용하는 판단표가 과연 근거에 있어서 앞서가는 범주의 근원이란 말인가? 근거에 있어서 앞서는 범주표가

---

5) A84

6) Tuschling (1984), pp. 35-96.

판단표의 근원이라면 판단표를 실마리로 해서 범주표를 발견한 것은 어떤 관계에 있는가? 판단표를 실마리로 해서 범주표를 도출하는 것을 범주의 근원으로 해석하는 것은 아무 문제없이 타당한가?

칸트는 범주를 통해서 "경험이 어떻게 가능한가?"와 "선험적 종합판단은 어떻게 가능한가?를 정당화하고자 했다. 『프롤레고메나』에서 칸트는 흄의 회의주의에 맞서서 인식의 보편 타당성과 객관성을 정당화하고자 했다. 그리고 칸트는 이에 대한 근거로서 "순수 수학은 어떻게 가능한가?", "순수 자연과학은 어떻게 가능한가?", "순수 형이상학은 어떻게 가능한가?"를 통해서 선험적 종합판단이 가능하다는 것을 정당화고자 했다. 이것은 결국 범주의 선험적 연역이 정당화하지 않으면 안 되는 가장 근본적이고 난해한 문제들에 속한다. 왜냐하면 범주의 선험적 연역에서 범주는 항상 종합[7]을 정당화하는 것을 목적으로 하기 때문이다. 그런 한에서 범주는 현상일반에 대한 인식 가능성을 제공할 수 있는 것이다.

범주의 선험적 연역에 대한 칸트의 문제 제기는 그럼에도 불구하고 인식 성립의 객관적 가능 근거에 대한 궁극적인 해결을 함의하고 있는 것일까? 여전히 칸트 선험철학에 있어서 살아 있는 현재성은 무엇이고 극복된 것은 무엇인지를 명백히 밝히는 문제는 현재 진행형으로 계속되고 있을 뿐이다. 칸트의 코페르니쿠스적 전회는 철학사의 가장 근본적인 문제에 속하기 때문에 그 타당성 검증을 놓고서 여전히 거인들의 싸움을 불가피하게 지속시키고 있다.

---

[7] A247/B303. "하나의 체계적 원리 안에서 사물들 일반에 대해서 종합적 인식을 아프리오리하게 주려고 고군분투하는 자존심 강한 존재론의 명칭은 순수오성의 단순한 분석에다가 겸손하게도 자리를 마련해주지 않으면 안 된다."

3. "논규"와 "연역"의 차이

칸트는 순수 감성형식인 시간과 공간의 "선험성"8)을 해명하는 것에 한에서는 연역이라는 표현 대신에 "형이상학적 논규"9) (metaphysische Erörterung)라는 표현을 사용한다. 이에 반해 순수 규정 형식인 범주에 대해서는 "연역"(Deduktion)을 사용한다. 둘 다 경험 독립적이고 경험 선행적이라는 점에서는 서로 일치한다. 하지만 "논규"는 사용의 객관 타당성에 대해 입증 책임을 지지 않는다. 이에 반해 "연역"은 범주 사용의 객관 타당성에 대해 반드시 그 정당화를 제시하지 않으면 안 된다. 순수감성형식인 시간과 공간은 형이상학적 논규의 대상이지만 순수사고형식인 범주는 정당화의 짐을 제시해야만 하는 과제를 걸머지고 있다.

칸트는 시간과 공간에 한해서 "선험적 관념성"10)이라는 표현을 사용한다. 순수 감성형식으로서의 시간과 공간은 선험성과 형식성으

---

8) 칸트는 시간과 공간의 "선험성"(Apriorität)을 "주관적 관념성"(die subjektive Idealität)으로 표현한다. 이에 반해 범주는 "객관 규정성"(die objketive Realität)이라는 표현을 사용한다. 여기서 조심하지 않으면 안 되는 것은 칸트가 범주의 "객관 규정성"을 사용할 때 이 "규정성"은 "사태 규정성"(Sachheit)과 의미론적으로 같다는 것이다. 시간과 공간 둘 다 "선험성"이라는 점에서는 일치한다. 다만 시간과 공간은 무매개적(unmittelbar) 직접성을 뜻하고 범주는 매개된 간접성(diskursiv)을 뜻한다. 범주는 항상 시간과 공간을 통해 주어지는 것들과 관계하기 때문에 매개적이다(제약된 것). 이에 반해서 순수 감성형식은 표상들이 수용되는 직접적인 조건이다. 직관이 무개성과 동의어라면 매개된 것은 간접적이라는 것과 같은 의미다. 직관의 순수 감성 형식은 주관적 근원을 지니지만 적용을 수행하는 것은 아니다. 범주는 이에 반해 시간과 공간을 통해 주어지는 것을 매개로 하는 한에서만 간접적으로 이런 것들을 통일된 객체로 규정할 수 있다.

9) 독일어 Ort는 장소를 뜻한다. erörtern은 말 그대로 장소를 파헤치는 것(Exposition)을 말한다. 필자는 이것을 "논규"로 사용한다. 왜냐하면 시간과 공간은 적용의 타당성을 정당화하는 입증책임(Geltungsnachweis)이 아니라 그것들이 입각한 근본 장소를 해명(klar machen)하는 것에 기초하기 때문이다. 시간과 공간은 순수 감성형식이다. 이것은 그 선험성이 해명되어야 한다. 범주는 순수 규정 형식이다. 이것은 그 사용이 항상 정당화되어야만 한다. 그래서 범주는 연역의 대상이 된다.

10) A36/B52

로 특징지워진다. 순수 감성형식인 시간과 공간은 인식에 있어서 모든 수용성의 조건들로 작용한다. 범주는 자신의 "객관 규정성"[11](die objektive Realität)을 직관적인 것이 아니라 논변적(diskursiv)인 것으로 사용한다. 칸트는 "논변적 오성"은 인정하지만 "직관적 오성"은 거부한다. 왜냐하면 직관적 오성은 주어지는 것이 없어도 순수한 지적 종합을 수행할 수 있기 때문이다. 하지만 칸트에 따르면 우리의 인식은 언제나 시간과 공간을 통해 주어지는 것들을 통해서만 종합을 수행할 수 있다.

인식이 성립하려면 반드시 오성(지성)과 감성의 결합이 필연적이다. 왜냐하면 인식은 시간과 공간을 통해 주어지는 표상들의 잡다함을 전제로 하지 않을 때 어떤 종합도 수행할 수 없기 때문이다. 칸트는 오성 자체의 직관 능력을 부정한다. 왜냐하면 범주의 활동은 주어지는 것이 없으면 어떤 종합도 수행할 수 없기 때문이다. 직관 형식이 무매개적 직접성으로 해명되는 것에 반해 범주는 항상 현상일반을 매개로 해서만 종합을 수행한다. 표상들의 주체귀속성에 대한 칸트의 강조는 칸트의 자기의식이 피히테의 절대자아처럼 판독되는 것을 거부한다.

범주를 통한 종합은 언제나 시간과 공간을 통해 표상들이 주어질 수 있다는 것을 전제로 해서만 가능하다. 범주는 언제나 종합의 해명에 종속한다. 범주는 시간과 공간을 통해 주어지고 있는 개별 표상들을 매개로 해서 이것들을 하나의 통일된 객체로 종합[12]할 수 있

---

11) A27/B44 . 여기서 Realität는 독일어 Sachheit(규정성)과 호환 관계에 있다. 그렇기 때문에 실존을 뜻하는 Dasein 내지는 Wirklichkeit와 구별된다.

12) 칸트는 종합에 대해서 Synthesis, Verbindung, Zusammensetzung, Verknüpfung, Affinität, buchstabieren등등 매우 다양하게 사용하고 있다. 뷔트겐쉬타인의 주장처럼 개념의 의미

을 뿐이다. 칸트에 따르면 인식의 종합은 "대상의 표상들을 표상하게 하는 것"이다. 그렇기 때문에 칸트는 종합을 해명하고 근거짓는 것을 범주의 선험적 연역으로 정당화하고자 했다. 객체의 객체성은 범주의 종합하는 규정을 통해서만 그 타당성이 입증될 뿐이다. 이 점에서 칸트의 선험철학은 "주관 안에서의 객관성"[13]을 정당화하는 것으로 귀결된다.

우리의 인간 인식은 시간과 공간을 통해 주어지는 것들을 매개로 해서만 이것들을 규정된 객체로 통일할 수 있다. 시간과 공간은 오성의 범주를 제약하면서도 동시에 그것을 실현시키고 있다. 그렇기 때문에 칸트는 질료에 전혀 제약받지 않는 순수한 "직관적 오성"(der intuitive Verstand)을 인정하지 않는다.[14] 왜냐하면 우리 인간에게 그런 인식은 불가능하기 때문이다. 우리의 오성은 항상 시간과 공간을 통해 제약된 채 종합을 수행할 수밖에 없다는 점에서 항상 "논변적 오성"(der diskursive Verstand)[15]에 불과하다.

는 개념을 실제로 사용하는데 있다. 그렇다면 이 용어들에 대해서도 그 사용에 있어서 "가족 유사성"과 "자비의 원칙"이 요구된다.

13) A89/B122. "말하자면 사고의 주관적 조건들이 어떻게 객관타당성을 지닐 수 있는지, 다시 말해서 대상들의 모든 인식의 가능성의 조건들을 제시할 수 있는지"를 해명하는 것이 선험철학의 근본 과제다.

14) A68/B93. "개념들은 통한 인식은 직관적이 아니라. 논변적이다."(eine Erkenntnis durch Begriffe nicht intuitiv, sondern diskursiv.)

15) 칸트에 따르면 범주는 보편 표상이다. 이에 반해 직관은 개별 표상이다. 개별적인 것들은 범주 밑에 포섭되면서 규정된다(밑에서부터 위로의 방향). 개념은 보편 규정을 개별적인 것들에 적용한다. 적용은 위에서 밑으로 진행된다. 칸트는 그렇기 때문에 "적용과 포섭의 양방향"을 가리켜서 diskursiv(매개적)으로 규정한다. 이에 반해 직관적이라는 것을 무엇을 거칠 필요가 없는 것을 뜻한다. 시간과 공간은 직관의 순수 형식이지 직관을 거치는 것이 절대 아니다. 칸트는 직관을 필요로 하지 않으면서 이루어지는 이런 종합을 "순수 지적 종합"으로 규정한다. 이에 반해 칸트는 질료에 의존하면서도 질료를 종하는 것을 "형상적 종합"(die figürliche Synthesis)으로 규정한다. 질료가 주어지지 않은 순수한 종합을 칸트는 "지적 종합"(die intellektuelle Synthesis)으로 규정한다. 하지만 이것은 우리의 인식과 무관하다. "그러므로 판단은 대상의 매개된 인식, 말하자면 대상의 표

칸트는 A판에서 종합을 3가지 차원에서 논의한다. 그는 B판에서 종합을 범주를 통한 결합으로 논의한다. 칸트가 종합을 정당화할 때 칸트는 종합의 궁극적 조건을 범주를 통해 입증하고자 했다. 그렇기 때문에 칸트는 A판에서의 해명보다는 B판에서의 객관적인 설명에 더 무게중심을 두고 있다.

추상 작용을 통해 획득된 경험적 개념들은 경험 대상들에 적용될 수 있다. 칸트는 모든 경험적 개념은 연역이 불필요하다고 주장한다. 칸트는 수학에 한해서만 개념을 "구성"(Konstitution, Konstruktion)한다고 주장한다. 수학은 선험적 종합판단에 속한다. 칸트는 수학이 순수 직관 안에서 개념을 구성하는 것이기 때문에 분석적이 아니라 종합적이라고 주장한다.

상상력의 "형상적 종합"(die figürliche Synthesis)은 개념을 순수 직관 안에서 구성하는 것을 수행한다. 칸트는 기하학적 개념이 순수 직관 안에서 개념을 종합적으로 구성하고 있기 때문에 수학적 인식은 선험적 종합판단이라고 주장한다. 칸트는 순수 오성 개념인 범주를 "선험적 시간 규정에 따라" 도식화하는 것이 가능하다고 주장한다. 칸트는 경험적 종합, 개념을 순수 직관 속에서 구성하는 종합(수학적 개념 구성), 선험적 시간 규정을 매개로 해서 종합을 수행하는 범주의 종합을 구별한다. 칸트에 따르면 모든 선험적 종합판단이 다 연역의 대상은 아니다.[16] 수학은 연역의 대상이 아니다. 왜냐하면

상을 표상하게 하는 것이다."(Das Urteil ist also die mittelbare Erkenntnis eines Gegenstandes, mithin die Vorstellung einer Vorstellung desselben, A68/B93)

16) 칸트는 『프롤레고메나』에서 선험적 종합판단이 학문의 현사실성으로 제시된다고 말한다. 그렇기 때문에 『프롤레고메나』에서는 『순수이성비판』에서 논의되고 있는 연역이 나타나지 않는다.

수학은 단순히 개념 분석에 머무르는 것도 아니고 그렇다고 범주를 현상일반에 적용하는 것도 아니기 때문이다. 그럼에도 불구하고 칸트는 수학적(기하학) 개념을 순수 직관 안에서 구성하는 것이 가능하기 때문에 선험적 종합판단이라고 주장한다.

칸트는 감성론에서는 "논규"라는 것을 사용하고 있지만 범주에 한해서만 그 사용의 객관 타당성을 정당화해야 하기 때문에 "연역"을 "논규"와 구별해서 사용한다. 분석 판단은 주어의 개념 분석을 통해서 그 타당성이 필연적으로 입증된다. 분석 판단은 인식을 확장시키지 못한다. 선험적 종합판단은 한편에서는 경험 독립적이지만 다른 한편에서는 경험을 가능하게 한다. 그렇기 때문에 범주의 선험성은 항상 종합을 가능하게 하는 궁극적인 근거로서만 작용하기 때문에 인식 확장적이다.

기하학[17]은 범주처럼 경험 관련적인 것이 아니다. 기하학은 개념을 순수 직관 속에서 상상력의 종합하는 활동을 통해 구성하는 것에 기초한다. 분석적 진리는 그 타당성이 단지 개념 분석을 통해서 수행되는 것을 말한다. 기하학은 이 점에서 분석적인 것이 아니다. 범주는 종합하기 위해 표상들을 밖으로부터 수용하지 않으면 안 된다. 범주는 종합을 수행하기 위해 필연적으로 질료들에 제약되어 있거나 의존되어 있다. 기하학에서의 개념의 구성은 질료들에 의존해서 종합을 수행하는 것이 아니라 순수 직관 안에서 종합을 형성할 뿐이다. 그렇기 때문에 수학은 비록 선험적 종합판단으로 규정됨에도 불

---

17) 칸트는 『순수이성비판』 감성론에서 수학과 기하학을 논의한다. 그는 또한 『프롤레고메나』에서 순수 수학은 어떻게 가능한가?를 논의한다. 하지만 두 저서들에서 기하학은 개념 분석이 아니라 개념을 순수 직관 속에서 구성할 수 있기 때문에 선험적 종합판단으로 분류된다.

구하고 연역을 요구하지 않는다.[18] 오로지 범주에 한해서만 연역이 요구될 뿐이다.

범주의 연역은 "경험이 어떻게 가능한가?"와 "선험적 종합 판단이 어떻게 가능한가?"를 정당화하는데 있다. 수학은 선험적 종합판단으로 규정되지만 그럼에도 불구하고 연역의 대상은 아니다. 시간과 공간의 "형이상학적 논규"는 그 "선험성"을 해명하야 되지만 그럼에도 불구하고 범주처럼 연역의 타당성 검증에 따르지 않는다. 오로지 범주만이 경험 가능성의 조건들, 선험적 종합판단의 가능 근거를 정당화해야하기 때문에 입증 책임을 걸머지는 것이다. 연역은 수학의 필연성 증명도 아니고 자연과학처럼 법칙을 통한 현상의 설명도 아니다. 연역은 범주를 통한 대상 관련과 규정 관련을 정당화해야만 하는 권리 싸움이다.

4. 범주의 형이상학적 연역

칸트는 A판에서가 아니라 B판에서 범주의 형이상학적 연역이라는 표현을 단지 한 번 언급한다.

"범주들의 근원은 형이상학적 연역에서 판단들의 일반적이고 논리적

---

18) Ameriks는 『칸트 연구69』에서 기하학 논증을 배진적인 것으로 논의한다. 이 논의는 타당하다. 하지만 범주의 연역은 항상 전진적으로 수행된다. 칸트는 두 저서에서 연역을 항상 전진적인 정당화 해명과 연관해서 논의한다. 기하학은 연역과 직접적인 연관이 없다. 모든 기하학적 증명은 필연적으로 배진적인 필연성 증명과 연관된다. 하지만 연역은 필연성 증명이 아니라 사용의 객관타당성을 전진적인 방향에서 입증하는 것에 따른다. 칸트는 기하학을 선험적 종합판단으로 논의하지만 그럼에도 불구하고 이것은 연역의 타당성 정당화와는 무관하다.

인 기능들과의 완전한 만남을 통해서만 전반적으로 아프리오리하게 설명된다. 하지만 선험적 연역에서는 범주들의 가능성은 직관 일반의 대상들에 대한 아프리오리한 인식들로서만 해명된다."(B159)

오성은 범주를 통해 주어진 표상들의 무규정적 잡다를 종합해서 통일된 객체를 형성한다. 칸트는 오성을 "판단 능력"(Vermögen zu urteilen, B94)으로 규정한다. 범주는 판단 안에서 항상 규정하는 술어[19]로서 활동한다. 범주는 판단 안에서 오직 규정하는 술어들로 사용[20]되기 때문에 모든 결합일반의 형식적 근거가 된다. 판단은 항상 범주를 통해서 주어지고 있는 현상들을 결합시키는 것을 통해서만 그 작용[21]의 타당성이 확인된다. 현상들은 주어지지만 결합은 주어지는 것이 결코 아니다. 왜냐하면 결합은 판단 활동의 결과로서만 성립하기 때문이다.

칸트의 기본 논의는 판단표가 범주표가 발견되는 "실마리"(Leitfaden)라는 데 있다. 범주가 대상과 관계하지 못할 때 범주는 어떤 종합도 수행할 수가 없다. 범주는 "대상 관련"과 "대상 규정"을 동시에 수행한다. 칸트에 따르면 범주의 대상 관련은 시간과 공간을 통해 주어지는 것들에 한정되기 때문에 범주 적용의 외연은 언제나 "현상 일반", "대상 일반", "자연 일반"으로 제약된다. 그런 한에서 칸트는 범주를 모든 현상들의 결합을 가능하게 하는 것으로서 그 사용이 객관 타당성을 근거짓는 것으로 논의[22]한다. 대상 일반에 대한 가능 조건들은

---

19) "가능한 판단들의 술어"(Prädikate möglicher Urteile, A69/B94)

20) 칸트는 범주의 사용을 때로 작용(Funktion)으로 표현한다. 칸트는 §9의 제목을 "판단들 안에서 오성의 논리적 기능들에 관한 것"(Von den logischen Funktion des Verstandes in Urteilen)으로 표현하고 있다.

21) "사고는 주어진 직관들을 대상에 관련시키는 행위다."(B304)

결국은 대상 일반을 규정하는 범주의 규정 조건들 아래서만 의미 있게 수행된다.

판단표는 그 안에서 범주의 종합하는 규정들이 확인되는 것을 보여준다. 범주들은 판단할 수 있는 규정형식으로서 판단 안에서 항상 규정하는 술어들로 사용된다. 범주표는 판단표를 단서로 해서 발견된다. 범주의 근원은 경험을 통해 후험적으로 획득될 수 있는 것이 아니다. 또한 범주는 데카르트의 본유관념(innate idea)과 같이 "생득적"인 것이 아니다. 경험을 통해 후험적으로 획득된 것도 아니고 생득적인 것도 아니라면 범주는 일차적으로"우리 오성 안 "에서 그 근원을 갖는다고 말해야 한다. 칸트는 비록 순환논증에 빠지지 않지만 그렇다고 순환논증이 지니고 있는 동어반복에 대해 명쾌하게 해명하고 있지도 않다.

이 불명확성은 칸트 해석가들로 하여금 범주표를 판단표로부터 이끌어내려는 논리적 입장과 범주의 근원을 범주 사용의 객관 타당성에 일치시키는 입장으로 이원화시키고 있다. 그렇기 때문에 베네트[23]는 칸트가 제시한 범주의 형이상학적 연역을 범주의 선험적 연역 분석 안에 해소시켜 버린다. 왜냐하면 범주의 근원을 밝히는 문제는 범주의 사용을 통해서 그 타당성이 해명될 수 있기 때문이다.

범주는 근원은 후험을 통해 얻어지지 않는다. 그러니까 선험적이다. 범주는 그 근원이 선험적이다. 그러니까 후험을 통해 얻어지는 것이 아니다. 범주의 근원을 밝히는 형이상학적 연역은 순환 논증의 비생산적 무익함을 벗어나 있지만 그럼에도 불구하고 여전히 모호

---

22) B135, B145

23) Benett(1966)

한 측면이 있다. 칸트는 모호하게도 범주는 "우리 오성 안에서"[24] 그 근원을 갖는다고 말한다. 범주의 주관적 근원은 범주가 선천적인 것도 아니고 후험을 통한 획득도 아니라는 것만 말해준다. 칸트는 또한 자기의식의 활동으로부터 범주를 도출하는 피히테에 대해서도 단호하게 거부한다. 왜냐하면 자기의식은 "모든 결합 일반 일반의 최고 원칙"이지만 그 결합을 수행하는 데 있어서 미리 놓여 있는 범주를 전제로 해서만 종합을 수행하기 때문이다. 칸트는 피히테와 같이 범주를 자기의식으로부터 도출하는 것을 비판한다.

범주의 근원이 후험을 통한 "획득"도 아니고 그렇다고 "선천적"인 것도 아니라면, 또한 자기의식을 통해 도출되는 것도 아니라면 도대체 그 근원은 어디란 말인가? 우리는 근원을 묻는 과정에서 순환 논증의 무익함과 선결문제 요구의 오류도 피해야 한다. 범주는 그 근원이 "우리 오성 안"에 있다는 칸트의 해명은 그러나 매우 모호하고 때로는 너무 "어둡다"(Dunkelheit BXXXVII). 이 "어려움"과 "어두움"을 명쾌하게 "개선"(Verbesserungen, BXXXVII)할 수 있는 해명은 도대체 어떻게 가능한가?

가장 일반적인 해석은 칸트가 판단표를 "실마리"로 해서 범주표를 이끌어냈다는 해석이다. 하지만 이 해석 역시 해결해야 할 과제가 남아 있다. 범주는 판단 안에서 규정하는 술어로 작용한다. 판단표를 통해 범주표를 확인하는 것은 매우 자명하다. 판단표를 통해 범주표를 이끌어낸다는 것은 판단표가 범주의 근원이라는 것을 보

---

24) 칸트는 B144에서 "왜냐하면 범주들은 감성으로부터 독립해서 단지 오성 안에서 발원하기 때문"(da die Kategorien unabhängig von Sinnlichkeit bloß im Verstande entspringen ") 이라고 그 근원을 밝힌다.

장하지 못한다. 왜냐하면 범주가 판단을 판단이게 하는 것의 객관적 규정 근거이기 때문이다. 판단 안에서 규정하는 술어로 작용하고 있는 범주는 판단 성립의 규정적 근거다. 판단표를 통해서 범주표를 발견하는 것과 판단표를 통해 범주의 근원을 해명하는 것은 별개의 문제다. 발견의 문제와 근원을 해명하는 것은 반드시 일치하지 않는다.

칸트 자신이 범주의 근원을 해명하는 것을 범주의 형이상학적 연역으로 제시함에도 불구하고 여전히 근원에 대한 만족할만한 해명은 모호한 채로 남아 있다. 범주의 근원이 우리 오성 안에 기초한다는 칸트의 근본 해명은 여전히 더 많은 정당화와 설득을 충족해야만 하는 과제에 직면하고 있다. 이 때문에 칸트 해석가들은 범주의 근원을 해명하는 문제에 있어서 서로 경합하는 논쟁을 벌이지 않을 수 없는 것이다.

범주의 형이상학적 연역이 범주의 근원을 밝히는 문제라면 칸트는 이 근원의 해명에 있어서 보다 만족할만한 근거를 제시해야 한다. 범주의 선험적 연역은 근원이 아니라 근원의 인정 아래 범주를 적용하는 것의 객관 타당성을 정당화하는 것에 기초한다. 따라서 범주의 선험적 연역을 위해 범주의 형이상학적 연역을 무의미한 것으로 평가절하하는 것도 문제이지만 이 "만남"과 무관하게 범주의 형이상학적 연역을 그 자체로서 해명하는 것도 여전히 문제로 남아 있다.

범주의 근원, 범주 사용의 객관적 타당성, 범주 적용의 한계를 밝히는 문제는 분명히 삼위 일체를 형성한다. 하지만 칸트 자신이 범주의 근원을 밝히는 문제를 범주의 형이상학적 연역으로 독립된 테마로서 논의하고 있기 때문에 이 근원을 밝히는 문제는 여전히 그 만족할만한 해명을 놓고서 더 많은 근거가 확보되어야 한다. 범주의 선험적 연역을 위해 범주의 형이상학적 연역을 평가절하 할 수도 없고 그 반대로 범주의 형이상학적 연역을 위해 범주의 선험적 연역을 평가절상 할 수도 없다면 우리는 이 근원의 해명을 어떻게 해명해야 할까? 예나 지금이나 앞으로도 계속해서 논쟁이 되는 것은 경험 선행적인, 경험 독립적인 범주가 있는가의 해명이다. 칸트는 이 문제를 범주의 형이상학적 연역으로 제시하면서 경험론의 도전으로부터 이 문제를 방어하고자 했다.

5. 범주의 선험적 연역

이미 말한 바와 같이 칸트의 연역은 범주의 근원, 적용, 적용의 한계를 밝히는 문제로 압축된다. 범주의 근원을 밝히는 문제가 만족할 만하게 해명되지 않고 남아 있다고 해서 칸트 선험철학의 근본 문제가 난점에 빠지는 것은 결코 아니다. 범주의 객관 타당한 사용에 대해서 칸트는 또한 흄의 도전과 이의신청에 대해 만족할만한 근거를 제시해야 할 도전에 직면한다.

칸트는 개념 사용의 독단도 피해야 하고 회의주의의 도전으로부터 인식의 보편 타당성을 정당화하는 것을 선험철학의 본래 과제로 제시한다. 경험 가능성의 조건을 근거짓는 것, 판단 성립의 객관 타당성을 정당화하는 것, 순수 수학의 성립 가능성을 증명하는 것, 순수 자연과학의 성립 가능 근거를 정당화하는 것은 칸트의 선험적 범주가 해명하지 않으면 안 되는 입증 책임의 문제들이다. 범주의 선험적 연역은 범주를 인식 성립의 가능조건으로 사용할 때 이 사용의 객관 타당성을 정당화하는 것을 목적으로 한다.

　오늘날의 "언어 전회"는 칸트가 제시한 "선험적 연역" 대신에 "선험적 논쟁"(transcendental argument)을 도입하면서 칸트와 대결[25]하고 있다. 규정하는 술어들의 대상 관련과 규정 가능성은 선험논쟁에서는 언어를 통한 대상 관련과 규정으로 논점이 변형되어서 다루어진다. 그리고 칸트가 입증책임으로 규정한 것은 논쟁으로 그 강조점이 달라지고 있다. 논의의 강조점이 달라지거나 변형되었다고 해서 칸트의 선험철학이 선험논쟁을 통해 대체되거나 해결되었다고 주장하는 것은 성립하지 않는다. 왜냐하면 선험논쟁 역시 칸트가 직면한 문제를 해명해야만 하는 입증책임으로부터 자유로운 것이 아니기 때문이다.

　칸트는 "주관적 연역", "객관적 연역"이라는 표현을 사용하지 않는다. 칸트는 또한 "위로부터의 연역"이나 "아래로부터의 연역"과 같은 표현들을 사용하지도 않는다. 헨리히는 B판 §§21에서부터 연역이 새롭게 시작한다고 주장[26]한다. 엘리슨은 헨리히를 지지하면서 연역을 "두 경로 논쟁"[27](two-trap argument)으로 논의한다. 복잡

---

25) 관념론의 종언 이후에도 칸트 선험철학과의 대화는 지속된다. 하만과 헤르더 훔볼트는 칸트의 범주 대신에 언어의 사고 제약성을 강조하면서 우리 사고의 유한성과 대결한다. 칸트의 범주를 언어를 통해 대치하려는 시도는 또한 Aschenberg(1982), "『선험논쟁과 과학』"(1979), Niquet(1991)에서 다차원적이고 복합적으로 이루어지고 있다. 특시 스트로슨(1966)이 "분석적 선험철학"을 통해 칸트 철학에서의 심리적이고 주관적인 잔재를 논리적으로 대체하려는 시도는 많은 파생적 논쟁을 불러일으키고 있다. 탈주체적 지평에서 언어를 통한 의식철학의 대체는 하버마스와 쿨만과 아펠에 의해 시도되고 있다. 범주의 선험적 연역에 비해서 선험논쟁은 그 논의가 제기되는 맥락이 너무 복잡하고 상세하기 때문에 이 논쟁들을 묶어줄 수 있는 "가족 유사성"은 매우 느슨하게 연결되어 있다. 필자는 다만 칸트적인 논의가 변경되고 있다는 측면에서 포괄적으로 선험논쟁으로 분류할 뿐이다.

26) Henrich(1968). 헨리히는 연역이 §20에서 끝나고 §21에서 새롭게 전개된다고 주장한다. Baum(1986)과 Wagner(1980)는 헨리히의 주장에 대해 반론을 제기한다. 이들의 반론에 대해 헨리히는 Tschuling(1984)에서 자신의 입장을 다시 밝힌다.

한 논쟁 구조를 단순하게 이해하는 것이 사고의 미덕이다. 하지만 헨리히나 엘리슨은 오캄의 충고를 잊은 채 칸트의 논증 구조를 불필요하고 복잡하게 만들고 있다. 범주의 선험적 연역이 두 경로 논증을 통해 재구성되고 논의되어야 할 필연성은 칸트 논의에서 지엽말단적인 부수적인 문제에 속한다. 그리고 두 경로 논증이 연역의 본래 문제를 형성하는 것도 아니다.

범주의 포섭 관계와 직관의 포함 관계는 구별된다. 직관의 개별 표상들은 시간과 공간을 통해서 주어져야만 하고 범주는 이런 주어짐을 전제로 해서만 개별표상들을 종합하고 통일한다. 왜냐하면 인식은 주어진 직관의 개별 표상들을 범주라는 보편 표상을 통해서 종합하고 통일하는 것에 근거하기 때문이다.

시간과 공간은 밖으로부터 우리에게 인식될 것들이 주어지는 수용성의 주관적 제약 형식 조건들로서만 작용한다. 시간과 공간을 통해 주어지는 것들이 없다면 범주는 어떤 종합도 수행할 수가 없다. 범주의 종합하는 규정 활동은 시간과 공간을 통해 주어지는 것들과 연관될 때만 가능하다. 공간 자체가 아니라 공간 안에 있는 것들이 우리에게 주어진다. 시간 자체가 아니라 시간을 통해 주어지는 사건들이 우리에게 현상들로서 주어지고 그런 한에서 이 주어진 규정들이 범주 밑에 포섭되어서 종합된 객체로 인식된다. 형상적 종합은 범주적 종합 아래 있는 인지 대상들이다. 이에 반해 시간과 공간의 순수 주관적 감성 형식은 종합이 수행될 수 있는 수용성의 제약 조건들에 불과하다.

---

27) 엘리슨(2015)은 §§16-20을 "The B-Deduction(I)"(327-373)으로, §§21-7을 "The B-Deduction (II)"(374-432)로 구별한다.

직관들이 주어지지 않으면 범주는 어떤 종합도 수행하지 못한다. 범주의 종합하는 활동이 없다면 주어진 것들은 인상들의 다발에 불과하다. 칸트는 이 둘을 다 비판한다. 그렇기 때문에 범주의 종합하는 활동은 필연적으로 직관들의 잡다함이 주어지는 것을 전제로 해서만 통일된 객체를 형성할 수 있을 뿐이다.

칸트는 『순수이성비판』과 『프롤레고메나』에서 "자연 일반"이라는 것을 시간과 공간을 통해 주어지는 것들로 한정하면서 이것을 범주를 통한 종합 아래 포섭시킨다. 칸트는 시간과 공간을 통해서 주어질 수 있는 것들에 한해서만 범주적 종합이 가능하다고 보았다. 그래서 칸트는 대상 일반에 대한 가능 조건은 대상일반을 가능하게 하는 범주의 규정 조건과 같다고 논의한다. 칸트는 §26과 『프롤레고메나』에서 범주는 형식적인 의미에서 자연 일반에 대해 입법자라고 논의한다. 범주의 자연입법성은 『순수이성비판』 B판 §§15-27에서 분명하게 드러나 있다.

현상은 항상 "우리에게 현상"[28](Erschneinung für uns) 하는 구조를 지닌다. 이에 반해 대상 혹은 객체는 범주를 통해 결합된 것이기 때문에 항상 오성의 종합하는 활동의 결과로서 발생한다. 현상들은 시간과 공간을 통해 우리에게 주어지지만 객체[29]는 오성의 종합하

---

28) 현상들이 우리에게 주어지는 한에서라는 것은 현상들이 인식되기 위해서 시간과 공간을 통해 우리에게 수용되는 것을 의미한다. 그렇기 때문에 시간과 공간 안에 있는 개별 표상들이 우리에게 주어지는 것이다. 시간과 공간은 순수 감성형식이기 때문에 우리에게 주어지는 것이 아니다. 칸트는 이 관계를 전체와 부분의 관계로 설명한다. 전체는 부분들이 주어질 수 있는 선험적 크기를 말한다. 그렇기 때문에 헨리히가 오해하는 것처럼 시간과 공간 자체의 주제화는 범주 적용의 외연이 미결정된 상태에서 그 외연을 확장하는 과정과 같은 것으로 판독될 필요가 없다. 범주적 적용 아래 포섭되는 것은 말할 필요도 없이 시간과 공간을 통해 우리에게 주어지는 현상들에 한정된다. Prauss (1971), 292-321.

29) "객체는 하지만 주어진 직관들의 다양성이 통일된 것이다."(B137)

는 활동에 의해 산출된 것이다. 범주의 자연입법성은 범주가 시간과 공간을 통해 주어지는 현상일반들에 대해서 궁극적으로 모든 결합을 수행하는 것에 기초한다.

신은 질료 자체를 산출하기 때문에 그 순수 종합이 항상 지적으로 규정된다. 하지만 우리 인간들은 질료 자체를 산출하는 것이 아니라 질료 자체를 수용하는 조건 아래서 단지 결합만을 산출할 수 있을 뿐이다. 그렇기 때문에 신의 원본적 창조(Urheber)에 비하면 인간의 오성은 기껏해야 파생적 결합에 불과하다. 물자체와 현상의 관계는 이 맥락에서만 이해가 가능하다.

이미 위에서 논의한 것과 같이 칸트는 "논규"와 "연역"을 구별했다. 연역은 경험 독립적이고 경험 선행적인 범주를 갖고서 범주를 경험 가능성의 조건으로 사용할 때 이 사용의 객관 타당성을 정당화하는 것을 말한다. 시간과 공간은 범주 적용의 가능성의 범위 내지는 외연을 한정한다. 칸트는 범주 적용의 가능성의 외연이 항상 시간과 공간을 통해 제약된다고 주장한다. 오성은 이런 제약성의 조건에 따라 단지 결합일반만을 수행할 수 있을 뿐이다. 칸트는 피히테나 셸링처럼 오성의 직관 능력 자체를 인정하지 않는다.

칸트에 따르면 모든 결합은 말할 필요도 없이 오성의 활동에 의해서만 가능하다. 그렇기 때문에 칸트가 "하나의 직관"(Einer Anschuung, B144)이라고 표현할 때 이 "하나"의 의미는 오성의 활동에 의해 결합된 것이 아니다. 왜냐하면 여기서 "하나"의 의미는 현상들이 주어질 수 있는 터전으로서의 선험적 전체를 뜻하지 오성의 활동 결과 산출된 것을 의미하는 것이 아니기 때문이다. 공간의 선험적 총체성은 공간 안에 있는 것들이 우리에게 주어질 수 있는 가능적 터전으로서의 선험적 전체 크기를 뜻한다. 따라서 "한 직관의 주어진 다양성의 의식"(Bewußtsin eines gegebenen Mannifaltigen Einer Anschauung, B144)이라는 표현은 전체적인 공간의 틀 안에서 우리에게 질료들이 주어진다면 그런 한에서 우리는 범주를 통해 이 주어진 질료들을 결합하고 통일할 수 있다는 것으로 해석되어야만 한다.

결합의 가능 근거를 심리화하거나 아니면 습관이나 연상으로만 파악하는 흄의 회의주의에 대한 극복으로서 칸트는 범주를 통한 자연의 합법칙성을 자연 인식에 대한 근거로 제시할 수 있었다. 범주가 현상일반에 대해 합법칙성의 형식적 근거가 되는 것은 결합의 가능성을 주관적인 연상이나 심리적으로 해석하려는 흄을 비판하기 위해서다. 『순수이성비판』과 『프롤레고메나』 모두에서 범주는 개념 사용의 독단과 회의주의를 극복하기 위한 대안으로서 그 타당성을 지닌다.

헨리히와 엘리슨은 B판 §§21에서부터 연역이 다시 시작한다고 주장한다. 도대체 어떤 연역이 다시 시작한단 말인가? 범주 적용의 외연은 칸트의 전 저작에 걸쳐서 항상 일관되게 시간과 공간을 통해 한정된 것으로 제한된다. 칸트가 범주를 통한 "진리의 논리학"과 범주의 그릇된 적용으로 인해 야기되는 "가상의 논리학"을 날카롭게 구별하는 이유는 범주를 대상 일반의 규정 가능 조건으로 정당화하는 것을 입증하기 위해서다. 칸트는 일반 논리학의 대상 무연관성, 선험 논리학에서의 범주를 통한 대상 연관과 규정 가능성, 가상의 논리학에서처럼 범주를 무제약자에 적용하는 데서 오는 모든 오류 가능성으로서의 가상의 논리학을 아주 날카롭게 구별한다.

범주 적용의 외연은 칸트가 명백하게 시간과 공간을 통해 우리에게 주어지는 것들로 한정한다. 그렇기 때문에 외연의 적용 범위가 확정되지 않았기에 칸트가 §§21에서 연역이 새롭게 시작한다는 헨리히와 엘리스의 논거는 별반 설득력이 없다. 엘리슨은 두 경로 논증을 통해 이것을 새롭게 주제화하지만 그의 설명은 범주의 선험적 연역에 대한 정당화 해명이라기 보다는 차라리 지엽말단적인 외연의 범위를 확정하는 문제로 변형되고 있다. 순수 지적 종합, 무제약자에 대한 범주의 그릇된 적용, 범주를 통한 종합이 아닌 다른 종합의 가능성 문제를 확정하는 문제들은 일차적으로 선험적 연역과 무관한 문제들이다.

칸트의 연역에서 항상 싸움의 대상이 되는 것은 외연의 범위를 확정하는 문제가 아니다. 왜냐하면 범주를 통한 종합의 가능 근거를 정당화하는 것이 선험적 연역이 해결하지 않으면 안 되는 가장 본질적인 문제이기 때문이다. 범주 적용의 객관 타당성을 정당화하는 것이 항상 논쟁의 중심을 형성한다. 대상 일반, "현상 일반의 총괄"(Inbegriffe aller Erscheinungen, B163), "자연 일반"(Natur überhaupt, B165)은 표현들만 다르지 사실은 범주가 적용될 수 있는 외연의 범위를 시간과 공간에 한정하는 점에서 서로 일치하고 있다.

칸트는 A판에서 종합을 세 가지30) 차원에서 제시한다. 하지만 B판으로 오면서 칸트는 종합을 두 가지31)로 설명한다. B판에서는 상상력을 통한 재생산적 종합과 개념에서의 재인종합은 범주를 통한 종합으로 일원화된다. 그렇다고 칸트가 상상력의 종합을 범주를 통

---

30) A98-110. 첫째, 직관에 있어서의 각지의 종합, 둘째, 상상력에 있어서의 재생산적 종합, 셋째, 개념들에 있어서의 재인 종합.

31) B150-152. 칸트는 여기서 "형상적 종합 '(die figürliche Synthesis)과"지적 종합 "(die bloß intellektuelle Verbindung)을 구별한다.

한 종합에 종속시킨 것은 결코 아니다. 다만 이 둘이 형상적 종합 아래 포섭되기 때문에 이것을 형상적 종합으로 단일화하고 있을 뿐이다.

칸트는 B판에서 형상적 종합과 순수 지적 종합을 구별한다. 범주의 연역과 관련해서 타당한 종합은 언제나 직관의 무규정적 잡다함을 통일된 객체로 결합하는 것 즉 형상적 종합뿐이다. 그렇기 때문에 칸트는 형상적 종합을 통해서 범주가 현상 일반에 대해 종합하는 통일을 수행한다고 논의한다. 범주의 적용 범위를 제한하는 감성의 영역은 범주를 통한 현상들의 종합 가능성으로 확정[32]된다. 칸트는 이 범주 적용의 외연을 확정하는 문제를 처음부터 끝까지 자신의 모든 저작들에 걸쳐서 항상 "현상 일반", "대상 일반", "자연 일반"에 한정시켜서 논의하고 있다. 그 때문에 외연의 범위를 확정하는 문제를 기준으로 해서 두 가지 논의가 발생한다고 보지 않는다. 연역은 형식적인 의미에서 자연 일반에 대해 범주가 모든 경합 일반의 가능 근거 즉 자연의 형식적 합법칙성으로서 그 타당성이 입증된다.

칸트는 직관을 우선시하면서 범주를 직관에 봉사하는 것으로 해석하지 않는다. 쇼펜하우어와 하이데거[33]의 해석은 이 점에서 재검

---

32) 칸트는 범주의 포섭과 적용을 전치사 밑으로 표현해서 그 관계를 설명한다. 범주는 보편 표상이다. 이에 반해 직관은 개별 표상이다. 범주를 개별 현상들에 보편적으로 작용하거나 현상들이 주어지면 이것은 범주 밑에(unter) 포섭되어서 규정된다. 범주와 현상들의 관계는 보편 규정과 개별 현상들의 관계이기 때문에 이것은 포섭으로 설명된다. 이에 반해 공간은 그 안에 어떤 것들이 주어질 수 있는 선험적 크기다. 공간 안에 있는 것들과 공간의 관계는 포함관계로 규정된다. 칸트는 §21에서 "하나의 직관 안에서"를 항상 직관이라는 전체성 안에 직관 내용들이 주어지는 관계로 파악한다. 개념의 포섭과 직관의 포함은 구별된다. 그렇기 때문에 직관 안에서 포함되는 것들은 말할 필요도 없이 범주라는 포섭 규정 밑에 주어지게 된다. 헨리히가 주장하는 것처럼 외연의 범위가 확정되어 있지 않기 때문에 연역이 다시 시작한다는 주장은 적합하지 않다.

33) Heidegger (1965). 하이데거는 오성과 감성의 공동작업을 통해 경험을 설명하는 연역의 문제를 종합의 정당화에서 해명하는 것이 아니라 시간과 도식에다가 무게중심을 둔다.

토되어야 한다. 왜냐하면 범주는 직관에 종속하는 것이 아니라 직관을 종합하기 때문이다. 칸트는 범주를 위해서 직관을 폄하하지 않는다. 이 점에서 신칸트학파의 칸트 해석은 재검증되어야 한다. 왜냐하면 직관이 주어지지 않으면 범주적 종합은 전적으로 어떤 종합도 수행할 수 없기 때문이다. 칸트는 오성과 감성의 공동협력을 통해서만 인식이 성립한다고 주장하기 때문에 이 둘은 항상 서로 서로를 필요로 하면서 동시에 서로 서로를 제약한다고 주장한다. 직관과 오성은 동등한 권리를 지니고 있다. 범주의 선험적 연역은 오로지 범주를 통한 직관의 종합을 통해서만 그 연관 가능성과 규정 가능성을 타당한 것으로 입증할 수 있을 뿐이다. 범주는 오로지 직관의 다양성을 하나의 통일된 객체로 종합하는 데서 그 타당성이 궁극적으로 판가름 난다.

범주는 주관 안에 있는 보편 규정이지만 범주 밖에 있는 현상들에 보편적으로 적용된다. 칸트는 이 경계를 시간과 공간을 통해 제약되어 있는 현상들에 한정해서만 범주 적용의 가능성이 타당성을 유지한다고 주장한다. 그런 한에서 범주는 자연 일반에 대한 규정의 근거가 된다. 이 점에서 연역은 범주가 자연 일반에 대해 입법자라는 것을 밝히는 데서 정점에 달한다. 경험이 주어지는 현상들의 무규정적 잡다함을 통일하는 것이라면 경험 가능성의 조건은 결국 범주를 통한 현상들의 규정 가능성의 조건을 정당화하는 데서 그 타당성이 입증[34]된다.

그는 종합 대신에 범주가 직관에 봉사한다고 주장하면서 순수 오성(지성)과 감성의 동근원적 뿌리로서 상상력을 강조한다. 하지만 이런 주장은 선결문제 요구 오류를 피할 수 없다. 범주의 대상 관련과 그 타당성 검증이 마치 동근원적 뿌리를 해명하는 문제로 변형되면 연역의 본래 문제는 그 핵심을 벗어나게 된다.

5. 맺으면서

연역과 수학적 증명은 구별된다. 연역은 과학의 가설 검증이 아니다. 연역은 모든 다른 대안들을 거부하는 의미에서 유일성 논쟁도 아니다. 연역은 또한 대립을 통일하는 체계 문제도 아니다. 연역은 또한 철학적 최후근거도 아니다. 언어를 통해 칸트의 범주를 대체하거나 극복했다고 공언하는 선험논쟁 역시 언어의 대상 관련과 규정 연관을 정당화해야 한다는 점에서 칸트의 선험 연역이 부딪히고 있는 문제들을 그대로 떠안고 있다. 범주가 언어로 대체된다고 해서 해결된 것은 하나도 없다. 의식 일반의 형식적 구조가 언어적 상호주관성으로 대체된다고 해서 문제가 나아진 것은 하나도 없다. 왜냐하면 주관성을 아무리 상호주관성으로 확장해서 논의한다고 하더라도 상호주관성 역시 주관성의 변형에 지나지 않기 때문이다. 진리는 주관화의 위험에 저항한다. 범주를 통한 진리의 정당화 가능성은 언어라고 해서 진리 요구로부터 면제되거나 특권적 위치를 점유하는 것이 아니다.

연역은 경험 독립적이고 경험 선행적인 범주를 인정하지 않거나 부정하는 자들의 도전과 이의신청에 직면해서 범주를 통해 경험을 가능하게 하는 근거를 정당화하고자 할 때 범주 사용의 객관 타당성을 입증해야만 하는 것을 목적으로 한다. 칸트는 인식의 보편 타당성을 근거짓는 과정에서 회의주의와 독단주의 모두를 극복하고자 한다. 연역이 필증성 증명이나 논리적 추론으로서가 아니라 권리 싸

---

34) 하지만 가이어는 연역의 실패를 지적한다. Formally speaking, the transcendental deduction is a failure, and at vest sets the agenda for the detailed demonstration of the role of the categories in the determination of empirical relations in space and especially time in the following sections of the *Critique of Pure Reason*. (1992, 155쪽)

움이라는 논쟁의 의미로 이해되는 것은 이 때문이다. 오늘날 칸트가 제시한 범주의 선험적 연역은 선험 논쟁으로 변형되면서 재점화되고 있다. 연역은 아직도 싸움이 끝나지 않는 문제로서가 아니라 계속해서 싸울 수밖에 없는 문제로서 우리들의 관심을 형성하고 있다.

수학적 증명은 논쟁하지 않는다. 왜냐하면 증명의 강제성은 필연을 강제하기 때문이다. 과학은 가설을 검증한다. 이 과정에서 가설은 공인된 것으로 인정되거나 반박된다. 연역은 과학에 있어서처럼 시행착오와 패러다임의 변화를 겪으면서 진행되는 것과 구별된다. 연역은 범주를 통한 대상 관련과 규정의 객관 타당성을 정당화하는 권리 논쟁이다. 범주가 자연 일반에 대해 형식적인 의미에서 입법자가 되는 것은 범주가 대상일반을 규정하는 가능 조건이기 때문에 그렇다. 칸트는 회의주의자들의 이의신청에 직면해서 범주를 통한 인식의 성립 근거를 제시할 수 있다고 보았다. 범주가 "진리의 논리학"으로 규정되는 것은 이 때문이다. 경험에서 그 근원을 지니지 않는 사고의 주관적 규정들이 어떻게 해서 경험의 보편 타당성과 필연성을 충족할 수 있단 말인가? 대상의 대상성의 성립 근거를 범주의 객관 규정성을 통해서 정당화하고 입증하려는 이 피할 수 없는 싸움은 칸트의 선험철학이 위치한 역사적 긴장을 형성하고 있다.

너무 많은 자들이 이 문제와 싸우는 과정에서 역사적 형장의 이슬로 사라졌다. 연역은 행복한 담론의 장이 아니다. 연역은 그 현재성과 타당성을 놓고 벌이는 생과 사의 치열한 전투다. 도대체 이 싸움에서 무엇이 살아남은 현재이고 무엇이 소멸된 것인가? 연역이 마무리되는 결론에서 연역이 다시 시작할 수밖에 없다는 문제를 제시해야만 하는 것이 연역이 지닌 근본 현재성이 아닐까?

참고문헌

Allison, Henry E. "Reflections on the B-Deduction", *Southern Journal of Philosophy* 25, 1-15.

———, *Kant's Tanscendental Deduction*, Oxford, 2015.

Ameriks, Karl. "Kant's Transcendental Deduction as a Regressive Argument", *Kant-Studien* 69, 273-87.

Aschenberg.R., *Sprachanalyse und Transzendentalphilosophie*, Gerlingen, 1982.

Baum, Manfred. *Deduktion und Beweis in Kants Transzendentalphilosophie*, Königstein: Athenaeum,1986.

———, "The B-Deduction and the Refutation of Idealism", *Southern Journal of Philosophy* 25, 89-107.

Bennett, Jonathan. *Kant's Analytic*, Cambridge, 1966.

Bieri.P/Horstmann, R-P/Krüger.L(Eds), *Transcendental Arguments and Science*, Dordrecht, 1979.

Carl, Wolfgang. "Kants First Drafts of the Deduction of the Categories", in: Eckhart Förster (ed), *Kants Transcendental Deduction*, Stanford, 1989, 3-20.

———, *Die transzendentale Deduktion der Kategorien*, Vittorio Klostermann, 1992.

Förster, Eckart. *Kant's Transcendental Deductions*, Stanford, 1989.

Guyer, Paul(ed), *The Cambridge Companion to Kant*, Cambridge University, 1992.

Heidegger, Martin., Kant und das Problem der Metaphysik, Frankfurt a,M, 1965.

Henrich, Dieter. "The Proof-Structure of Kant's Transcendental Deduction", *Review of Metaphysics* 22(1968), 640-59.

Howell, Robert., *Kant's Transcendentale Deduction*, Kluwer, 1992.

Niquet, M., *Transzendentale Argumente*, Suhrkamp, 1991.

Nowotny, Viktor. "Die Struktur der Deduktion bei Kant", *Kant-Studien* 72, 270-79.

Oguah, B.E., "Transcendental Arguments and Mathematical Intuition in Kant", *Kant-Studien* 71(1980), pp.35-46.

Prauss, Gerold., *Erscheinung bei Kant. Ein Problem der "Kritik der reinen Vernunft"*, Walter de Gruyter, 1971.

Rivero, Gabriel., *Zur Bedeutung des Begriffs Ontologie bei Kant. Eine entwicklungsgeschichtliche Untersuchung*, De Gruyter, 2014.

Robinson, Hoke. "Anschauung und Mannigfaltiges in der Transzendentalen Deduktion", *Kant-Studien* 72, 140-48.

Strawson, P.F. *The Bounds of Sense*, London, 1966.

Thöle, Bernhard., Die Beweisstruktur der transzendentalen Deduktion in der 2. Auflage der Kritik der reinen Vernunft, in: Akten des 5. Internationalen Kant-Kongress (1981), Teil I, 302-12.

_____, *Kant und das Problem der Gesetzmäßigkeit der Natur*, Berlin, 1991.

Tuschling, Burkhard(ed.)., *Problem der Kritik der reinen Vernunft*, Walter de Gruyter, 1984.

Wagner, Hans. "Der Argumentationsgang in Kants Deduktion der Kategorien", *Kant-Studien* 71(1980), 352-66.

강정민, 「칸트와 스트로슨의 "선험성" Transzendental 개념 비교」, 『칸트 연구』15집.

백종현, 『존재와 진리-칸트『순수이성비판』의 근본 문제-』, 철학과 현실사, 2000, pp.325-344.

한국칸트학회 편, 『칸트와 현대 영미철학』, 철학과 현실사, 2001.

한국칸트학회 편, 『칸트철학과 현대』, 철학과 현실사, 2002.

"A Psalm of Life(삶의 찬미)"

Henry Wadsworth Longfellow (1807-1882)

WHAT THE HEART OF THE YOUNG MAN TO THE PSALMIST
젊은이의 마음이 구약성서 시편작가에게 하는 말

Tell me not, in mournful numbers,
Life is but an empty dream!
For the soul is dead that slumbers,
Abr things are not what they seem.
슬픈 어조로 나에게 말하지 마오,
인생은 한낱 공허한 꿈일 뿐이라고!
왜냐하면, 잠든 영혼은 죽은 것이며,
만물은 겉모습 그대로가 아니기 때문에.

Life is real! Life is earnest!
And the grave is not its goal ;
Dust thou art, to dust returnest,
Was not spoken of the soul.
삶은 절실하며, 진지하거늘
무덤이 삶의 종착지는 아니다!
"너 흙에서 왔으니 흙으로 돌아가리라"는
영혼을 두고 말해진 것이 아니다.

Not enjoyment, and not sorrow,

Is our destined end or way ;

But to act, that each to-morrow

Find us farther than to-day.

쾌락도, 슬픔도, 우리에게 미리 지워진

끝 날이거나 가야할 길이 아니다 ;

그것은 행동하는 것, 그래서 저마다 내일은 오늘보다

더 멀리 나아간 자신을 볼 수 있도록.

Art is long, and Time is fleeting,

And our hearts, though stout and brave,

Still, like muffled drums, are beating

Funeral marches to the grave.

예술은 길고, 세월은 덧없이 흐른다.

우리의 심장은, 강하고 용감하다 할지라도,

숨죽여진 북처럼, 여전히 무덤으로의

장례 행렬곡에 맞춰 맥박치고 있다.

In the world's broad field of battle,

In the bivouac of Life,

Be not like dumb, driven cattle!

Be a hero in the strife!

세상이라는 드넓은 전투장에서,

삶의 야영지에서,

목소리가 막히고, 몰린 짐승처럼 굴지 말라!

싸움에서 이기는 영웅이 되라!

Trust no Future, howe'er pleasant!

Let the dead Past bury its dead!

Act,--act in the living Present!

Heart within, and God o'erhead!

아무리 즐겁다 한들 그 미래를 믿지 말라!

죽은 과거는 그 주검을 땅에 묻게 하라!

행동하라,-- 살아 있는 현재에 행동하라!

우리 안에는 심장이, 위에는 하나님이 있나니!

Lives of great men all remind us

We can make our lives sublime,

And, departing, leave behind us

Footprints on the sands of time ;

위대한 자들의 삶은 우리에게 일깨운다,

우리가 삶을 숭엄하게 이울 수 있음을,

그리고, 떠나면서, 시간의 모래알 위에 우리의

발자국을 남긴다는 것을.

Footprints, that perhaps another,

sailing o'er life's solemn main,

A forlorn and shipwrecked brother,

Seeing, shall take heart again.

발자국들, 아마도 어떤 이가,

인생의 엄숙한 바다 위를 항해하다

난파당해 버려진 한 형제가,

그것들을 보면서, 다시 마음을 복돋을 수 있을.

Let us then, be up and doing,

With a heart for any life;

Still achieving, still pursing,

Learn to labor and to wait.

자 그러면 일어나 움직이자,

어떤 운명에도 호응할 마음을 가지고;

여전히 성취하고, 여전히 추구하면서,

일하고 기다림을 배우자.

이정일 ————————————————————————————

한국외국어대학교 독일어과 졸업
서울대학교 대학원 철학과 졸업
튀빙겐대학교 박사과정 수료
서강대학교 철학박사
현) 명지대 및 건국대 출강

『칸트의 선험철학 비판』(2000)
『칸트와 헤겔, 주체성과 인륜적 자유』(2002)
『실천철학 오늘의 삶을 말하다』(2007)
『상호인정과 계몽된 삶』(2008)
『성좌』(2010)
『논증과 논쟁』(2010)

교양으로서의 철학

초판인쇄 2019년 10월 18일
초판발행 2019년 10월 18일

지은이 이정일
펴낸이 채종준
펴낸곳 한국학술정보㈜
주소 경기도 파주시 회동길 230(문발동)
전화 031) 908-3181(대표)
팩스 031) 908-3189
홈페이지 http://ebook.kstudy.com
전자우편 출판사업부 publish@kstudy.com
등록 제일산-115호(2000. 6. 19)

ISBN 978-89-268-9654-9 93130